安徽省教育厅 2013 年立项人文社科项目“亳州文献丛考”后期成果
安徽省教育厅 2017 年度高校优秀青年人才支持计划项目资助出版（项目编号 gxyq2017114）

亳文化研究丛书

主编 张立驰

亳州先贤著述征略

BOZHOU XIANXIAN ZHUSHU ZHENGLUE

李山岭◎著

合肥工业大学出版社

《亳文化研究丛书》编委会

《亳文化研究丛书》

序

亳州，中国历史文化名城，地处涡水之滨，中原腹地。其历史悠久，文化积淀厚重，是华夏文明的发祥地之一。遍布境内的新石器时代村落遗址，展示出亳州史前文化信息，与大汶口文化、龙山文化有着密切的关系。商周时期的淮夷文化，则又使其与江汉流域的荆楚文化融合；同时，当时的社会大动荡大变革，又使这里成为南北人口迁徙的散聚地，成为南北文化的交汇处。周边文化在这个特定的地理环境中相碰撞，融会贯通，形成独具一格的地域文化。它既具有中华民族文化的共性，又有浓厚而鲜明的地域特性。以地域文化的视野审视，我们把发生与存在于历史上亳州的以及由其发生辐射、影响于外的文化称为“亳文化”。

从文化地理学的角度看，亳文化是历史上的亳州区划内的文化，时空悠久，从商汤始直至现代，地理区域辽阔。其生存的地域空间，以“亳”为中心，主要范围包括苏、鲁、豫、皖的结合部，比今天的亳州辖地要广阔得多。这是一个相对完整的文化区域，其地形自成一格，其生态环境、人文风貌极为相近，方言相通，民风习俗相近，有着共同的生产方式和生存方式，文化艺术血脉相通。从历史的时序性与空间的广延性看，名为“亳文化”切题近意，尽管时贤曾提出“淮河文化”“皖北文化”“淮北文化”“黄淮文化”“涡淮文化”“涡水文化”等概念，也自有道理，然深究其所述的历史文化、历史人物及文学成就，皆发生或活动于古亳地区，与其关系极为密切。若以“淮河文化”“皖北文化”等论之，难以凸显它与其他地域文化的差异、个性特征，也难以彰显古亳地区丰富多彩的文化及其精神。因此，我们用“亳文化”来表达这一地域文化的内容、特质和精神。

从文化结构看，亳文化由以下四个层面文化所构成：1. 物态文化，即“物化的知识力量”所构成的文化，是这一地域人们（以下简称亳州人）为满足衣食住行的需要而从事的物质生产活动及其产品的总和，是具有物质实体的文化事物，是构建亳文化的基础，如亳州地区的古村落遗址所表现出的新石器文化、服饰文化、中医药文化、酒文化等；2. 制度文化，是亳州人在长期的社会生活实践中所创立的各种社会规范构成的文化，是人们有意的安排设计，如礼乐制度、家族制度、婚姻制度、教育制度等；3. 行为文化，是亳州人在长期的社会实践中及人与人的交往中约定成俗的文化，表现在人们日常起居中，如亳州习俗民风等；4. 心态文化，是亳州人在长期的社会实践和意识活动中培育出来的社会心理、意识形态等精神文化，如老庄哲学、魏晋风骨、休闲养生、宗教信仰等。当然，这四种文化则往往是相互交叉和融合的，而且物态文化、制度文化、行为文化中囊括蕴涵着精神文化的内容，体现出特有的文化精神。

概言之，亳文化是亳州地区各种文化形态的总和，是千百年生活在涡淮流域的亳州人日积月累而形成的精神的、物质的文化遗产。它承载着中国传统文化的内容，支撑着中国传统文化的精神，凝聚着中华民族的品格。就其内容言，主要有史前文化、老庄道家文化、曹魏文化、亳州养生休闲文化、亳州民俗方言文化、亳州民间艺术、亳州明清商业文化等。亳文化与皖南徽文化形成了“南徽北亳”并蒂绽放的文化格局，成为安徽文化的两大主流，共同孕育了灿烂的安徽文明。

作为一个独立的地理文化单元的亳文化，既有明显的地理空间和时间流程上的规定性，又有内容上的规定性，既体现其独特的地域个性，又体现作为整个中华文明组成部分的共性，这一切都蕴含生长于我国南北文化在涡淮流域融合的文化洪流中。

中国现代大学制度的奠基人蔡元培先生曾说：“大学者，研究高深学问者也。”作为坐落在这块文化底蕴如此厚重土地上的亳州学院，深入开展亳文化研究，既是对文化本身的尊重和敬仰，更是高校以文化育人、传承文明的责任。因而，我们立足于地域文化研究与传承，整合学术力量，于 2010 年成立了“亳文化研究中心”，作为专门从事地域文化研究和学科建设的学术机构。五年多来，亳文化研究中心在魏宏灿教授、翁飞教授等校内外专家学者的共同努力下，在繁荣校园学术、弘扬地域文化、促进学术交流、营造良好学术环境等方面做出了积极贡献。

古人云：学术者，人才之本也。时移世易，此理犹然。亳州学院作为新建本科院校，理应崇尚学术，高度重视学术建设与发展，为人才培养营造良好的学术氛围和环境。“学术无有大小，皆期于道。”昌明学术，始于实践，终于实践，解疑答惑同时，理应助推经济社会发展。经过近几年的努力，全院的学术水平有了明显提升，人才培养环境渐趋良好，服务地方经济社会发展略有成就，然学术研究永远在路上。

清华大学原校长梅贻琦先生说过：“所谓大学者，非谓有大楼之谓也，有大师之谓也。”办好大学离不开学术大师，大师又离不开好的学术环境。二者相辅相成，缺一不可，缺一不存。这方面，亳州学院才刚刚起步，好在起点不决定终点，好在无论身处何地，我们依然可以随时虔诚仰望星空。亳州——这块文化厚重的土地给予我们营养，对教育和真理的信仰为我们指引方向，我们将不忘初心，以务实、开放的心态，用心教书育人、潜心科学研究，努力早出、多出成果。

张立驰

2016年9月26日

目　录

第一编　亳州先贤著述杂考

《鲁氏世谱》考兼补《全宋文》……………………………………………… (3)
薛蕙存世著述考 …………………………………………………………… (10)
薛蕙著述四种小考 ………………………………………………………… (20)
文渊阁四库本《考功集》未收诗文辑录 ………………………………… (27)
薛蕙家族考略 ……………………………………………………………… (36)
秦时雍散曲考论 …………………………………………………………… (47)
吴楚奇著述考 ……………………………………………………………… (59)
张襄诗词辑评 ……………………………………………………………… (71)
袁大化著述七种叙录 ……………………………………………………… (84)
《吴湘事迹录》作者考辨 ………………………………………………… (91)

第二编　亳州先贤著述录要

周 …………………………………………………………………………… (95)
　　老子 …………………………………………………………………… (95)
　　庄周 …………………………………………………………………… (96)
汉 …………………………………………………………………………… (97)
　　张良 …………………………………………………………………… (97)
　　曹操 …………………………………………………………………… (98)

丁廙 ……………………………………………………………………………… (101)
丁仪 ……………………………………………………………………………… (101)
华佗 ……………………………………………………………………………… (101)
魏 ……………………………………………………………………………… (104)
曹丕 ……………………………………………………………………………… (104)
曹植 ……………………………………………………………………………… (111)
曹叡 ……………………………………………………………………………… (115)
曹髦 ……………………………………………………………………………… (116)
曹义 ……………………………………………………………………………… (118)
曹冏 ……………………………………………………………………………… (119)
曹彦 ……………………………………………………………………………… (120)
曹衮 ……………………………………………………………………………… (120)
嵇康 ……………………………………………………………………………… (121)
嵇喜 ……………………………………………………………………………… (126)
夏侯玄 ……………………………………………………………………………… (126)
夏侯惠 ……………………………………………………………………………… (127)
夏侯霸 ……………………………………………………………………………… (128)
曹耽 ……………………………………………………………………………… (128)
失名 ……………………………………………………………………………… (128)
晋 ……………………………………………………………………………… (129)
嵇绍 ……………………………………………………………………………… (129)
嵇含 ……………………………………………………………………………… (129)
曹志 ……………………………………………………………………………… (132)
曹毗 ……………………………………………………………………………… (132)
曹摅 ……………………………………………………………………………… (133)
曹嘉之 ……………………………………………………………………………… (133)
夏侯湛 ……………………………………………………………………………… (134)
夏侯淳 ……………………………………………………………………………… (135)
戴逵 ……………………………………………………………………………… (136)

南北朝 …………………………………………………………………… (137)
戴颙（刘宋） …………………………………………………………… (137)
曹思文（齐梁） ………………………………………………………… (137)
夏侯詠 …………………………………………………………………… (138)
唐 …………………………………………………………………………… (139)
李敬玄 …………………………………………………………………… (139)
李绅 ……………………………………………………………………… (140)
朱敬则 …………………………………………………………………… (141)
吴兢 ……………………………………………………………………… (142)
戴孚 ……………………………………………………………………… (142)
宋 …………………………………………………………………………… (145)
陈抟 ……………………………………………………………………… (145)
张耒 ……………………………………………………………………… (148)
鲁宗道 …………………………………………………………………… (153)
鲁有开 …………………………………………………………………… (154)
秦醇 ……………………………………………………………………… (155)
高士谈 …………………………………………………………………… (159)
高元之（南宋） ………………………………………………………… (159)
金元 ………………………………………………………………………… (162)
刘瞻 ……………………………………………………………………… (162)
王宾 ……………………………………………………………………… (163)
孟汉卿 …………………………………………………………………… (163)
明 …………………………………………………………………………… (166)
薛蕙 ……………………………………………………………………… (166)
王寰洽 …………………………………………………………………… (168)
薛凤翔 …………………………………………………………………… (170)
孙养粹 …………………………………………………………………… (173)
秦时雍 …………………………………………………………………… (173)
王浩 ……………………………………………………………………… (174)

夏之臣 …… (174)
李梓 …… (174)
李惟一 …… (175)
杨墀 …… (175)
李东生 …… (175)
田鳌 …… (176)
戴日强 …… (176)
清至民国 …… (178)
吴楚奇 …… (178)
吴灏 …… (178)
刘慧 …… (179)
刘兴诗 …… (180)
孙元炘 …… (180)
孙元煌 …… (180)
孙之嵋 …… (181)
梁巘 …… (182)
张庆 …… (183)
陈文杰 …… (183)
马平和 …… (183)
张允嘉 …… (184)
张善佐 …… (184)
蒋旭 …… (184)
高抟九 …… (185)
郭钦 …… (185)
胡天佑 …… (185)
孙得伟 …… (185)
黄崇立 …… (186)
王士雍 …… (186)
黄陛 …… (186)

李长桂 …………………………………………………………… (186)
何天衢 …………………………………………………………… (187)
郭玉珍 …………………………………………………………… (187)
黄基 ……………………………………………………………… (188)
何明隽 …………………………………………………………… (188)
张确 ……………………………………………………………… (189)
张卓然 …………………………………………………………… (189)
陆凤翔 …………………………………………………………… (189)
苏廷煜 …………………………………………………………… (190)
张襄 ……………………………………………………………… (190)
李迎甲 …………………………………………………………… (191)
李汝为 …………………………………………………………… (191)
陆熙 ……………………………………………………………… (191)
葛润蘅 …………………………………………………………… (191)
戴华光 …………………………………………………………… (192)
戴天锡 …………………………………………………………… (193)
戴文炳 …………………………………………………………… (193)
戴乔龄 …………………………………………………………… (193)
武硕夫 …………………………………………………………… (194)
冯瑞章 …………………………………………………………… (194)
丁湫谷 …………………………………………………………… (194)
黄与绶 …………………………………………………………… (194)
陆品三 …………………………………………………………… (195)
邓鉴堂 …………………………………………………………… (195)
杨景崧 …………………………………………………………… (196)
张桂萼 …………………………………………………………… (196)
冯简斋 …………………………………………………………… (197)
王呈祥 …………………………………………………………… (197)
李锡斌 …………………………………………………………… (198)

陈芷馨 ……………………………………………………………… (198)
陈□□ ……………………………………………………………… (198)
马一斋 ……………………………………………………………… (199)
段克忠 ……………………………………………………………… (199)
李中孚 ……………………………………………………………… (199)
葛鸿奕 ……………………………………………………………… (199)
马敦仁 ……………………………………………………………… (200)
王佩箴 ……………………………………………………………… (200)
陆怀古 ……………………………………………………………… (200)
袁大化 ……………………………………………………………… (201)
田振邦 ……………………………………………………………… (201)

第三编　亳州市方志录要

第一节　亳州（谯诚）志录要 ………………………………………… (205)
〔嘉靖〕亳州志四卷 ………………………………………………… (205)
〔顺治〕亳州志四卷 ………………………………………………… (206)
〔乾隆五年〕亳州志十六卷 …………………………………………… (208)
〔乾隆三十九年〕亳州志十二卷首一卷 ……………………………… (210)
〔道光〕亳州志四十三卷首一卷 ……………………………………… (212)
〔光绪〕亳州志二十卷首一卷 ………………………………………… (216)
〔民国〕亳县志略 …………………………………………………… (218)
亳州金石志 ………………………………………………………… (218)
附：章学诚与《亳州志》 ……………………………………………… (218)
第二节　蒙城县志 ………………………………………………… (219)
〔万历〕蒙城县志八卷 ……………………………………………… (219)
〔顺治〕蒙城县志十二卷 …………………………………………… (221)
〔康熙〕蒙城县志十八卷 …………………………………………… (222)
〔同治〕蒙城县志十卷 ……………………………………………… (224)
〔民国〕重修蒙城县志十二卷 ……………………………………… (225)

〔民国〕蒙城县政书十卷 …………………………………………… (227)
第三节　涡阳县志 ………………………………………………… (227)
〔同治〕涡阳县志六卷 ……………………………………………… (227)
〔民国〕涡阳县志十八卷首一卷 …………………………………… (228)
〔民国〕涡阳县志略 ………………………………………………… (234)

第四编　亳州先贤著述序跋选

《孙子兵法》序（东汉·曹操） ………………………………… (237)
《魏武帝集》题词（明·张溥） ………………………………… (237)
《中藏经》原序（邓处中） ……………………………………… (238)
孙刻《中藏经》序（清·孙星衍） ……………………………… (239)
《典论》自序（魏·曹丕） ……………………………………… (240)
魏曹植集题词（明·张溥） ……………………………………… (241)
《前录》自序（魏·曹植） ……………………………………… (242)
《论语集解》序（晋·何晏等） ………………………………… (242)
《追昔游集》序（唐·李绅） …………………………………… (243)
戴氏《广异记》序（唐·顾况） ………………………………… (243)
《河洛数》序（明·李学诗） …………………………………… (244)
《柯山集》序（宋·叶梦得） …………………………………… (246)
《张右史集》序（宋·张表臣） ………………………………… (246)
《赵飞燕别传》绪论（明·胡应麟） …………………………… (247)
《谭意歌传》评注（节选·民国·卢冀野） …………………… (248)
《变离骚》序（宋·高元之） …………………………………… (248)
高元之《变骚》后序（宋·曾丰） ……………………………… (250)
《魔合罗》杂剧提要（清·董康） ……………………………… (251)
王仁子《嬾园遗稿》序（明·顾起元） ………………………… (252)
题《嬾园漫稿》（明·严有容） ………………………………… (253)
《西原集》序（明·蔡羽） ……………………………………… (254)
《考功集》原序（明·李宗枢） ………………………………… (255)

《西原集》序（明·何乔元、钱象坤、陈文烛、王廷） …………………（256）
《老子集解》序（明·高叔嗣） ……………………………………………（260）
《老子集解》序（明·高叔嗣） ……………………………………………（261）
《老子集解》序（明·薛蕙） ………………………………………………（262）
《老子考异》序（清·梁峰） ………………………………………………（263）
《牡丹史》序（明·焦竑） …………………………………………………（264）
《牡丹史》序（明·袁中道） ………………………………………………（265）
《江上越吟》自序（明·孙养粹） …………………………………………（265）
《方伯李正屏定西录》序（明·温可贞） …………………………………（266）
《半远山房诗集》序（清·李廷仪） ………………………………………（267）
《半远山房诗集》序（清·潘瑛） …………………………………………（268）
《剩籁诗钞》序（清·李廷仪） ……………………………………………（268）
《剩籁诗钞》序（清·潘瑛） ………………………………………………（269）
主要参考文献 ……………………………………………………………（271）
后记 ………………………………………………………………………（275）

第一编　亳州先贤著述杂考

《鲁氏世谱》考兼补《全宋文》

宋代“鱼头参政”鲁宗道，亳州人，后迁居当湖，撰有《鲁氏世谱》。《平湖县志》卷二十三“经籍·史部”：“《鲁氏世谱》，鲁宗道，鲁氏南皋丙舍藏，刊本存。宗道由亳迁湖，始订宗谱，自为序，又有王曾、孙奭、欧阳修等序，后裔詹、訔、应龙、奎、颂模，自七世至三十一世，凡五次纂修。”①《当湖文系》“总目·作者姓氏科第官爵著述目”：“鲁宗道，亳州谯人，为海盐令时始迁当湖，官尚书礼部侍郎、参知政事，赠兵部尚书，谥刚简，改谥简肃，著有《鲁氏世谱》。”② 然此书不见于其他载记，《中国家谱总目》也未见载。《平湖县志》言有“王曾、孙奭、欧阳修等序”，查《全宋文》均未见。此谱不知是否还传世。唯《当湖文系初编》载有《世谱》序、说、家训等文，可考知《世谱》在宋代的修纂情况，并为《全宋文》补遗。另从《密斋笔记》《玉海》中检得鲁氏后人文二则，附于后。

鲁宗道（1）：《世谱源流说》（天圣戊辰，1028）

佥曰：“鲁宗道居三公位，论事刚断，其分然耶？”予曰：“否。予盖直道而事人，始终无异志者也。犹忆诵读时，便以忠爱为己任。及登第，迁武原令，凡有利弊，虽未尽兴除，然矢志则期无负也。”距治东北五十五里，有镇

---

① （清）彭润章修、叶廉锷纂：《光绪平湖县志》，上海：上海书店，1993 年，第 563 页。

② （清）朱壬林辑：《当湖文系初编》，光绪十九年（1893）刻本，“总目”第五页。

曰当湖，闲尝一至焉。风景秀丽，心窃慕之。再至焉，湖水汪洋，望佳气而葱郁，低徊留之不忍去，意欲托籍于斯。迨宦成卜址，爰居爰处，建四皋园，非娱乐也，聊适意而已。余念先世祖居曲阜，后迁卞，迁新蔡，迁平陵、寿光，历世徙居，不特此也。如横江公家曲阳，先府君家谯邑，今余又家当湖。余尝怀屺岵，念伯兄暨从子辈，两地兴感，则谱牒不可不传。夫祖宗流派，某支籍某所，某派宦某地，谱可以见朝宗之义。自今而后，或五岁一修，或十载一订，庶名表不致溷淆，位次无使纷乱，即百世可犁然不紊也。虽然历考前谱，自汉暨唐，其间著仕迹、表青史者不少概见。余于政府辅帝治，虽未能建宏烈于庙堂，亦惟是期无懈于补过已矣。凡我后人，励名节而敦忠孝，崇礼义而尚廉耻，农服先人之旧业，工用高曾之规矩，体此意而四民恭职，毋陨越以悫家声，幸矣。人贵乎奋志自立耳，若夫隆替，数也。尽人事以修持，是所望于后之人递相劝勉者。天圣戊辰。[①]

鲁宗道（2）：《世谱序》

先大学士辑谱有年矣，宗道忝列中书政事堂，进事圣明，退从公余，偶念及此，未尝不深亲亲之怀也。古圣人赐姓命氏，以区别贵贱亲疏。自李唐来，五代纷扰，大族罕有存谱者。余族繁衍散列，凡出祖派，谱源皆同。自今而后，有科名选举，地无论远近，则仍书之曰某年某科；职官仕宦，爵无论尊卑，则仍书之曰某官某宦；迁居流寓，族无论聚散，则仍书之曰某都某里，非徒夸门第、矜势隆也，要惟深亲亲之意于无穷。我更有勉焉者：处家毋不孝不友，出仕毋尸素苟禄。前序未尽，谨书于后。天圣戊辰。[②]

鲁宗道（3）：《家训》

古人嘉言懿训，勒为箴规，传示方来者不一，如马伏波、汉昭烈垂诫二则，有旨哉！有旨哉！余叨祖荫，簪缨门户，非赖贤父兄之养，曷克臻此？每览近世士大夫家，往往广营田宅、毕力积贮，以为子孙长久计。不知子孙长久计，岂在田宅积贮哉？为子孙长久计，岂在广营田宅、毕力积贮哉？夫

① 《当湖文系初编》卷五。
② 《当湖文系初编》卷六。

"作法于凉，其弊犹奢；取法乎上，仅得其中。"故留子孙以金帛，不若留子孙以清白；望子孙以富贵，不若期子孙以孝友。凡我子孙，秀而士欤？仁廉自守，忠贞体国；朴而农欤？服田力穑，畏法谨赋；其次勤俭经营，安分守业；又次善精一技，不致失所。呜呼！孝悌忠信，人道之纲；礼义廉耻，立身之本。凡尔子孙，毋不孝于父母，毋不友于兄弟，毋昵情于婢妾，毋酷虐于妻孥，毋遗忘于故旧，毋刻薄于族党，毋溺私而乱宗，毋黩利而犯分，毋倚富而欺贫，毋以贵而凌贱，毋以壮而侮老，毋负强而加弱。其或暴横丧身，犯法辱先，下流不肖，不得列谱与祠。凡为子孙，能凛遵帝王法度者，可不谓之良士乎？能敬守祖宗家训者，不可谓非孝子顺孙也。慎之哉！勉之哉！[①]

按：《全宋文》[②] 卷二〇七（第10册）录鲁宗道文8则，系从《宋会要辑稿》《续资治通鉴长编》《宋史》等辑出，小传未提及《鲁氏世谱》，未收以上三篇。

鲁訔：《世谱序》（绍兴十年，1140）

鲁氏得姓曲阜，著于扶风，衍于江浙间，横江之流派也。余家世居海盐之当湖，乡老周公权尝语訔曰："顷与阴阳家偶觇郊原福地，至城西驿，右有冢郁然，不知其为谁也，挹其胜概，当有发祥者。"不知即我家高祖宅，兆乃先兄检详赐第之初年，果地灵人杰欤？抑阴德深远，故庆流苗裔，以至此也！今者克昌厥后，亦云盛矣。谱不修，忘祖也，祖可忘乎？于是裒集族类，少长年甲汇纂家谱，因书先德余绪以告来者，各宜礼法以相持，孝友以相勖，德业以相修。毋陨越以堕家声，庶永保于世世。或不念门户而有忝前人，使他人目之曰鲁氏之败由某人始，实可羞也，亦可痛也。先世生五男，一学浮屠氏。孙男二十八人。曾孙七十有五人。重孙二十有五人。自而繁衍，当叙入谱也。绍兴十年。[③]

按，《当湖文系》"总目·作者姓氏科第官爵著述目"："鲁訔季钦，号冷斋，绍兴五年进士，官太府卿，著有《杜诗笺释》十八卷、《冷斋集》。"光绪

① 《当湖文系初编》卷二十八。
② 曾枣庄、刘琳、四川大学古籍研究所：《全宋文》（全360册），上海：上海辞书出版社，2006年。
③ 《当湖文系初编》卷六。

《海盐志》卷十五："峕仕至太府卿，言支移折变事，甚悉利弊，诏可其奏。自号冷斋。峕尝取《杜工部集》考其年编次而笺释之，为十八卷，世所传鲁冷斋杜诗定本是也。其后詹子可封，峕子可宗，砮子可简。可简子开珏，皆以进士世其家。可宗又中博学宏词科，官至太常卿。"① 周必大撰《直敷文阁致仕鲁公峕墓志铭》，述其官阶始末甚详，载其著述"有《易说》二十卷，《论语解》十卷，《蒙溪已矣集》四十五卷，《后集》二十卷，《澒江杂著》六卷，《会稽唱酬》二卷，《刍狗集》十卷，《刍荛编》十卷，《南征录》二卷，《自警录》四卷，《编集祖宗训典》五十卷，《编注杜少陵诗》十八卷又《年谱》一卷"。②《杜工部年谱》有四库本，其他散佚甚多，《全宋文》第4250卷（第193册）收鲁峕文6篇。

又，文中言"先兄检详"，系指鲁詹，事迹见宋代张守撰《枢密院检详文字鲁公墓志铭》（《昆陵集》卷十二）③。鲁詹是鲁寿宁子。《当湖文系》卷十二收鲁詹《显忠庙记》《焕灵宣惠庙记》两篇，《全宋文》第167册卷3635据他书收入。

鲁可简：《世谱序》（乾道己丑，1169）

监岳、少卿二叔父继辑谱牒，而少卿再系序焉。可简览族类之行为，验天道之报施，不胜感慨系之矣。夫为善而蒙福，理也；凶暴而免咎者，变也。谨厚而修年，理也；刻薄而永世者，变也。积学而通显，理也；迂疏而成名者，变也。勤俭以起家，理也；荡佚而丰裕者，变也。君子循礼以蹈其常，小人侥幸以乘其变。《传》曰"是穮是蓘，虽有饥馑，必有丰年。"为善者不改其度，终克有济。可简敬书谱末，以解吾族为善而未蒙福者之惑，因以示夫侥幸以乘变者之戒。乾道己丑。④

按，《当湖文系》"总目·作者姓氏科第官爵著述目"："鲁可简唐卿，绍

① （清）王彬修、徐用仪纂：《光绪海盐县志》，台北：成文出版社，1975年，第1425页。

② （宋）周必大：《文忠集》，《文渊阁四库全书》第1147册，台北：商务印书馆，1986年，第371页。

③ （宋）张守：《昆陵集》，《文渊阁四库全书》第1127册，台北：商务印书馆，1986年，第815页。

④ 《当湖文系初编》卷六。

兴十五年进士，官左承议郎，通判舒州军府事。”鲁訾子。可简有《兰亭会妙卷》。[1]《全宋文》第220册4878卷收文1篇。

又，监岳，是管理寺庙道观的官员，此指鲁詹。《枢密院检详文字鲁公墓志铭》：“卒以亲老求闲，除主管临安府洞霄宫，拂衣还家。”（《昆陵集》卷十二）[2] 少卿，应指鲁訔。

鲁应龙：《世谱序》（宝祐六年，1258）

应龙结发读书，佩服先训，尝观高叔祖少卿序系族谱，擢巍科登仕版者接踵，遂以诗礼名家。时父兄之教固先，而子弟之率亦谨，凛然昭义方之训，怡然敦孝友之风，江浙间莫不以鲁氏为义族。自伯族提举，再叙族谱，历述盛事。时节朔必诣墓次展省，寒食上冢，诸母执豆笾戴白垂髻，罔敢不至。继至今，家风礼教已非昔比。时序或不往来，子弟或不识面，今日若是，后世可知。我氏发源天圣，垂裕迄今，二百六十余禩。子生孙，孙生子，支流派别固已众多，祖宗之燕翼，岂浅尠哉！龙当丙辰岁，侍司户叔父席，因论及族谱，由八世九世至十一世，行第名分自有次序，将付剞劂，昭示来兹。丁巳置草籍，遍达未入谱者，徵其训名，成表。年甲生时，某人某人子某人女，某已入仕则书任某官，未训名则书某小字，某男已娶则曰娶某氏某女，已适则曰字某人。始自乙巳，逮于丁巳，凡一十三年。间随行编类。谱成，爰为之序。宝祐六年。[3]

按，《当湖文系》“总目·作者姓氏科第官爵著述目”：“鲁应龙子谦，乡贡进士，官宣教郎。入元隐居不仕。著有《闲窗括异志》。”《海盐志》卷十七“文苑”：“鲁应龙，字子谦，文谧族孙，宋末布衣，著《闲窗括异志》，足副艺苑谈资。”[4]《四库全书总目》卷一百四十四“鲁应龙《闲窗括异志》一卷”提要：“宋鲁应龙撰，自署东湖，盖嘉兴人。书中称淳祐甲申馆于沈氏，则理宗时也。”[5]《序》属“宝祐六年”，证《四库全书总目》推测正确。《宋诗纪

---

① （清）王彬修、徐用仪纂：《光绪海盐县志》，台北：成文出版社，1975年，第1723页。
② （宋）张守：《昆陵集》，《文渊阁四库全书》第1127册，台北：商务印书馆，1986年，第817页。
③ 《当湖文系初编》卷六。
④ （清）王彬修、徐用仪纂：《光绪海盐县志》，台北：成文出版社，1975年，第1723页。
⑤ （清）永瑢等：《四库全书总目》，北京：中华书局，1965年，第1228页。

事》卷六十九有《题飞星石》一首。[①]《全宋文》未收鲁应龙文。

又，《浙江通志》卷二百三十六“宋鲁文谧墓”条：“天启《平湖县志》，在县东五里。文谧字子顺，寿宁孙，官至司理郎。”[②] 鲁寿宁为鲁宗道孙子，事迹见葛胜仲撰《右奉议郎致仕赐绯鱼袋鲁公墓志铭》。[③]

概《鲁氏世谱》于宋代凡三次修订，即鲁宗道于天圣戊辰创修，鲁訔于绍兴十年再修，鲁应龙于宝祐六年第三次修，已至第十一世。后历元、明入于清代，由“奎、颂模”续修，至“三十一世”。鲁奎，弘治十一年戊午科进士，知县。（《浙江通志》卷一百三十七）《当湖文系》卷十一载清代沈正楷《题鲁氏宗支图》有云：“丙戌夏日，鲁春园世丈携其本支《宗考图》相示。鲁氏自宋及明，科名甲于柘水。其始祖简肃公为宋社稷臣，忠直亮节彪炳千秋，宜其后叶蕃昌，流传弗替。祠墓在邑城东之桑园衖，初建于明，学周、承周诸先生慕先贤之德泽而守之，嗣先贤之诗礼而振之，由来旧矣。至国朝乾隆二十七年，祠宇被灾，钝庵先生以品端学粹之儒，笃念先型，慨然倡始，与族人兴复旧规。至今岁时荐歆，长幼毕集，盖油油乎敬爱之原也。吉嗣春园世丈，手写谱系，详载本支。”可略知在清代的续修情况。

附：

鲁詧：释迦文佛记

有一牧牛女名难陀波罗，时净居天王言：太子在树下，汝可往，供养时，于千叶莲花上取乳糜，奉上太子。（《密斋笔记》卷五）[④]

按：鲁訔弟，绍兴五年与兄同登进士。周必大撰《左朝请大夫鲁公詧墓志铭》，记鲁詧著述甚丰，“有《文集》三十卷，《汉记考异》十一卷，集《皇朝要览》一百卷，又尝进《江淮表里图》、上《边防十二事》。”[⑤]

---

① （清）厉鹗：《宋诗纪事》，上海：上海古籍出版社，1981 年，第 1735 页。

② （清）李卫等修、傅王露等纂：《浙江通志》，文渊阁四库全书本。

③ （宋）葛胜仲：《丹阳集》，《文渊阁四库全书》第 1127 册，台北：商务印书馆，1986 年，第 532 页。

④ （宋）谢采伯：《密斋笔记》，《文渊阁四库全书》第 864 册，台北：商务印书馆，1986 年，第 684 页。

⑤ （宋）周必大：《文忠集》，《文渊阁四库全书》第 1147 册，台北：商务印书馆，1986 年，第 354 页。

鲁可宗：代常德府谢赐府额

汉文继统，每惟代邸之优；唐帝嗣图，尤轸潞宫之念。（《玉海》卷二百三）[①]

按，《至元嘉禾志》卷十三："宋鲁可宗，孝宗隆兴间登进士第，中博学宏词科，累官至太府卿。"[②] 鲁訔子。

① （宋）王应麟：《玉海》（全6册），南京：江苏古籍出版社，1987年，第3709页。
② （元）徐硕：《至元嘉禾志》，台北：成文出版社，1983年，第7469页。

薛蕙存世著述考

薛蕙（1489—1541），字君采，人称西原先生，亳州人，累官至考功员外郎。一生著述甚丰，存世的有：《考功集》，文渊阁四库全书；《西原遗书》二卷，四库存目丛书子部第八十四册、集部第六十九册；《约言》，四库存目丛书子部第八十四册；《老子集解》，丛书集成初编。现就存世作品，考其成书及刊刻时间，以窥其早期版本流传大概。

一、明代《老子集解》从稿本到刊刻、删定的过程

薛蕙的自序和高叔嗣的两次序做了交代：

薛蕙自序曰："嘉靖庚寅，予为《老子集解》，其后屡有修改。丙申之冬，复加删定。"（《考功集》卷十[①]）

高叔嗣嘉靖庚寅序称："书成嘉靖九年，岁在庚寅之次。……薛氏老子集解二卷，藏于家，予录其副焉。"（《老子翼》卷三[②]）

高氏嘉靖丁酉序称："考功薛先生既屏居亳一纪，致崇于学，庚寅始注老

① （明）薛蕙：《考功集》，《影印文渊阁四库全书》，台北：商务印书馆，1983 年。

② （明）焦竑：《老子翼》，长沙：商务印书馆，1940 年，第 198 页。

子，号曰集解，余为序。其书刊之甚著。先生意未覃尽，时复损益，丁酉乃成。视予读之，义加精微。”（《老子翼》卷三[①]，《苏门集》卷五题作《再作老子集解序》[②]）

据此，可作如下推断：

嘉靖九年（1530），《老子集解》书成，稿本，二卷。薛蕙当是在嘉靖庚寅（即嘉靖九年，1530）年开始着手给《老子》作注，并在当年完成《老子集解》的初稿，高氏所见“藏于家”的当是稿本，高氏“录其副”当是钞本。

嘉靖十一年（1532），首刊本，二卷。据高氏的两次序及薛蕙自序，“其书刊之甚著”当指在删定本之前有一个刊本，时间当在1530—1537年间。这个刊本应与稿本、高氏抄录的副本相同，高氏首次为《老子集解》写的序大概置于这个刊本的前面。又明崔铣撰《洹词》卷六《答薛考功君采书》云：“五月发来书及《老子集解》，七月十四日始附到。……仆自丁丑（按，1517，正德十二年）及今，十有五年（按，1532，嘉靖十一年），弃官闲居，洊遭家难。”[③] 可知，薛蕙寄书信和《老子集解》给崔铣时在1532年5月，《老子集解》应最迟在这一年5月前刊刻。

嘉靖丙申（1536）、丁酉（1537）冬春间，薛蕙删定本，二卷。据薛氏“屡有修改。丙申之冬，复加删定。”及高氏“先生意未覃尽，时复损益，丁酉乃成。”推断，薛蕙改定《老子集解》应在丙申（1536）、丁酉（1537）冬春之间。薛蕙的自序应在删定本的开始，稿本和首个刊本或许都没有自序。清梁峰《老子考异序》称：“古今书多异同者，惟《老子》为甚，以注之者多窜易也。前明弱侯焦氏，综核《道藏》八十余家以为言，与吾乡薛君君采公定本，先后行世。”[④] 此薛公定本当即是嘉靖丙申丁酉冬春间的删定本。

现存明嘉靖刻本有两个系统：一是龚鹏程、陈廖安主编《中华续道藏》据明嘉靖间刊本影印，有高叔嗣嘉靖庚寅序，无薛蕙自序；二是《丛书集成初编》据《惜阴轩丛书》排印本，有高叔嗣嘉靖庚寅序和大宁居士薛蕙自序。二本文字有出入。续道藏本应为嘉靖十一年刊本，《丛书集成初编》本应为删

---

① （明）焦竑：《老子翼》，长沙：商务印书馆，1940年，第199页。

② （明）高叔嗣：《苏门集》，《影印文渊阁四库全书》，台北：商务印书馆，1983年。

③ 崔铣：《洹词》，《影印文渊阁四库全书》，台北：商务印书馆，1983年。

④ 《光绪亳州志》，第443页。

定本。《中国古籍善本书目》卷二十录“《老子集解》二卷附考异一卷”有三：明嘉靖刻本，存北京图书馆、华东师范大学图书馆、山东师范大学图书馆、福建省图书馆；明嘉靖刻本，清赵烈文校并跋，存上海图书馆；明刻本，天一阁文物保管所。它们应分属上述两个版本系统。

二、从《西原集》到《西原全集》

明代书目载录薛蕙诗文类作品，有名《薛蕙考功集》《薛考功集》者，有名《西原集》者，有十卷、四卷、四本等不同的说法[①]，现对其版本及其关系试加梳理。

(一)《西原集》和《考功集》：同书异名

《西原集》和《考功集》收录薛蕙的诗文类作品，二者在内容、篇目上大体相同，概为同书异名，依据有三：

一是《光绪亳州志·艺文志》录“西原集序”即曰“西原集十卷，四库馆作考功集。”是把二者看作同一种书。其下录“晋江何乔元序”“会稽户部尚书钱象坤序”“沔阳大理寺卿陈文烛序”“南兖王廷序”。陈序云：“考功集者，亳州薛西原先生著也。”王序云“始余家食时，尝闻西原薛先生博综典籍、缀续艺文，聿追古昔，为词林宗匠。及游京邑，先生先已罢归，求得西原集读之，并早年之作也。”[②] 在《西原集序》的正题之下，或称“考功集”或称“西原集”，亦是一证。钱序、王序并以为“今所刻其少作也”“并早年之作也”，可知《西原集》是薛蕙早年的作品。明朱彝尊编《明诗综》卷四诗录薛诗四十四首，注“有《西原集》”；而明刊《盛明百家诗》前编录薛氏诗题作“《薛考功集》一卷”。这些都是很好的证明。

二是，四库全书录《考功集》而不录《西原集》，大概是为避免重复。四

① 冯惠民、李万健：《明代书目题跋丛刊》，北京：书目文献出版社，1994 年，第 422 页。
② 《光绪亳州志》，第 443—445 页。

库全书版《考功集》十卷，卷一，赋、四言古诗、乐府；卷二，五言古诗上；卷三，五言古诗下；卷四，七言古诗；卷五，五言律诗；卷六，五言排律；卷七，七言律诗；卷八，五言绝句、六言绝句、七言绝句；卷九，书；卷十，序、记、杂著。由此可见《西原集》内容大概。

三是序文、提要对二书的评论都是立足于诗文的。明代蔡羽在《西原集》序中说："诗诚易言哉，薛子深于诗者也，梓既行矣，顾属之序，诗诚易言哉。"[1] 明代李宗枢在《考功集》序中说："昔我武宗皇帝庚辰之岁，余尝从瑞泉先生游于京师，获西原薛先生词赋数帙。尚则玄风，聿祛末习，漱群籍之芳润，撷百氏之英隽。藻思鸿才，卓哉有斐。一时骚坛词囿，操觚洒翰之徒，邈焉寡俦。……统之，畅湮郁之思，达神明之德，通万物之情，格两间之妙，诗之为用，大矣哉。夫道不远人，诗非离道，一以贯之，存乎其人。追念遐思，爰请旧作，以贻同志，并叙厥学，庶有所稽焉。"[2] 四库全书《考功集》提要："正嘉之际，文体初新，北地信阳，声华方盛。蕙诗独以清削婉约介乎其间，古体上挹晋宋，近体旁涉钱郎。核其遗编，虽亦拟议多而变化少，然当其自得，觉笔墨之外别有微情，非生吞汉魏、活剥盛唐者。比其戏成五绝句，取何景明之俊逸，而病李梦阳之粗豪，所尚略可见矣。"[3] 直隶总督采进本《西原遗书》提要称："蕙本诗人，《考功》一集，驰骤于何景明、徐祯卿、高叔嗣间，并骛争先，原足以自传不朽。"[4] 亦是把二者看作同一种。同时，从版本上看，《考功集》《西原集》互用的情况非常普遍。

（二）《考功集》（或称《西原集》）的版本状况

嘉靖乙未（1535）李宗枢刻本，二卷。题作《薛西原集》，序称《考功集》。《考功集》是"以官名集"，最早以此命名概始于明代李宗枢《考功集原序》，属"皇明嘉靖十四载（1535）中春十日，秦中李宗枢序"。所谓"原序"当是后人重刊时所加，李序本当题为《考功集序》，《考功集》应刻成于作序之后。南京图书馆藏薛蕙著《约言》"明嘉靖刻本一卷……前有嘉靖乙未李宗

---

① 黄宗羲：《明文海》（全五册），北京：中华书局，1987年，第2426页。

② （明）薛蕙：《考功集》，文渊阁四库全书本。

③ 永瑢：《四库全书总目》，北京：中华书局，1965年，第1503页。

④ 永瑢：《四库全书总目》，北京：中华书局，1965年，第1575页。

枢序”（《约言》标注）[①]，“嘉靖乙未”即“嘉靖十四载”，李宗枢为《考功集》和《约言》作序在同一年，二书应是同时付梓的。《中国古籍版刻辞典》：李宗枢，嘉靖十四年刻印过薛蕙《薛西原集》二卷（10行20字）[②]；《皖人书录》：考功集十卷，明嘉靖十四年李宗枢刊本，题薛西原集二卷，北京图书馆藏[③]。都提供了实证。洛凡《薛蕙诗学研究》一文，附录“二卷本《薛西原集》目录考”，题解曰：“此单行本，自正德十年乙亥至嘉靖二年癸未，薛蕙所著古今体诗。前有秦中李宗枢序，嘉靖刻本。仅诗集，分上下两卷。卷上载诗一百一十首，卷下一百二十九首。自乙亥至癸未，按年编录。前有目录。”[④]

香港中文大学图书馆有藏本。线装，1函，分上、下集。框19.2cm×13.8cm，10行20字。白口，四周单边，无鱼尾。版心中镌题名及卷次，下镌页次。前有嘉靖十四年李宗枢序。[⑤]

嘉靖乙亥（1539）本《西原集》，薛蕙自定本。明蔡羽序称：“嘉靖乙亥之秋，文选郎中谯郡薛子君采，以其《西原集》寓书于翰林孔目蔡子羽，令之序。东方曼倩云‘谈何容易’？诗诚易言哉，薛子深于诗者也，梓既行矣，顾属之序，诗诚易言哉。”[⑥] 盖薛蕙请序于蔡羽时，已经开始刊刻了。此时距薛蕙辞世仅两年（薛蕙于1541年因病卒于亳州家中），当为《西原集》的最后定本。

《西原集》是薛蕙早年的诗文集，到辞世前删定，中间应有变化。《考功集》提要说：“蕙与湛若水俱为严嵩同年，嵩权极盛之时，若水年已垂耄，不免为嵩作《钤山堂集序》，反复推颂，颇为盛德之累。蕙初亦爱嵩文采，颇相酬答，迨其柄国以后，即薄其为人，不相闻问，凡旧时唱和，亦悉除其稿，故全集十卷无一字与嵩相关，人品之高，迥出流辈。”[⑦] 删去与严嵩的唱和文字，当是修订《西原集》的重要内容。王廷序《西原集》也称：“余闻先生往

① 杜泽逊：《四库存目标注》（全八册），上海：上海古籍出版社，2007年，第1825页。
② 瞿冕良：《中国古籍版刻辞典》，济南：齐鲁书社，1999年，第98页。
③ 蒋元卿：《皖人书录》，合肥：黄山书社，1989年，第677页。
④ 洛凡：《薛蕙诗学研究》，湘潭：湘潭大学硕士论文，2009。
⑤《香港中文大学图书馆古籍善本书录》，香港：中文大学出版社，2001年，第243页。
⑥ 黄宗羲：《明文海》（全五册），北京：中华书局，1987年，第2426页。
⑦ 永瑢：《四库全书总目》，北京：中华书局，1965年，第1503页。

与故相以文字交厚，及故相入为辅弼，势张甚，犹数移书访问，先生竟弗答也。其刻西原集者，乃并平日所作赠贻诗删焉。”① 序作于“嘉靖癸亥十二月”即嘉靖四十二年（1563），当时的刻本已经看不到与严嵩唱和的文字了。

嘉靖王廷苏州刻四卷本《考功集》（或称《西原集》四卷）。衡山文子诠选编，王廷刻于苏州。王廷序《西原集》云：“余为苏州时，尝托衡山文子诠，择先生诗文为考功集四卷行于世。”② 按，王廷任苏州知府，时在嘉靖年中后期。明代书目所录四卷本，如《世善堂书目下》“西原集四卷，薛蕙”③，《澹生堂藏书目》卷十三“薛考功集四册（四卷），薛蕙”④ 等，大概属于这一系统。

万历十九年（1591）辛卯《薛考功集》十卷刊本。《皖人书录》作“薛道行刊”⑤，但《明代版刻综录》《中国古籍版刻辞典》均作“王道行刊”。藏国家图书馆。

按，陈文烛序《考功集》称：“考功集者，亳州薛西原先生著也。先生有子道行，与余交欢长安二十年，后遣其孙凤翔问序于金陵。”⑥ 陈文烛此序应是为这个版本写的。检索中国台湾“国立中央图书馆”，有此本，“薛考功集十卷，陈文烛序。线装，4 册，匡 17.5×13.8 公分。版式 9 行，行 18 字，左右双栏，版心白口，单鱼尾。”

又，《郎园读书志》卷九载有“薛考功集十卷（明万历辛卯刻本）”：“《薛考功集》十卷，明薛蕙撰。万历辛卯刻本，每半叶九行，每行十八字，白棉纸印。序匡阑上有‘士祯私印’四字朱文篆书方印，下有‘池北书库’四字朱文篆书长方印，中有‘满（州）〔洲〕正白旗下玉栋印’九字白文篆书方印。盖本国初王文简藏书，嘉庆中归满（州）〔洲〕筠圃大令玉栋。……目录下有‘曾在李黼堂处’六字朱文篆书方印，则湘阴李文恭仲子、黼堂中丞铃

① 《光绪亳州志》，第 445 页。
② 《光绪亳州志》，第 445 页。
③ 《明代书目题跋丛刊》，第 848 页。
④ 《明代书目题跋丛刊》，第 1049 页。
⑤ 蒋元卿：《皖人书录》，合肥：黄山书社，1989 年，第 677 页。
⑥ （清）钟泰、宗能征纂修：《光绪亳州志》，南京：江苏古籍出版社，1998 年，第 444 页。

印也。《四库全书总目》集部著录，当即此本。……"[1] 四库全书所录《考功集》，没有陈文烛序，有李宗枢原序，并增加了"附录"，与此本又有不同。

清道光八年（1828）何天衢刊本。刻本，8 册（1 函），卷端下镌"同邑何天衢缓斋校刊"，此本未见著录，版本据卷端下及道光八年何天衢序。现藏中国人民大学古籍特藏阅览室。

（三）《西原全集》

称为"全集"的，最早见于明代《晁氏宝文堂书目》"薛考功全集"[2]，现在无法知道它的具体情况。现在存世的《西原全集》是薛邦瑞浙江刻本（《光绪亳州志》作《西原集》，从州志所录序文看，应是薛邦瑞刻《全集》）。

天启（1621－1627）薛邦瑞晋江刻本。晋江何乔元序称："先生之书，旧各自为一部，先生世孙大年公来知吾县，乃出示予订正合而刻之，使人知先生之全念。"[3] 按，道光版《晋江县志》卷三十五："薛邦瑞，亳州人，由进士天启（1621－1627）初任晋江知县。（《霞栖藏稿》）"[4] 又《福建通志》卷二十三"晋江县・明知县"载"薛邦瑞，亳州人……以上俱万历间（1573－1620）任"。而《江南通志》卷一百二十三"选举志"载薛邦瑞"天启壬戌科文震孟榜"，知《福建通志》误。

崇祯（1628－1644）薛邦瑞浙江刻本，十卷补遗一卷。钱象坤序，序称："少喜为诗，取法六朝盛唐，而时出之，最号工细，晚弃不为，即为之亦不较工拙，今所刻其少作也。岁久漫漶，先生世孙大年公来宪吾浙，復裒集其遗文合刻之，而问序于余。""先生所著，尚有考功遗书、五经杂说、大宁斋日记数十卷，其稿为友人索去，未及梓行。"[5] 按，《浙江通志》载薛邦瑞崇祯间（1628－1644）任浙江承宣布政司左参议、提刑按察司副使。从序的最后一句看，"裒集其遗文合刻之"仍是《西原集》，并不含《考功遗书》等。

---

① 叶德辉：《郋园读书志》，《湖南近现代藏书家题跋选（一）》，长沙：岳麓书社，2010 年，第 474 页。

② 《明代书目题跋丛刊》，第 731 页。

③ 《光绪亳州志》，第 443－444 页。

④ （清）周学曾等纂修：《晋江县志》，福州：福建人民出版社，1990 年，第 1064 页。

⑤ 《光绪亳州志》，第 444 页。

另外，《光绪亳州志·艺文志·著述》著录“西原集十卷”：“四库馆作考功集”，“附原校姓氏：何景明、李梦阳、孙一元、郑善夫、王廷陈、顾璘、边贡、王廷相、高叔嗣、马理、文徵明、唐顺之、孔天允、黄省曾、李攀龙、王世贞、汪道昆、徐中行、屠隆、余寅、李维桢、焦竑、汤显祖、虞淳熙、黄汝亨、何乔远、周羔。”“重校姓氏：郑三俊、程詿、吕维祺、侯荀、侯恪、吴甡、洪瞻祖、解学龙、王思任、姚永济、方震孺、文震孟、陈仁锡、倪元璐、陈盟、蒋德璟、方逢年、王铎、徐时泰、倪佳山、夏曰瑚、张国维、朱又焕、许世荩、宋权、马如蛟、吴道昌、乔可聘、吴从周、田用坤、金光宸、王三德、张元佐、王抒、陈观阳、丁启睿、徐日曦、胡守恒、李清、方士亮、邓汝舟、高登瀛、马光国、彭尧俞、柴世基、刘怿。”“参订姓氏：张元徵、顾懋樊、闻启祥、周兆斗、钱震泷、刘士鏻、龚五韺、张墉、洪吉臣、黄枢、陆运昌、朱天璧、张岑。”[①] 州志未载何人何时组织“重校”，据查人物活动时期、地域分布看，能组织此等阵容重校的只有薛邦瑞，此本或即崇祯浙江刻本。理由如下：“原校姓氏”所列多是薛蕙一辈，可不论。“重校姓氏”所列，多是薛邦瑞同辈，如“文震孟、马如蛟、吴道昌”是“天启壬戌科”进士，与薛邦瑞同榜；吴从周，嘉靖四十三年甲子科；方世亮、马光国，万历四十三年乙卯科；柴世基，天启元年辛酉科。“参订姓氏”所列，多为崇祯间人物，张元徵，浙江钱塘人，恩贡，崇祯间任广东平远知县（《广东通志》卷二十八）；洪吉臣，崇祯六年癸酉科（《浙江通志》卷一百四十一）；陆运昌，钱塘人，崇祯七年甲戌科（《浙江通志》卷一百三十三）；朱天璧，仁和人，崇祯十五年壬午科（《浙江通志》卷一百四十一）。他们都是浙江人，大抵是薛邦瑞在任职浙江期间的友生朋僚。

薛邦瑞组织校刻《西原集》，或许始于天启年间晋江知县任上而成于崇祯年间浙江任上。《中国古籍版刻辞典》：薛邦瑞，明直隶亳州人，字大年，曾任晋江县令，崇祯间刻过薛蕙《西原全集》10 卷补遗 1 卷。[②] 这个版本应是最完备的。

薛邦瑞辑、崇祯刻本《西原集》十卷《遗集》一卷，六册，现存国家图

① 《光绪亳州志》，第 443—445 页。

② 瞿冕良：《中国古籍版刻辞典》，济南：齐鲁书社，1999 年，第 645 页。

书馆。从《全集》《遗集》并列看，此《全集》并非薛蕙全部著作合集，只是他早年诗文作品的相对完整本。又，“《西原全集》十一卷，明薛蕙撰，清雍正三年钞本。社科院文学所藏。”① 此本似应是薛邦瑞辑《西原全集》十卷《遗集》一卷的合钞本，未能过眼对勘，不敢妄断。

三、《西原遗书》

嘉靖四十二年王廷刻本，四十三年刊成，二卷。四库浙江巡抚采进本《西原遗书》提要称：“此编为嘉靖癸亥南兖王廷所刊，皆其晚年与朋友往还讲学之书，附以语录。大旨尊陆九渊、杨简之说，毅然不讳其入禅，至谓释氏于六度万行未尝偏废，殊为驳杂。”② 直隶总督采进本《西原遗书》提要称：“是编乃户部侍郎、南兖王廷所辑，嘉靖癸亥刻于扬州，皆其与人讲学往复书札也。其阐中庸中和之说、孟子性善之旨，研析颇至。惟推崇释道太甚……”③ 二本实为同一刊本，收录薛蕙晚年“书札”。

杜泽逊《西原遗书》（浙江巡抚采进本）标注曰：“南京图书馆藏明嘉靖四十二年王廷刻本，题‘亳郡薛惠君采著’，半页九行，行十八字，白口，四周双边。前有嘉靖四十二年癸亥南充王廷《刻西原先生遗书序》云：‘余犹收藏《遗书》一卷，至维扬，因出与友人艾陵沈子商之。艾陵以为不可无传也，因属校正且付之梓。’后有嘉靖四十三年扬州府江都县知县孝义赵讷《刻西原薛先生遗书后叙》云：‘王公以少司徒督抚江淮，以《西原薛先生遗书》下之江都梓之。刻既成，公不弃讷之俗贱，命叙于末简，以纪岁月。’盖付梓于嘉靖四十二年，刊成于四十三年。江都开版，颇为工致。”④ 直隶总督采进本标注曰：“南京图书馆藏明嘉靖四十二年王廷刻本，作《西原先生遗书》二卷。

① 杜泽逊：《四库存目标注》（全八册），上海：上海古籍出版社，2007 年，第 2739 页。
② 永瑢：《四库全书总目》，北京：中华书局，1965 年，第 1069 页。
③ 同上，第 1574 页。
④ 杜泽逊：《四库存目标注》（全八册），上海：上海古籍出版社，2007 年，第 1826 页。

前有嘉靖四十二年王廷刻书序，后有沈珠敬、赵讷后序。”①

按，嘉靖刊《西原遗书》藏国家图书馆、南京图书馆、福建大学图书馆。四库存目丛书据浙江巡抚采进本影印。

清代出现了十二卷的版本，应是十卷本的诗文集与二卷本《遗书》的合钞、合刻本。“《西原全集》十二卷，明薛惠撰，清薛世熹辑，清乾隆薛世熹钞本。河南省图藏。”② 又“《薛考功集》十卷《西原遗书》二卷，清道光何氏刻本。”③ 乾隆钞本和道光刻本间有无渊源，亦只能存疑。

四、《约言》

嘉靖十四年刊本。此为《约言》现存最早版本，四库存目丛书子部第 84 册收录。《约言》提要曰：“是编乃其退居西原时，学养生家言，后读《中庸》‘喜怒哀乐之未发’句，自谓有得，因此作书分为九篇，曰天道、性情、潜龙、时习、君道、学问、君子、立言、春秋。”④

《约言》版本状况，杜泽逊《四库存目标注》之“《约言》标注”⑤，已有梳理，兹不赘述。

（本文首发于《安庆师范学院学报》社会科学版 2014 年第 4 期）

① 杜泽逊：《四库存目标注》（全八册），上海：上海古籍出版社，2007 年，第 2739 页。
② 同上，第 2739 页。
③ 同上，第 2739 页。
④ 永瑢：《四库全书总目》，北京：中华书局，1965 年，第 1069 页。
⑤ 杜泽逊：《四库存目标注》（全八册），上海：上海古籍出版社，2007 年，第 1826 页。

薛蕙著述四种小考

薛蕙除有《考功集》《西原遗书》《约言》《老子集解》传世外，尚有《大礼奏议》诸文以及《游嵩集》《乱道》《西园杂著》等，罕有流传，或已散佚，或仅见于方志载录。兹略考索，管窥其版本、存佚情况。

一、薛蕙《大礼奏议》的版本

薛蕙《大礼奏议》诸文不载于《考功集》，终明之世，秘藏于家。《薛考功奏议序》称："先生殁而后人于万历辛卯刻《考功集》。先生之诗文充栋，独求所谓《大礼议》者而不可得，盖讳之也。夫隆庆改元，议礼诸臣业已概蒙湔洗，至神宗时犹讳之，此何意欤？"[①] 唯崇祯二年，薛邦瑞任户部山东司郎中时，为薛蕙请谥，"具考功议礼疏与受杖之事，录呈上览"（《议礼述事》）[②]。外人盖不得见也。《大礼奏议》诸文刊刻流布情况如下：

① （清）钟泰、宗能征修：《光绪亳州志》，南京：江苏古籍出版社，1998年，第485—486页。

② 同上，第483页。

（一）议礼疏原版并考功手迹墨刻版九副

为薛氏家藏，于明季兵燹乱离中散失。薛蕙曾孙薛泰春撰《议礼述事》在追述薛蕙大礼奏议事后云："况议礼多人，而独《为人后解》《为人后辩》载入通鉴，则考功之忠，璁、萼之佞，早已轩轾于史臣之手矣。……第可惜者，议礼疏原版并考功手迹墨刻版九副，皆行书小字，体势遒劲，温润可法，俱于明季城陷失去，至今多年，泰春不胜慨焉。因是知奏议之与诗文不可同日而语也，盖诗文，言者无罪而闻者足戒，若奏议，朝廷之得失关焉，盛衰系焉。吾族人但知吾考功以诗文名世，而议礼一疏，忠义耿耿，可与天地不朽，可与日月争光，可与司马光、吕诲、范纯仁诸议礼名贤相伯仲。"①

（二）薛泰春清初刻本

薛泰春《议礼述事》又云："吾薛氏以诗礼传家，阅历久远，先人不朽之业不复整，见于世不亦取讥于无人乎？且通鉴所纪，止标《为人后解》《为人后辩》，而全疏不载，使不刊行于世，必至久而损失。泰春因较证详明，表而出之，约诸同族，付之梓人也。他日更求名笔叙弁其首，庶不没先人千秋大业于无穷矣。"② 从上文"俱于明季城陷失去，至今多年"语意看，知已是清初，"付之梓人"云云，即是刊刻。

（三）刘恩浦刻本

光绪《亳州志》卷十七"艺文志"有《薛考功奏议序》，纪其获得《大礼议》疏及刊布因由，文曰：

> 自有明以来，吾亳人物咸推薛君采先生为第一。先生学宗伊洛，诗轶宋元，为西北诸儒之倡。当嘉靖初，大议礼，进《为人后解》《为人后辩》数千言，竟以此罢官去，遂高卧不出，益自徜徉于山水间。先生殁而后人于万历辛卯刻《考功集》。先生之诗文充栋，独求所谓《大礼议》者而不可得，盖讳之也。夫隆庆改元，议礼诸臣业已概蒙湔洗，至神宗

① 《光绪亳州志》，第 484 页。
② 《光绪亳州志》，第 484 页。

时犹讳之，此何意欤？

吾读汪钝翁《明史拟传》，颇崇尚此文，而惜其阙略而不备，每以为恨。一日，老友田汪陂持文一卷见示，则《议礼》全稿也，云得之其孙采臣家。

余反复观览，叹其引据精确，有何子元、邹谦之两先生所不及者，故略为正其鱼豕，刻而布之，使海内知先生者有所向慕。呜呼！考功全集凡十卷，明季之乱，简编散失，惟余家书簏中之所藏者赵璧仅完，每欲模写付梓，以此文冠其首，而自伤力有不逮。然此意则何日忘之！亳南里许，为先生藏玉之所；其东，则薛氏阁；又其东，则祇树园，先生之台沼存焉。今皆归之缁徒黄冠而不可复问。独此区区数千言者，犹能保全于兵燹乱离之后、蠹蛀剥蚀之余，则先生可谓有后，而采臣之贤为不可没也。因记其本末而弁于端。[①]

《序》署“刘恩浦撰”。按，汪钝翁即汪琬，撰有《拟明史列传稿》二十四卷。刘恩浦，亳州人，岁贡，官行人司行人（卷十一仕荫表）。[②] 而萧穆《跋薛考功奏议》云：“以国朝亳人刘恩沛所得奏议序冠于首”。[③] 光绪《亳州志》卷十七姜宸英撰《封行人司行人刘绍宇墓志铭》云：“其卒以康熙三十七年六月甲子。覃恩勅封徵仕郎行人司行人，男世沛候选教谕，次恩沛行人司行人。”[④] 似应当以“恩沛”为是。康熙三十七年（1698），距清立朝（1644），已55年。“采臣”如果是薛泰春字，泰春当已高寿，或者为薛邦瑞一辈薛氏后裔，亦未可知。

（四）晚清萧穆辑钞本

萧穆（1835—1904），桐城人（今安徽枞阳人），《跋薛考功奏议》记其辑钞《薛考功奏议》的原因、来源、内容：

余少时读乡先辈姚薑坞（笔者按，即姚范，姚鼐叔父）、刘海峰（笔

① 《光绪亳州志》，第486页。
② 《光绪亳州志》，第311页。
③ 萧穆：《敬孚类稿》，《近代中国史料丛刊》第四十三辑，台北：文海出版社，1969年，第8页。
④ 《光绪亳州志》，第486—487页。

者按，即刘大槐）两先生所选明代诸家诗，有薛蕙数十首，爱其工丽，时时讽诵之。后读《明史》本传，又先后读文公徵明、唐公顺之所作墓碑墓铭等文，乃详悉考功之学行风节，不第为诗人已也。考其为刑部时，值武宗南巡，抗疏谏阻，祸且叵测，而晏然安之。嘉靖初，大礼之议起，乃作《为人后解》《为人后辨》，奏入，下狱。已而复其官，卒不复起。考其生平著述，《考功集》十卷外，有《约言》《老子集解》《五经杂录》《大宁斋实录》等书。今《考功集》十卷，曾为文渊阁著录，世间尚有传本；《老子集解》二卷附《考异》一卷，今三原李锡龄所刊惜阴轩丛书中有之；其他著或存或亡，不具述。

今年秋，亳州郭生文献以乾隆三年所修《亳州志》一函计十六卷见示，后有艺文六卷，见有薛考功《议礼奏议》一篇、《为人后解》上下两篇、《为人后辨》一篇，通计侃侃近万言，辞严义正，前后诸公多有议明大礼者，未有如是之详确也。余既全录之，而以国朝亳人刘恩沛所得奏议序冠于首，并以考功所作《亳州学记》附于《议礼述事》后，又以嘉靖间李先芳所作《薛考功祠记》、王中丞廷所作《薛考功遗书记》次于后（遗书者，乃王公乞文衡山诠释考功集诗文四卷行世者也），终以文公徵明所作墓碑，唐公顺之所作墓铭附于后。惜其谏武宗南巡一疏不得其全，不知他日尚有可获否！（《敬孚类稿》卷五）①

然而，上文所提到的刻本、钞本今都已散佚，也不见于书目载记。萧穆辑钞诸文，现见于清代所撰亳州州志。《为人后解》《为人后辩》又见《御选渊鉴类函》卷一百七十七。

二、《游嵩集》

乔宇、薛蕙撰。一卷。乔宇《游嵩记》云："辛卯秋八月，予归自京口，取道为嵩岳之游。道出亳州，州人薛君采来迓。予往官吏部时，君采尝为郎

① 萧穆：《敬孚类稿》，《近代中国史料丛刊》第四十三辑，台北：文海出版社，1969年，第221页。

属，因拉之同行。九月七日丁巳，抵登封县。……游凡五日，共得诗若干首，具《游嵩集》中。嘉靖辛卯九月。"① 嘉靖辛卯，为嘉靖十年（公元 1531）。薛蕙在给王浚川的信中提到此书："《游嵩集》呈览。岩瓮西还，未几即下世。言之感塞，天之于善恶，竟何如也?"②《乔少保墓表》载，乔宇字希大，号白岩。"辛卯，镇江少师邃庵杨公卒。公，门下士也，挐舟渡江吊之。"那一年，乔宇的老师杨一清去世，乔宇到镇江去吊唁。八月从镇江返回，九月与薛蕙有嵩岳之游。"十月归"至太原乐平故里。"偶感痰疾，于十二月十六日卒。"（《山西通志》卷一百九十八）③ 薛蕙此信当写于乔宇去世不久的嘉靖十一年，呈给王浚川的《游嵩集》当是钞本。

《明代版刻综录》第七卷载："《游嵩集》一卷，明乔實、薛蕙撰。明嘉靖二十二年薛蕒刊。"④ 藏北京图书馆（现为国家图书馆）。按，《综录》有误，"乔實"应作"乔宇"，"薛蕒"应作"薛萱"，薛蕙弟。嘉靖二十二年为嘉靖癸卯（1543），其时薛蕙已经去世（薛蕙卒于嘉靖辛丑正月，即嘉靖二十年，1541）。

三、《乱道》二卷

《乱道》二卷，一册，为薛蕙劄记。薛蕙在给友人的书信中数次提及此书，然而此书不见于州志及其他书目，恐已散佚。

薛蕙《答刘梅国》云："《乱道》二卷，皆一时劄记之说，浅陋最甚，不审有一言之近似否？就正有道，窃所愿也。"⑤

在《与高苏门》中说："仆免丧已三月。……倩人同盛使去，专候《老

① （明）傅梅：《嵩山少林寺辑志》，台北：明文书局，1980 年，第 684—689 页。

② 薛蕙：《西原遗书》，《四库存目丛书子部》第 84 册，济南：齐鲁书社，1995 年，第 241 页。

③ （清）觉罗石麟等监修：《（雍正）山西通志》，《景印文渊阁四库全书》史部第 549 册，台北：商务印书馆，1986 年，第 463 页。

④ 杜信孚纂辑：《明代版刻综录》，扬州：广陵古籍印刻社，1983 年，卷 7 第 12 页。

⑤ 薛蕙：《西原遗书》，《四库存目丛书》子部第 84 册，济南：齐鲁书社，1995 年，第 239 页。

子》序，万无遽遗之徒归。又，注本止有此耳，亦望赐还。外，《乱道》一册附上。所怀甚多，不能尽白。”① 薛蕙给高苏门（高叔嗣）写信，当在嘉靖九年，薛蕙请高叔嗣给《老子集解》作序是在嘉靖九年（请参考《薛蕙存世著述考》）。则《乱道》当成书于嘉靖九年前。

在《与崔后渠》书中说：“承命索近所为文，辄往《乱道》二卷，不识有一言之几于道否？其间偏驳甚多，望略见教。顧此乃三二年前所劄记者，近已觉其不切。”② 此信写于薛蕙母去世后第四年，信中说“仆于丁亥秋亦为先妣所弃背，今服阕行满一岁。”服阕，即守丧期满除服。薛蕙丁母忧，“己丑除服”③，时在嘉靖八年（1529）末，则《乱道》写于嘉靖五年（1526）前后。

四、《西园杂著》

卷数不明。薛蕙著，薛蕙门生贾体仁刻，吕柟撰序。吕柟序记其内容大概、刊刻始末：

> 西园薛子君采，既归隐于亳，杜门谢客，穷天人之秘，探道器之源，究性命之蕴，虽仙佛诸籍亦皆博采广搜，会其旨归。于是以其所得，著为论说，凡数千言，大抵皆礼乐度数之故，阴阳鬼神之情，政教法令之本，君臣民物、古昔圣贤之懿。果行焉，可以适治也。其门生贾君体仁，将梓传之。予谓贾君曰：西园子，博物君子也，久任吏部，已阅天下人才矣。兹者仕优居亳，又如此。其学也，宜其所言，皆揆事中伦，正名定物，无诡于经，足资于世乎。遂名其书为“西园杂著”，并以数语弁诸端，观者当有以取于斯也。④

---

① 《西原遗书》，第 234 页。

② 《西原遗书》，第 236 页。

③ 薛蕙：《考功集》，《景印文渊阁四库全书》集部第 1272 册，台北：商务印书馆，1983 年，第 123 页。

④ （明）吕柟：《泾野先生文集》，《四库全书存目丛书》集部第 60 册，济南：齐鲁书社，1997 年，第 712—713 页。

吕柟卒于壬寅年（嘉靖二十一年，1542）七月朔[①]，则贾体仁刊刻《西原杂著》最晚应不晚于嘉靖二十一年。据吕《序》，此书当成于薛蕙归隐（嘉靖三年，1524）至嘉靖辛丑年（嘉靖二十年，1541）薛蕙卒于这一年正月九日。而从序文的语气看，贾体仁欲刊刻《西园杂著》时，薛蕙应健在人世，故刊刻时间似应在嘉靖辛丑前。可惜的是，吕《序》未署年月，而《西园杂著》亦不见于其他记载，确切的刊刻时间难以确定。

另外，《明史艺文志》卷三："薛蕙《日录》五卷"[②]，光绪《亳州志·艺文志》："大宁斋日录五卷"[③]，又"五经杂录五卷（通志作日录）"[④]，这里所记的《日录》或称《杂录》，与《西园杂著》是否为同书异名，也不得而知。

① （清）黄宗羲：《明儒學案》，沈芝楹点校，北京：中华书局，2008年，第137页。

② 张廷玉：《明史艺文志》，《丛书集成初编》，上海：商务印书馆，1936年，第44页。

③ 《光绪亳州志》，第445页。

④ 《光绪亳州志》，第443页。

文渊阁四库本《考功集》未收诗文辑录

文渊阁四库全书所收薛蕙著《考功集》（十卷附录一卷）和《西原先生遗书》（四库存目丛书集部第 84 册）应收录了薛蕙的绝大部分诗文。今复从明代诗选、方志中辑出《考功集》未收诗 19 首，存疑诗 1 首，辑出文 3 篇。并录于此。

一、《考功集》未收诗

《塞下曲》六首

祁连山下单于台，汉帝屯兵玉帐开。
三十六军呼万岁，狂风捲尽白龙堆。（一）
龙沙指日净尘氛，万里遥天散阵云。
塞外降王三十部，来朝尽隶霍将军。（二）
长城西北万重山，无数征人若个还。
明妃死后留青塚，定远生前隔玉关。（三）
少年征战老边尘，文吏由来妬武臣。
空使铁衣生虮虱，不教猨臂画麒麟。（四）
日暮阴风吹铁衣，孤军转斗陷重围。

阵中白骨行当朽，楼上红妆尚忆归。(五)
不分匈奴数寇边，誓将性命殒军前。
李陵劣劣欠一死，苏武堂堂垂百年。(六)[1]

系从文津阁四库全书中辑出。按：其中第二首，《皇明诗选》卷十三[2]、《列朝诗集》丙十二[3]俱收，该诗前两句作“阴山缚尽犬羊群，万里胡天散阵云。”“犬羊”“胡天”等有碍的字眼被四库馆臣改写。第三首与《列朝诗集》丙十二所收同。第五首第三句“阵中白骨行当朽”，《列朝诗集》作“虏中白骨行当朽”，当以《列朝诗集》为是。

《凉州词》一首

秦筑长城作远图，汉通西域制匈奴。
中原士马曾无补，惟见烟尘满塞隅。[4]

《杂诗》一首

黄帝亡其智，大智将焉如。
仲尼欲无言，至言亦区区。
世儒恃文字，此意无乃疏。
安得忘言人，同游天地初。[5]

《谯城清隐卷为阳锺贤题》一首

谯城有高士，性尚异凡俦。
逍遥卧林壑，偃蹇轻王侯。

① 杨讷、李晓明编：《文渊阁四库全书补遗》（集部第6册），北京：北京图书馆出版社，2005年，第392—393页。

② （明）陈子龙：《皇明诗选》，上海：华东师范大学出版社，1991年，第895页。

③ （清）钱谦益：《列朝诗集》，《四库禁毁书丛刊》集部第96册，北京：北京出版社，1997年，第94页。

④ 杨讷、李晓明编：《文渊阁四库全书补遗》（集部第6册），北京：北京图书馆出版社，2005年，第393页。

⑤ 《皇明文征》，《四库存目丛书集部》第328册，济南：齐鲁书社，1997年，第231—232页。

春原时雨过，老圃荒泉流。
朝观南冈稼，夜榜东谿舟。
驯鹤对鸣琴，闲鸥见垂钩。
人间事方多，去去从君游。①

《次韵寄顾东桥》七言律诗一首

厌著朝冠爱角巾，狂夫天性合长贫。
胸中不入纷华物，方外聊为自在人。
看月江楼常达曙，探梅山寺每先春。
明年拟访清溪宅，并约羊何逐后尘。（谓子云同年）②

《游庐岩归月中纪兴》一首

云林才一曲，林屧已三休。
遇可淹留处，应须缓缓游。③

《拟仙诗》一首

碧光衫子绀霞裙，月下轻风淡素云。
一曲参差吹未徹，海边琪树落纷纷。④

《江郁别墅图》三首

竹翠周遭户外，溪声直达床前。
两耳不闻车马，四山只有云烟。（其一）
石蹬初安茶臼，篆烟时拂纱窗。
天外青山历历，门前白鸟双双。（其二）

---

① 《光绪亳州志》，第 499 页。

② （明）朱之蕃选：《盛明百家诗》，《四库存目丛书》集部第 331 册，济南齐鲁书社，1997 年，第 588 页。

③ 陈田辑撰：《明诗纪事》（全六册），上海：上海古籍出版社，1993 年，第 1430 页。

④ 同上，第 1431 页。

日暖茅檐燕舞，风轻墙角花红。
手把黄庭一卷，坐消满榻清风。（其三）①

《奉陪岩翁相公游少林寺》二首

久悔凡夫行，今参初祖禅。
山开诸佛界，树换六朝年。
圣谛元无法，真空讵有诠。
不知衣钵外，何物是相传。（其一）
少林多老宿，祖意若为传。
莫学诸方法，应参一味禅。
真心元寂灭，妄想浪攀缘。
季世须龙象，题诗独慨然。（其二）②

《奉陪岩翁相公游嵩山》

壮游佳节似相期，嵩岳登高天下奇。
策杖俯看鸿雁影，接篱满插菊花枝。
山川傲傥中原地，云雾苍茫落日时。
圣概此生能几遇，尊前醉倒不须辞。③

《渡伊洛河》一首

夕阳入东浦，白露满秋坂。
孤鸿唫更悲，芳草色已晚。
悠悠道路迫，杳杳嵩少远。
寄语山中人，旦夕吾讲返。

从《古今图书集成·方舆汇编·山川典》第二百五十卷“伊水部·艺文

① 《御定历代题画诗类》（上册），北京：北京古籍出版社，1994 年，第 564 页。

② （明）傅梅撰：《嵩山少林寺辑志》，《中国佛寺史志汇刊》第二辑第 24 册，台北：明文书局，1980 年，第 360 页。

③ 同上，第 377—378 页。

二诗”中辑得。按，此诗《河南通志》卷七十三题目作“渡伊洛次韵”，此诗应是次韵乔宇《渡伊洛河》之作，《古今图书集成·方舆汇编·山川典》第二百五十卷薛诗前录有乔宇《渡伊洛河》诗。

《送同年孔德裕归省》一首

秋来南国路，羡尔采兰归。
驿雨霑青缆，江花落綵衣。
闲居潘博士，休沐谢玄晖。
他日徵才子，相期入琐闱。[①]

按，明曹学佺编《石仓历代诗选》卷四百十七，有文森作《送同年白凤仪归省》诗，与本诗只首句不同，全诗为“曲江初讌罢，羡子采兰归。驿路沾青缆，江花落綵衣。闲居潘博士，休沐谢玄晖。他日徵才子，相期入琐闱。”尚不能判定此诗的归属，存疑。

二、《考功集》未收文三篇

嘉靖四年修君子祠记

寿州南六十里有宓子墓，宓子，孔子弟子宓子贱也。寿在春秋为楚地，宓子鲁人，《志》以为使楚卒而葬焉者也。墓之北五里，有祠，创更之详，《志》阙不著。

本朝成化间，祠尝废，御史戴公珊，令州治如故。正德间，御史林公有孚尝扁之曰“君子祠”。今久而祠复就废。嘉靖四年，同年刘希尹以吏部郎中谪守是州，乃治而新之，因属蕙为记，盖病《志》之阙而谨其事于今，悼祠之废而劝其继于后，其意向之所存，思虑之所及，皆深远

① （明）赵彦复辑：《梁园风雅》，《续修四库全书》第1680册，上海：上海古籍出版社，2002年，第507页。

矣。顾蕙之愚，不足以发明希尹之志；况表章先贤之迹，尤不敢偕为之言也。于是固辞，不获。则窃述孔子之言，以附其一端之说，庶广教思，以教风俗，亦希尹之志欤！

昔者孔子以君子称宓子，复曰："鲁无君子者，斯焉取斯？"圣人之言，无非教也，不惟贤宓子，大鲁邦云尔。春秋列国，鲁以儒学名，特区区一国耳，而君子何其多也！及至后世，举天下之广，所谓君子者或寡矣。夫古之君子既多，而当时之学者靡然从而师友之，此君子所以益多也。后世之君子既寡，幸有其人，而当时之学者，傲然不相下，其能以为师友乎？此君子所以益寡也。以古之学者气质之美，志行之笃，宜乎君子之易至，然犹务师友天下之士，充之以道德，博之以才艺，而后至之之易也，虽圣门之贤且若此。以后世之学者气质之不美，志行之不笃，宜乎君子之难至，乃复自安其陋，未尝有一二师友之益，其至于君子不亦愈难也哉？嗟乎！后世师友道绝，而风俗日薄，陵夷以至于今，士之好古者，思起其弊，又患其不可为也。盖闻"作之而动者风也，习之而成者俗也"，古之与今，美恶则不同矣，若夫其作也有始，其成也有渐，则未始有异也。苟有君子，大贤者倡之，小贤者应之，虽风之微，可以大行；虽俗之久，可以浸化，何患其不可为哉，患其不为而已矣！希尹有取于斯言，请刻于祠以告今之君子。[①]

笔者案：此文系从嘉靖《寿州志》卷六辑得，属"郎中薛蕙记"，题目为笔者加。明寿州知州栗永禄编次《嘉靖寿州志》卷六载："君子祠在瓦埠，祀先贤宓子贱也。知州赵宗刘天民修哉。"薛蕙记文前尚有王銮祝文与提学戴珊记文。

答濮阳苏侍御书

日者获遂良觌，且蒙倾盖如故之契，幸慰多矣。别后两蒙赐书，非爱予之深不至是也。赠章之褒，荣侔华衮，敬佩玉音，服之无斁，它如东湖诸作，皆冲澹清丽，托意高远，惟其妙悟，故速省如此，区区叹服不暇，安能复赞一辞耶。

---

① 《嘉靖寿州志》（天一阁明代方志选刊）卷六第4—6页。

来教云俗累相牵，习心未除，其有感于此心之难养乎？昔程子有言："以昔日习心未除，却须存养此心，久则可夺旧习。此理至约，惟患不能守，既能体之而乐，亦不患不能守也。"窃谓此言为学之要也，从事于此至于习心尽而天理复，则存养之功至而学之成也。古人之学如是而已，其事固切近而易知，其术亦简约而易守。顾未知要者不免索之于支离，而操存未熟者不免间之以妄动，则亦有甚难者。今执事既知之矣，其守之也在加之意而已，俗累之牵此恐势不得已，张乖崖救火之说，正执事之谓矣。然执事以仁恕简静之德，俾庶位观法，小民蒙福，其益故自不细特。要之，古人之学则必以自己事为第一义，故说者有尧舜事业浮云太虚之喻，盖以此耳。若曰道济天下而反不能自保其至贵，此俗儒丧己之学，古之人不然也。近古若张乖崖、赵清献此二公者，并亟劳于中，外更历于繁剧，自其迹而观之，疑若有所累而与之化矣，然其闇然自修之心、高洁出尘之趣，岂彼世味之所能移，俗纷之所能婴哉？执事尚友古人，舍二公其谁与归？

复闻康节先生赠富郑公之诗曰："阅尽人间事，收归一点真。"盖郑公老而谢政之日也，辄敢诵之，预为公它日功成身退之献。区区之愚，可以少助于高明者，仅此一端耳。

贪于倾竭，不觉辞多，不知以为然否？承示邸报，殊增惭汗，蕙之无似，岂足辱诸公之论荐，况不欲仕途之志，自决已久，昨来侍坐亦未得从容渎闻也，值便具此少布感谢之私，自余乡慕之心，亦何能尽道，因风时赐数字，是所望也。不宣。

按，此文系从《濮州志》卷六"艺文考"[①]、《山东通志》卷三十五[②]辑得。

移建亳州学记

汉东颜子治亳州，踰时而亳理。视于学，卑隘而陊，颜子曰：夫学以饬教，教以淑上，上以宾国，予之责无以，唯是卜迁焉吉，相地于州之西南。谋于众，众佥曰善。复请于当道者，乃即役焉。踰年而新学成，

① （清）邵世昌修、柴揆纂：《濮州志》（乾隆二十年），卷6第33、34页。

② 《山东通志》，文渊阁四库全书版。

学之诸士谓蕙记之，蕙乃言曰：

夫颜子之心则勤矣，然非徼第取位焉是求，殆亦饬教淑士焉是图，且夫教弗饬、士弗淑，虽徼第取位，抑末矣。蕙阅虞夏商周四代之代兴也，是故饬教淑士之术相沿而具，其教经而训，其士睿而哲，夫子删之，载于六籍，皆是物也。及嬴秦氏背废古制，天下学士微矣。二汉修复教术，下历于唐，凡十世已。十世之习或同或否，约而数之，厥失有五：稽道真者，失之谬；矜事功者，失之夸；尚师训者，失之固；志述作者，失之浮；专词艺者，失之卑。时则有若贾谊氏，有若董仲舒氏，有若扬雄氏，有若王通氏，有若韩愈氏，夫五子者，当世之善士也，其于五失未之或免也，诸子何讥焉？至宋诸儒者，作其议论，庶几夫古矣，原经术以正始，参庶得以广明，循教义以谨学，极性命以致道，故曰其议论庶几夫古矣。我明造士，黜异端，屏词艺而右经术，故天下之士，惟宋儒是师，其言道德性命，贾谊氏诸人或愧焉，不可谓不盛矣。若究其业之所就，尚有不及古人之一节，抑又何也？夫学者之道，有通有弊，有枉有直，攻其弊斯道可通矣，理其枉斯可直矣。蕙于诸君子，欲求如古之士也，请先从事于兹焉。赐进士出身承德郎吏部主事郡人薛蕙撰并书。[①]

按，此文系从光绪《亳州志》卷七“学校志”辑得，文前有“正德十六年，生员艮九畴等以旧制狭隘，且迫近州治，请移建于西南隅军储仓旧址，知州颜木集议成之，堘石玺废宅柏桧杂植其中，实不如旧地风水之利也”文字，记载移建州学的始末，系撰志者所加。

三、《考功集》未收诗辑录的其他线索

洛凡撰《薛蕙诗学研究》附录C《二卷本薛西原集目录考》一文，把二卷本《薛西原集》与《考功集》对照，发现了五首《考功集》未收诗，题为《赠张仲修三首》《送同年孔德裕归省》《冬野》，抄录了《赠张仲修三首》《送

① 《光绪亳州志》，第163—164页。

同年孔德裕归省》共四首。

嘉靖十年秋八月，薛蕙和乔宇有嵩岳之游，撰有《游嵩集》一卷。正文有诗 72 首[①]，乔宇与薛蕙唱和各 36 首[②]。前文所辑《奉陪岩翁相公游少林寺二首》《奉陪岩翁相公游嵩山》《渡伊洛河》诸诗，应该都是薛、乔嵩岳之游唱和诗，几首都不见于《考功集》，据此可以推定《游嵩集》中的薛诗，都未刊入《考功集》，应能再辑出 32 首。

另外，像孔天胤刊印的《薛诗拾遗》一卷，赵万里记曰："明蓝格钞本。明考功郎中西原薛蕙著。孔天胤序（嘉靖甲辰〔二十三年〕)。半页九行，行十八字。此名拾遗，殆在《考功集》十卷以外耶？天一阁藏书。"[③] 赵先生怀疑《薛诗拾遗》是十卷本《考功集》之外的，自然所收诗都未入十卷本《考功集》，似乎应是辑薛蕙诗的一大渊薮了。其实不然，细读《薛诗拾遗序》可知。序中言："先生亦罕出示人，故既殁而其书罕传。今所传者几？《老子集解》《约言》及《考功集》而已。余往在梁，使人吊先生于墓，求书其家不得，得遗诗若干于朱灌甫所。至浙多暇，刻存往懿，谓之拾遗。……先生精契道本，神领圣宗，当朗曜天庭，烛世迷陪，然河清难俟，嗟乎嗟乎，独其书存耳，兹卷不与焉。卷中有赋《洮溪砚》一篇，乃先生揽物怀余，余可得。余今怀先生，先生可得耶？"[④] 孔天胤分明是说《薛诗拾遗》不在他所见的《考功集》中，但孔天胤所见的《考功集》并不是四库所收的十卷本《考功集》。《薛诗拾遗》中的《洮溪砚》一篇，实收录于十卷本《考功集》卷五，题作《余有洮溪砚，乃孔汝锡所赠者，每怀其人，因成斯詠》。以上仅是推断，孔天胤刊印的《薛诗拾遗》一卷是否有十卷本《考功集》未收诗，还需二书相校，方能确证。

① 王婷：《乔宇诗歌研究》，聊城：聊城大学硕士论文，2014 年，第 9 页。
② 同上，第 29 页。
③ 赵万里：《赵万里文集》（第三卷），北京：国家图书馆出版社，2012 年，第 525 页。
④ 孔天胤：《孔文谷集》，《四库存目丛书》集部第 95 册，济南：齐鲁书社，1997 年，第 44 页。

薛蕙家族考略

薛蕙，明代亳州人。正德九年进士，仕至礼部考功司郎中。以诗名世，与刘储秀、张治道等称“西翰林”。归亳后，究心治学，“海内名士皆以江北圣人称之”。薛蕙家族，自明初从偃师迁亳，终于明季，多有公职。或以武举，或举进士，或以恩荫。薛蕙以诗名世，举进士，薛家始振。后有薛邦瑞，复登进士第。薛凤翔由例贡仕至鸿胪少卿。薛氏家族遂以文传家，成为继汉魏曹氏家族、夏侯氏家族之后的亳州望族。薛氏先后构建常乐园、南园、东园，亦为亳州一时之盛。兹略考索，见其兴衰之迹。

薛彬

薛蕙高祖，迁亳始祖。王廷撰《吏部考功郎中西原薛先生行状》（以下简称《行状》）：“其先河南偃师人，国初有讳彬者，先生高祖也。以从军隶武平卫，因家于亳。”[①]《明一统志》卷七：“武平卫，在亳州城内稍北，旧为熊韬卫，洪武二十二年改建。”

薛森

薛蕙曾祖。《行状》：“曾祖讳森，字茂林，倜傥有义行。”[②]

① （明）薛蕙：《考功集·附录》，《文渊阁四库全书》第1272册，台北：商务印书馆，1983年，第122页。

② 同上。

薛琇

薛蕙祖。《行状》："祖讳琇，字廷瑞，为卫主文，能以文法活人。"[①]

薛镒

薛蕙父。《行状》："考讳镒，字大用，封承德郎吏部验封司主事。宽简质直，不与人校，众推长者，尤喜施与，振人之急。里人徐刚病，一方士鍼之死，其子执之将诉于官，吏部公语曰：'此误耳，且又贫，即诉之官，终无以给尔之葬。吾为汝备棺木，汝其释方士。'由是方士得释。每岁荒歉，捐金活民尤多。"[②] 光绪《亳州志》卷十一"仕荫表"："薛镒，以子蕙封承德郎。"[③] 唐顺之《吏部郎中薛西原先生墓志铭》曰："薛氏自主事君而上，皆不显，然世推长者。"[④] 生年不详，卒于嘉靖癸巳（1533）年。《行状》："癸巳，吏部公亦卒"。[⑤]

安人杨氏

薛蕙母。《行状》："妣杨氏，封安人，庶母侯氏某氏。"[⑥] 生年不详，卒于嘉靖丁亥（嘉靖六年，1527）年。[⑦]

薛蕙

薛蕙，字君采，号西原，晚年自号大宁居士。自幼颖异，七岁习举子业，十二即以能诗名。十五补郡学弟子员。十八应乡试，不偶归。于时大中丞浚川王公适判亳州，一见亟称之曰："天下奇才，可继何李。"正德癸酉，领南畿乡荐，偕计入京。明年甲戌，登进士第，授刑部贵州司主事。寻以疾在告。

---

① （明）薛蕙：《考功集·附录》，《文渊阁四库全书》第1272册，台北：商务印书馆，1983年，第122页。

② 同上。

③ （清）钟泰、宗能征纂修：《光绪亳州志》，南京：江苏古籍出版社，1998年，第309页。

④ （明）薛蕙：《考功集·附录》，《文渊阁四库全书》第1272册，第126页。

⑤ 同上，第123页。

⑥ 同上，第122页。

⑦ 同上，第123页。

丙子起于家，复除刑部福建司主事。十四年己卯，值武庙南幸，抗疏力谏，祸叵测，处之甚裕，不为动。顷之调吏部验封司主事。嘉靖元年壬午，在吏部。又自文选司主事升验封司员外。明年癸未，为会试同考官。又明年甲申，升考功司郎中。会议献皇帝称号，撰《为人后解》《为人后辩》，凡数万言，入奏，下诏狱。寻复职。以诬奏罢归。两丁家难，辟小圃营庐舍于茔墓后翼，扁曰“退乐”，中丞柳泉马公易曰“常乐”。后屡荐不起。薛蕙配赵氏，封安人，无后。俱见《行状》。

薛蕙患有消渴疾（《考功集》卷七《雨中客至》有“别来渴疾春增剧”[①]，卷八《奉同何大复苦热行》有“江边此日苦消渴”[②] 等语。消渴疾，今谓之糖尿病），以致“素孱癯”。正德九年（1514），刚刚进士及第，被授“刑部贵州司主事”的薛蕙，“寻以疾在告”（《行状》）。薛蕙时年二十六岁。正德十五年庚辰（1520）八月，谢病南归（见《考功集》卷六[③]）。集中苦病之语甚多，不一一举出了。苦于消渴疾病，健康状况较差，可能是薛蕙无后及日后坚卧不起的重要原因。

薛蕙生于弘治二年己酉（1489）十月初六日，卒于嘉靖辛丑（嘉靖二十年，1541）正月九日，年五十三岁。葬于亳州城南考茔之侧。事迹见王廷撰《行状》、唐顺之撰《吏部郎中薛西原先生墓志铭》、文徵明撰《吏部郎中西原先生薛君墓碑铭》、李先芳《薛考功祠记》，《明史》有传。有《西原集》《西原遗书》《约言》《老子解》等传世。

薛蕙兄弟三人，异母。《行状》：“昆弟三人，伯曰兰，仲即先生，季曰萱。”[④] 唐顺之《墓志铭》：“主事三子，杨安人寔生先生，仲子与兄兰虽异出，而友爱特至。”[⑤]

兄薛兰，弟薛萱

薛兰，薛萱，事迹、生卒年俱不可详考。《行状》曰：“兰将以今年十月

① （明）薛蕙：《考功集·附录》，《文渊阁四库全书》第 1272 册，第 82 页。
② 同上，第 87 页。
③ 同上，第 73 页。
④ （明）薛蕙：《考功集·附录》，《文渊阁四库全书》第 1272 册，第 125 页。
⑤ 同上，第 126 页。

十八日祔葬于考茔之侧，乃以书来乞为先生状，将以徵铭立言之君子，以图不朽。”[①] 唐顺之《墓志铭》：“兰为之经纪其丧，将葬先生于亳城南先茔之次，而缄其遗文。”[②] 薛兰，有子名薛存，《行状》曰：“姪一曰存，即兰之子”。[③]

另据薛凤翔《牡丹史》卷一“本纪”载：“德靖间，余先大父西原、东郊二公最嗜此花，偏（同“遍”）求他郡善本，移植亳中，亳有牡丹自此始。”[④]“东郊”当为薛兰或薛萱号，然不可确考为谁。

《中国古籍版刻辞典》记“薛萓，明嘉靖间亳州人，刻印过乔实、薛蕙《游嵩集》1卷。”[⑤] 按“薛萓”应作“薛萱”，“乔实”应作“乔宇”。

嗣子薛衢

薛衢，字光录（或作禄），号两泉，薛蕙嗣子，国学生。生年不详，卒于万历壬辰（万历二十年，1592）。王同轨著《耳谈》卷四“薛光录”条录其轶事，今附录于此：

> 亳州薛考功先生之子光录公衢亦名士，与季弟存同齿。存羸病，而光录健壮，善饮啖。光录公有媵史氏，正芳龄。忽有邻妪金氏至存家，言奉阴司勾摄，有二人极难摄，以其门户大也。问为谁？曰：“似在君家。”存曰：“岂即我乎？”曰：“非也。然阴事岂宜预泄。”存必欲妪言之，曰：“即光录公。”又问其次，曰：“恐是史娘子！而其期恐不能出年内。”存大骇，羞其为诞。岁且除，公构南园居新成，往浴。史氏侍巾栉屏内。史氏有幼子，常时跬步不肯离母，至是呼之入。且浴之，而啼畏反走，门闭甚固，公已暴死浴盆中。史氏抱哭，才一声而昏迷，亦暴死。家人破户而入，二尸僵焉。先期浴毕而酌以庆室成，竟一杯未拈，而即以其酒奠茅矣！期果不出年内，存至今无恙。此万历壬辰年事，僚友公仪谈其亲事，顿为流涕，吾已鼻酸。在颖超宅索笔识之。邻妪所为，京

① 同上，第125页。
② 同上，第126页。
③ 同上，第125页。
④ （明）薛凤翔：《牡丹史》，李冬生点注，合肥：安徽人民出版社，1983年，第18页。
⑤ 瞿冕良：《中国古籍版刻辞典》，济南：齐鲁书社，2001年，第645页。

师男妇有焉，称为“急脚”，误为“鸡脚”，即雏之类也。[1]

薛衢构筑南园事，《牡丹史》卷二“南园”有记，“先府君两泉公继长乐而构者也。郡志云：薛氏南园，表里灿如蜀锦，与常乐为肘腋”。[2] 结合文中“僚友公仪谈其亲事，顿为流涕”及“先府君”之称，可知薛衢为薛凤翔父。（先府君，一般指亡父；公仪，薛凤翔字公仪）

薛衢，曾承担考公祠建造事。李先芳撰《薛考功祠记》叙其始末云：

> 嘉靖癸亥，余以尚宝乡贰谪迁同知亳州事，始诣考功之墓，阅文徵明、唐应德所撰墓铭，若表及中丞南岷王公所收遗书序，怃然叹曰：考功先生节义文章尽在是矣。因过西原草堂、莹心亭，诵壁间乔苏二尚书、马中丞诸公诗，疏竹数竿，大石岩岩，清标恍如有见，亦赋诗以弟之。无何，监察御史甫菴朱公临郡，余率国人请曰：本朝弘德以来，文人最贤者，惟信阳何大复、亳州薛西原，砥砺修行，高朗令终，载于名宦录久矣。德清蔡中丞为大复立祠专祀，而西原未之及也。且无嗣，尤可痛悼。时南岷公，以少司徒阅兵维扬，余晋词，如其请，且曰：“是吾意也。”两院檄文俱下，乃仆城东二里（薛蕙）氏故茔之旁，实为瞩目之地，方召工营之。考功弟子，国学生薛衢，颇以学行禅其家，乃扣郡曰：“方春，恐妨民役。衢家尚克堂搆也，愿代成之。”郡相孙使君察其诚欸，俾竣乃事，复赍十金助之。余亦采大木数围，树坊以表其门。衢恳余为记。[3]

按，嘉靖癸亥年为1563年。“考功弟子，国学生薛衢”云者，薛衢应是薛萱之子，过继于薛蕙。另据《涡阳县志》卷四王昌祚撰《义门集千佛阁碑》称“予幼时恒闻薛西原夫子，才兼天人，学穷三教，海内名士皆以江北圣人称之。今犹子光禄君名衢者，会予于公署，遂投辖登阁，上下议论，方得西原夫子三教之旨归。”[4] “犹子”，则薛衢为薛蕙继子无疑了。碑文末属“万历十五年岁次辛亥□□”，则薛衢于万历十五年辛亥仍在世，与《耳谈》所记卒

---

① （明）王同轨：《耳谈》，郑州：中州古籍出版社，1988年，第96页。

② （明）薛凤翔：《牡丹史》，李冬生点注，合肥：安徽人民出版社，1983年，第78页。

③ 《乾隆颍州府志》，南京：江苏古籍出版社，1998年，第507页。

④ （民国）黄佩兰修、王佩箴等撰：《涡阳县志》（全二册），台北：成文出版社，1970年，第126页。

于万历二十年不悖。

又按，陈文烛序《考功集》称：“考功集者，亳州薛西原先生著也。先生有子道行，与余交欢长安二十年，后遣其孙凤翔问序于金陵。”① 《皖人书录》亦载：“薛考功集十卷，万历十九年薛道行刊。”② 则薛蕙有子名薛道行，此薛道行与薛衢是否为同一人，尚未能考实。

姪薛街

光绪《亳州志》卷十一“仕荫表”：“薛街，京卫经历”。③ 薛街事迹不可考，此从（薛）“衢”、（薛）“街”字形推断，姑存疑。京卫经历，为京卫指挥使属吏，掌管军中文书。

姪薛存

薛存，薛兰子。据《耳谈》卷四，薛存与薛衢同年生，为薛衢“季弟”，“存羸病”。万历壬辰年薛衢暴卒，“（薛）存至今无恙”，则薛存卒年在万历壬辰年后数年。

嗣孙薛凤翔

光绪《亳州志》卷十三“人物志·文苑”：“薛凤翔，字来仪，西原嗣孙，由例贡仕鸿胪少卿。工诗，尤善书，深得二王笔法。著有《牡丹史》，摭采详备。焦竑、袁中道为之序。”④ 按，薛凤翔，字公仪。生卒年不可考。《牡丹史》有邓汝舟序，属“在万历岁次癸丑”⑤，为万历四十一年（1613），有李胤华序，属“丁巳秋日”⑥，为万历四十五年（1617）。薛凤翔仕燕，概始于万历十三年前，辞归或在万历二十七年（是年，凤翔子薛大春夭折）前后。李胤华序称薛凤翔“英年挂冠，葺先人之旧庐，啸傲其中。庋书万架，栽花木万

① （清）钟泰、宗能征纂修：《光绪亳州志》，南京：江苏古籍出版社，1998 年，第 444 页。
② 蒋元卿：《皖人书录》，第 677 页。
③ （清）钟泰、宗能征纂修：《光绪亳州志》，南京：江苏古籍出版社，1998 年，第 310 页。
④ （明）薛凤翔：《牡丹史》，李冬生点注，第 350 页。
⑤ 同上，第 8 页。
⑥ 同上，第 11 页。

本，而牡丹为最盛。”[1] 爱子薛大春的早逝当是促使薛凤翔弃官返乡的重要因素。

侄孙薛大楹

薛蕙《考功集》卷五《送徐中夫令南昌》有“孺子躬耕地，诸孙邑宰时。承家在尔辈，高士亦吾师”之语[2]，诸孙，意为本家孙辈。据《明一统志》卷四十九：“薛大楹，主南昌簿，清直自持，尝标其门曰：‘要一文不直一文’。且不畏强御，不媚上官。今乡耆犹有‘薛青天’之称焉。”

曾孙薛大春

薛大春，凤翔子。生于万历乙酉（万历十三年，1585），卒于己亥（万历二十七年，1599）五月五日，年十五。焦竑《澹园集》卷二十五《薛童子传》记其事，备录于此：

> 童子薛氏，凤阳亳州人，名大春，字元初，小字王九，父凤翔鸿胪寺序班。考功郎中蕙，世称西原先生，其王大父也。鸿胪仕燕，母李感异梦而生。天骨秀特，举止言笑，自然应会，却纨绮不御，宽衣大履，气宇岳岳，即髫龀之中，知其非凡子矣。三年，从鸿胪归省，雅多病，口喃喃诵佛名不休。
>
> 七岁，忽问母曰：“吾小字何以？”曰：“尔善病，王氏故多男，令以客儿养之耳。”曰：“王家郎能自致不死乎？”李曰：“不然。”曰：“若亦死，吾何讬焉？”闻者叹其奇。
>
> 是岁受业外傅，群儿间为戏，童子匡坐自如，即强之，拒弗从。十岁，通西极化人之言，未见内典诸书，而语皆悬合。时随鸿胪入燕，经古贤遗墟，叹曰：“伟哉丈夫，且以一抔土，供樵竖之游乎？世间事类如此矣。”抵燕，攻博士业，始见老、庄及维摩、圆觉诸经，辄以孔孟语解之。尝曰：“（言出）二氏者，未覩二氏也，然亦未睹孔孟。第能发明自性，何论同异！”

---

① （明）薛凤翔：《牡丹史》，李冬生点注，第 11 页。

② （明）薛蕙：《考功集》，《文渊阁四库全书》第 1272 册，台北：商务印书馆，1983 年，第 59 页。

是岁八月，鸿胪部属夷出塞上，从归里。劬书弥甚，夜漏四刻下，不就枕。李虑其孱弱，止之。曰：“父日夜望我，不勤，是遗其忧也。”李谯让不已，乃匿烛床下，候李寝，起读如初。自此豁然心开，慧辩无碍。语次，举当体全空，或难曰：“天地间无物不在性中，何云空耶？”曰：“正因空，故无物不具。”或问考功“未发”之义，欲知“未发”，当会“已发”者，曰：“性一耳，谁为未发，谁为已发？会得时如风樯阵马。必待已发，又成担阁矣。”或问：“花鸟草木皆可见性否？”曰：“何待言？然才涉拟议，是识非性。”闻者率茫然失对而去。一日，闻花香，说偈曰：“非动非定，非淡非浓。闻之满室，揽之还空。”其胸中如春盎盎，遇物成容，皆此类也。郡中詹楚埜广文为时名儒，童子从之游，步趋语默，常得其意旨，詹甚赏之。

戊戌二月，梦大士导之河滨，涤以水，曰：“尔何蒙垢若此？”浴已，摩其顶曰：“急寻汝归路也。”亡何，一鹤从天空下斋前，童子手抚其背，鹤亦若素所驯者，人皆异之。且病，病中所论皆出离生死语。久之，疾向危，举家淹泣。童子语鸿胪曰：“何痛为？人生四大假合，我非真我也。繇父观之，且得为真子乎？总之妄见耳。况我未生前，父不知我，今还以未生视我，痛从何来？幸自解。”因正襟趺坐而逝。岁己亥五月五日也，得年财十五。①

曾孙薛先春

据薛凤翔《牡丹史》卷二“东园”载：“（东园）为兄子先春别业。先春工临池，饶逸韵。”② 另，光绪《亳州志》卷十一“仕荫表”：“薛先春，以子邦瑞封中宪大夫。”③ 乾隆《颍州府志》：“以子邦瑞封中宪大夫浙江温处道”。④

曾孙薛泰春

光绪《亳州志》卷十七“艺文志·文”载薛泰春撰《议礼述事》曰：“崇

① （明）焦竑：《澹园集》（全二册），李剑雄点校，北京：中华书局，1999年，第358页。
② （明）薛凤翔：《牡丹史》，李冬生点注，合肥：安徽人民出版社，1983年，第80页。
③ （清）钟泰、宗能征纂修：《光绪亳州志》，南京：江苏古籍出版社，1998年，第309页。
④ 《乾隆颍州府志》，南京：江苏古籍出版社，1998年，第357页。

祯二年，姪邦瑞任户部山东司郎中，具考功议礼疏与受杖之事，录呈上览。”[①]知薛泰春为薛邦瑞叔父辈。薛泰春历明季之乱，已入于清。《议礼述事》曰：“第可惜者，议礼疏原版并考功手迹墨刻版九副，皆行书小字，体势遒劲，温润可法，俱于明季城陷失去，至今多年，泰春不胜慨焉。……泰春因较证详明，表而出之，约诸同族，付之梓人也。他日更求名笔叙弁其首。”[②] 从语气看，《议礼述事》当写于清初，所求“名笔”为清初亳州人刘恩浦，今存刘《薛考功奏议序》，其略云：“吾读汪钝翁《明史拟传》，颇崇尚此文，而惜其阙略而不备，每以为恨。一日，老友田汪陂持文一卷见示，则《议礼》全稿也，云得之其孙采臣家。……考功全集凡十卷，明季之乱，简编散失，惟余家书簏中之所藏者赵璧仅完，每欲模写付梓，以此文冠其首，而自伤力有不逮。然此意则何日忘之！……独此区区数千言者，犹能保全于兵燹乱离之后、蠹蛀剥蚀之余，则先生可谓有后，而采臣之贤为不可没也。因记其本末而弁于端。”[③] 从薛泰春、刘恩浦文看，采臣或是薛泰春的字。

玄孙薛邦瑞

薛邦瑞，字大年，天启二年壬戌科（1622）文震孟榜进士（《江南通志》卷一百二十三）。天启初任晋江知县。崇祯二年，任户部山东司郎中。崇祯间任浙江承宣布政司左参议、提刑按察司副使（《浙江通志》卷一百十八）。卒于泗州[④]。

《晋江县志》卷二十八：“薛邦瑞，亳州人。由进士天启初任晋江知县。洁志锐治，剔弊除奸。复虚心俯从民便，曰：‘吾求无负于朝廷，无愧于闾阎而已。’尤注意兴教化，厉文学。六谕之颁，申以约讲，勖诸生，而分期课之。精心殿最，不失妍媸。士民翕然化之。”[⑤] 光绪《亳州志》卷十二“人物志·宦迹”记薛邦瑞，“家席丰清约如寒素，就学江南，为尹嘉宾所知，每延

---

① 《光绪亳州志》，第 484 页。

② 《光绪亳州志》，第 484 页。

③ 《光绪亳州志》，第 486 页。

④ 《乾隆颍州府志》，南京：江苏古籍出版社，1998 年，第 392 页。

⑤ 周学曾等：《晋江县志》，晋江县地方志编纂委员会整理，福州：福建人民出版社，1990 年，第 1064 页。

誉之。任晋江知县，有政声。官至浙江水利道。”①

薛邦瑞于晋江、浙江任上，组织校刻《西原集》。晋江何乔元序称：“先生之书，旧各自为一部，先生世孙大年公来知吾县，乃出示予订正合而刻之，使人知先生之全念。”② 会稽户部尚书钱象坤序称“先生世孙大年公来宪吾浙，復裒集其遗文合刻之，而问序于余。”③

天启三年，“进士薛邦瑞为其祖蕙请谥。大相与尚书张问达议，如其请。熹宗方恶卹典冗滥，镌大相三秩，出之外。”（《明史》卷二百三十四《徐大相传》）

玄孙薛邦贞

武进士。由廪生考武官，科分未详，至云南副总兵兼管学政。（光绪《亳州志》）④

玄孙薛邦柱

武举，科分未详。⑤ 按，薛邦贞、薛邦柱事履、生卒年俱不可考。州志亦无明确记载其与薛蕙家族之关系，此从薛邦贞、薛邦柱与薛邦瑞姓名推断，姑置此。需待有新材料的发现，方能进一步考定。

另《行状》末云：“乃因国子生汝清所列事行而序次为状”⑥。光绪《亳州志》卷十一“五贡表”载：“汝清，嘉靖二十年（1541）贡，归安县县丞。”⑦ 光绪《归安县志》卷二十九云：“汝清，南直亳州人，监生，嘉靖二十五年（1546）任（县丞）。”⑧ 汝清与薛氏有无血缘关系，亦无从查考。

薛氏后人在经历了明季之乱后，从目前笔者见到的材料中，已几乎找不到相关的记载了。只在清代陈迦陵《湖海楼诗集》卷五的一首诗《访一无上

① 《光绪亳州志》，第 331 页。
② 同上，第 443—444 页。
③ 同上，第 444 页。
④ 同上，第 289 页。
⑤ 同上，第 289 页。
⑥ （明）薛蕙：《考功集》，《文渊阁四库全书》第 1272 册，台北：商务印书馆，1983 年，第 125 页。
⑦ 《光绪亳州志》，第 298 页。
⑧ （清）陆心源、李昱：《光绪归安县志》，南京：江苏古籍出版社，1998 年，卷 29 第 7 页。

人不值，小坐妙香楼下》，注曰："上人，亳州人薛君采后裔。"诗云："禅师结茅处，闻在宋城闉。高祖薛君采，新诗汤上人。我来不相遘，微意与谁陈。日暮坐苔石，所思惭隐沦。"[①] 按辈分排列，一无上人应是薛邦瑞同辈。"一无上人"似乎成了薛家经明季之乱离入清后的缩影。在那场天翻地覆的变故中，薛家丢掉的绝不仅仅是薛蕙的"议礼疏原版，并考功手迹墨刻版九副"，先春、泰春处境如何？薛邦瑞为何死于泗州？薛邦柱、薛邦贞又归于何处？"亳南里许，为先生（薛蕙）藏玉之所；其东，则薛氏阁；又其东，则祇树园，先生之台沼存焉。今皆归之缁徒黄冠而不可复问。"[②] 家国沧桑，园林丘墟，人事兴替，亦可为之感叹唏嘘了。

---

① （清）陈维崧：《陈迦陵文集七·湖海楼诗集》，上海涵芬楼景印（四部丛刊）。

② 《光绪亳州志》，第486页。

秦时雍散曲考论

明代散曲作家秦时雍，有《秦词正讹》一卷传世，郑振铎给予很高的评价。《全明散曲》和《中国曲学大辞典》给他作有非常简略的小传。嘉靖《永城县志》（以下简称嘉靖《志》）、光绪《永城县志》（以下简称光绪《志》）、“民国”《宿松县志》以及《曲品》《南词韵选》等书，零散记载了他的生平资料，可以据此梳理出他的大致生平、著作情况，探知其散曲风格的成因。

一、作者生平考

字尧化，号复菴，南直隶亳州（今安徽亳县）人[①]，一说永城人（今河南永城）。

《暮春初会少华于谯，词以纪之》：〔南仙侣望吾乡〕“合是冤家。恰然遇见他。含羞褪影灯儿下。背人一笑千金价。坐起多文雅。尖纤手来递茶。爱殺秦尧化。”评注曰：“尧化，复菴自指。”[②] 另，《曲品》卷上：“秦时雍，复

① 谢伯阳：《全明散曲》（全五卷），济南：齐鲁书社，1994 年，第 2126 页。

② （明）冯梦龙：《太霞新奏》（续修四库），上海：上海古籍出版社，2001 年，第 24 页。

菴，亳州人。”[①] 谢伯阳的看法盖本于此。

但秦时雍不见于亳州志书记载，而见于永城嘉靖志和光绪志（见下文），“民国”《宿松志》也载其为“永城举人”[②]。秦时雍为永城人，盖不误。产生两说，大概因两地地缘相近，明代永城属亳州管辖，且秦时雍也确曾来往于“谯”（亳州又称谯城）的缘故。

蔡毅编著《中国古典戏曲序跋汇编》称：“字复菴，生卒年、里居均不详。”[③] 似乎没有详审。

嘉靖十三年甲午（1534），下第村居。其〔南商调·山坡羊〕题作“甲午下第归村居”。[④]

嘉靖二十一年壬寅（1542），县学生员，与县学教谕郑礼创修《永城县志》。嘉靖二十三年甲辰（1544）仲春，书成。今存。

嘉靖二十一年，时任巡抚魏有本以其地方文献不足征，乃“檄教谕郑礼俾创为之”，“（郑）礼与其徒秦时雍辈搜逸罗故”（嘉靖《志》序）[⑤]。郑礼，浙江常山人，嘉靖二十一年始任永城县儒学教谕，但很快就亡故了。秦时雍按云“学优行洁，教人以礼，在任五月，纂修县志未成而卒”。[⑥] 县志的初稿送审被退回，“乃命开封府学生李梦凰暨秦时雍反复校雠，删正几半”。[⑦] 有督学葛守礼甲辰仲春序。同年刊刻。现存天一阁藏本。

曾叩阙自言，特拔入国子监，中顺天乡试，嘉靖二十五年丙午（1546）科举人。

光绪《志》卷二十三“人物志·文苑·秦时雍”条云：“字尧化，博闻强记，为诸生时试被黜，叩阙自言，上召学使者与较，同试六人，学使者得第六，特拔入成均，中顺天乡试。”[⑧] 同书卷十二“选举制·举人”：“嘉靖，秦

---

① 冯慧民、李万健等：《曲品》，《明代书目题跋丛刊》，北京：书目文献出版社，1994 年，第 1942 页。

② 俞庆澜、刘昂：《民国宿松县志》，南京：江苏古籍出版社，1998 年，第 292 页。

③ 蔡毅：《中国古典戏曲序跋汇编》（全四册），济南：齐鲁书社，1989 年，第 2688 页。

④ 谢伯阳：《全明散曲》（全五卷），济南：齐鲁书社，1994 年，第 6117 页。

⑤ （明）郑礼、秦时雍：《（嘉靖）永城县志》，《天一阁藏明代方志选刊续编》（60），上海：上海书店，1990 年，第 335 页。

⑥ 同上，第 425 页。

⑦ 同上，第 335 页。

⑧ （清）岳廷楷修，胡赞采、吕永辉纂：《永城县志》（刻本），光绪二十九年（1903）。

时雍，二十五年丙午科。”盖甲午下第之后至丙午中举，其间秦时雍参加过乡试，被黜后而至“叩阙自言”，其自负才华和张扬的个性，自可想见，这在他的散曲中也有鲜明的表现（详见艺术风格论）。成均，即国子监。陈良金“晚掇京科”云云，亦当指应顺天乡试中举之事。

嘉靖三十年辛亥（1551），官宿松知县。“民国”《宿松县志》[①]、光绪《志》卷二十三“人物志·文苑·秦时雍”条俱有记载。

嘉靖三十年辛亥至嘉靖四十年间，尝官宪副。

〔南仙吕二犯桂枝香〕《四景闺情》，谢伯阳注曰：“《新编南九宫词》题作‘景’，《群音类选》题为‘四景闺情’，俱注秦宪副撰。”[②]

按《曲品》云“秦大夫中原儒雅”，称其为“大夫”，综合推测，秦时雍大概曾任中宪大夫按察司副使，应在官宿松知县之后，刊刻《秦词正讹》之前，但确切的任职起讫时间和地方都无从考知了。

嘉靖四十年（1561），《秦词正讹》刊成（详版本考）。

陈良金称辑《秦词正讹》的背景云：“其居常抚景怀人，触物起兴，启口容声，即成佳韵。凡得一曲，远近争脍炙之，曰：‘此秦词也’。但其传诵既久，泾渭混淆，识者惑焉。此崇蕃归来，而《秦词正讹》所由辑也。”[③]盖重辑于罢官归家之后。光绪《志》卷二十三“人物志·文苑·秦时雍”条，载有“《秦词》”。[④]另外，光绪《志》卷三十六“著述”载“复菴词，秦尧化著。”[⑤]不载卷数及刊刻时间。《秦词》《复菴词》《秦词正讹》是否同书异称，《秦词》为《秦词正讹》之略称？亦或者《秦词》在嘉靖四十年之前即以刊本的形式流传，三者属不同版本？皆不可知。

隆庆间（1567－1572）重修永城县志，今不传。

《康熙永城县志提要》云：“（永城）是邑有志始于嘉靖间之郑礼，再修于隆庆中邑人秦时雍，清顺治十八年（1661），知县程思孔又修之。……今万历

---

① 俞庆澜、刘昂：《民国宿松县志》，南京：江苏古籍出版社，1998年，第292页。

② 谢伯阳：《全明散曲》（全五卷），济南：齐鲁书社，1994年，第2142页。

③ 蔡毅：《中国古典戏曲序跋汇编》（全四册），济南：齐鲁书社，1989年，第2688页。

④ （清）岳廷楷修、胡赞采等纂：《永城县志》，光绪二十九（1903）刻，卷23第1页。

⑤ 同上，卷36第24页。

秦志，顺治程志已不存。”① 概秦时雍重修永城县志在隆庆、万历之际。秦时雍隆庆间重修县志事，清人多有提及，侯良弼《康熙县志目次》曰：“稽考旧志，成于前朝隆庆年间，经兵燹之后，版籍无存。”（光绪《志》）② 顺治永城知县程孔思《顺治年修志原序》称：“盖旧志为邑绅秦君时雍所作，版册散失，迄今已九十年。其间兴者废者，菀者枯者，如烟海茫茫，不可复识。或口耳秩之，幸简帙留之；或篇章失之，幸耆旧传之。但可擬存，即为登卷。覩兹寥寥，其一隅之鲁灵光哉！旧分六门……”（光绪《志》）③ 李荫碞《原序》称“《永城志》既授梓人，而余不佞，勉为序之。余惟今日之举，其盛有三。自明隆庆间一修邑志，至今及九十年。”（光绪《志》）④ 吕永辉《光绪重修志序》有云：“明隆庆秦君时雍始创为志”（光绪《志》）⑤。由此可见，秦时雍确曾于隆庆间重修永城县志，但在清康熙年间，因明清之际的兵火，旧版和书籍都已散失了。

约万历初（1573）前后在世。

赵义山曰：万历间吕天成《曲品》所列上品中有秦时雍，时雍当为嘉靖万历间人。其〔南商调·山坡羊〕题作“甲午下第归村居”云云；又〔南商调·黄莺儿〕《寓京师寄雪仙》曲中注云：“乙卯夏同避暑闲寂寺”；又〔南仙吕·望吾乡〕套数有跋语：“己未夏归至凤阳，诸老同寅及群弟子相牵饯于西郊，黯然而别”云云。考甲午应为嘉靖十三年（1534），乙卯为嘉靖三十四年（1555），己未为嘉靖三十八年（1559），假设时雍“甲午下第”在30岁左右，则其生当在成化末、正德初（1505），其散曲创作当在嘉靖、隆庆时期。⑥ 证以重修县志事，赵说良是。

有子秦祉，号次菴。

《嘉靖志》载：“次菴秦祉，复菴子，庠生。”⑦ 秦祉至迟在嘉靖二十一年

① 金恩辉、胡述兆：《中国地方志总目提要》（全三册），台北：汉美图书有限公司，1996年，第16—87页。

② （清）岳廷楷修、胡赞采等纂：《永城县志》，光绪二十九（1903）刻，“序”第14页。

③ 同上，“序”第9页。

④ 同上，“序”第9页。

⑤ 同上，“序”第6页。

⑥ 赵义山：《明清散曲史》，北京：人民出版社，2007年，第197页。

⑦ （明）郑礼、秦时雍：《（嘉靖）永城县志》，《天一阁藏明代方志选刊续编》（60），上海：上海书店，1990年，第502页。

已是县学生员。同书卷六“艺文”录其诗两首，《咏张烈女》和《题浍滨书院》，光绪《志》卷三十六“词章”并录。《浍滨书院》诗又见于《河南通志》卷七十四艺文三。

著有《复菴文集》，今佚。存诗两首。

光绪《志》卷二十三载秦时雍“有《复菴文集》《秦词》行于世。”[①] 嘉靖《志》卷六“艺文”录秦时雍诗两首，《夫子岩》和《哀哀行赠赵生》。《光绪志》卷三十六“词章”录《哀哀行赠赵生》一首。

放情诗酒，不干士进，不能粉饰俯仰。

明代陈良金撰《秦词正讹序》：“吾姻家复庵子，慧敏颖脱，博闻强识，蚤负盛名，晚掇京科。宰畿县，竟以不能粉饰俯仰见绌。”[②] 光绪《志》卷二十三记其为人“放情诗酒，不干士进”。[③] 但秦时雍早年还是关怀现实的，《嘉靖永城县志提要》云：“各目又多有按语，反映社会实际，议论时弊，很有参考价值。”[④] 如卷二“营建”按语云：“若夫寺院，涉于异端，曷取乎必附录之？明俗弊也。塔庙之盛，遍于邑里，削技之徒参与齐民。噫！是岂不可为反经者之一鉴邪！”[⑤] 卷三“食货”按语云：“雍按，永城户口天赋甲于旁邑，但贫富不均，正昔人所谓富者连田千陌，贫者无立锥之地。自通均地粮以来，凡差徭赋税，悉出于地，加以荒歉不时，而富者亦渐耗矣。户口减于逋逃，田赋累于荒芜。噫！勿伪增，勿厚敛，以复昔日富庶之盛，深有望于牧民者。”[⑥] 都谙于时弊，敢于抨击。

---

① （清）岳廷楷修、胡赞采等纂：《永城县志》，光绪二十九（1903）刻，卷23第1页。

② 蔡毅：《中国古典戏曲序跋汇编》（全四册），济南：齐鲁书社，1989年，第2688页。

③ （清）岳廷楷修、胡赞采等纂：《永城县志》，光绪二十九（1903）刻，卷23第1页。

④ 金恩辉、胡述兆：《中国地方志总目提要》（全三册），台北：汉美图书有限公司.1996年，第16—87。

⑤ （明）郑礼、秦时雍：《（嘉靖）永城县志》，《天一阁藏明代方志选刊续编》（60），上海：上海书店，1990年，第389页。

⑥ 同上，第401页。

二、散曲版本考

秦时雍的存世散曲，今所存者主要有两个系统，一是《秦词正讹》，一是今人辑存。这里主要讨论《秦词正讹》的版本。

郑振铎藏，明练子鼎辑，明嘉靖四十年刻，黑口本。二卷，存上卷，现存北京图书馆。这大概是目前仅见的秦词刻本。谢伯阳据以抄录收入《全明散曲补遗》。

《中国古籍善本书目》“集部下”：“秦词正讹二卷，明秦时雍撰，明练子鼎辑，明嘉靖刻本，郑振铎跋。存一卷，上。”① 谢伯阳称“嘉靖四十年序刻本”(《全明散曲》引用书目)②，又称“全书仅存其半，凡四十五页。”③ 这些载录大都依据郑振铎的藏本。郑振铎先生两次作跋语，详细记录了购得的过程、版本的状况，并有简切的评论。其一曰：

> 秦词正讹存一卷。(明) 秦时雍撰，练子鼎辑。明嘉靖四十年辛酉刊，黑口本。
>
> 予收书喜收善本、异本，于词曲之少传本者尤宝爱之，每见必收。然近来异书日罕，无论宋、元刊本之词，即明刊本之词、曲亦可遇而不可求。惟劫中亦偶有所得，书友徐绍樵为予自江北购来万历本《词林摘艳》，朱遂翔售予万历本《乐府先春》，最为惬意当心。壬午秋日，北平邃雅斋书友许奇亮南来收书，告予曰：“尝于扬州某家见《秦词正讹》二本，为嘉靖黑口本，以其中缝有挖补，疑其不全，故未收。”予闻之惊喜，力嘱其为予购之。其时犹以为是《秦淮海词》之明刊黑口本。予藏明刊本词不多，故甚欲得之。数日后，许君北上；半月后复至沪，示予《秦词正讹》云：“果是不全书。凡四十五翻，书名下亦有挖去痕迹，当

---

① 中国古籍善本书目编辑委员会：《中国古籍善本书目·集部》(全三册)，上海：上海古籍出版社，1998年，第2170页。

② 谢伯阳：《全明散曲》(全五卷)，济南：齐鲁书社，1994年，第23页。

③ 同上，第2142页。

是二卷而仅存其半者。”予略一翻阅，即惊为奇书。盖是秦时雍作者，非《淮海词》也。虽仅存半部，亦是未见难得之书，因亟收得之。予之藏曲得此，大是生色矣。时雍，号复庵，其曲仅见于诸明人选本中，不过寥寥数阕耳。不意今乃获其曲集，且复是嘉靖黑口本，诚奇遇也。可见凡事须留心，求书尤须不厌其琐琐求详。如以为《淮海词》不全本而不收，则必失之交臂矣。复庵曲生辣活泼，写情入骨，不类沈宁庵派之浮烂，实是明代南曲之最上上品。无意得之，欣喜无已，亦劫中杜门索居时一乐也。纫秋。

吴晓玲案云：“此则录自原书先生亲笔题识，《西谛题跋》页三十一上收之。原书今归北京图书馆，《西谛书目》卷五、页六〇上著录，编号为八八五五。存上卷。”①

另一跋语云：

明秦时雍撰，练子鼎辑，二卷存上卷，明嘉靖四十年刻本。秦时雍散曲，最罕见。余重印《新编南九宫词》，曾发见时雍散曲，甚以为喜。沈璟《南词韵选》亦收秦曲数首。此本虽非全帙，却为诸藏家所未见，最为珍秘。书贾从内地收得，序缺第一页之前半，中缝均已加挖改，盖欲泯上下二卷之痕迹，冒作全书也。陈良金序云：“吾姻家复庵子，慧敏颖脱，博闻强识，蚤负盛名，晚掇京科。宰畿县，竟以不能粉饰俯仰见绌。其居常抚景怀人，触物起兴，启口容声，即成佳韵。凡得一曲，远近争脍炙之，曰：‘此秦词也’。但其传诵既久，泾渭混淆，识者惑焉。此崇蕃归来，而《秦词正讹》所由辑也。”此上卷存套数十九，小令二十六，以赠妓闺怨之作为最多。集中《忆白蓝畹》（〔步步娇〕套），《之汴忆蓝畹》（〔甘州歌〕套），《忆王翠筠》（〔步步娇〕套），《忆杜弱兰》（〔二犯傍妆台〕套），《张雪仙昼眠》（〔啄木儿〕套），《雪夜忆雪仙》（〔步步娇〕套），《寓京师寄雪仙》（〔黄莺儿〕套），《为高幽闺》（〔山花子曲〕）等，皆赠妓作也。绮腻深情，尚有元人遗风。

① 郑振铎：《西谛书跋》，吴晓玲整理，北京：文物出版社，1998年，第382页。

吴晓玲案“此则录自《劫中得书续记》第五十九则。”①

秦时雍散曲的今人辑本，又有两家，赵景深辑和谢伯阳辑。赵说“我对于名人散曲的辑佚，曾经花过不少的工夫。……我还辑有高明、祝枝山、秦复庵等人的散曲，并作有《南北宫词纪》《太霞新奏》《吴骚合编》《吴骚二集》等书的全部索引。”② 但赵辑本不知是否传世。谢伯阳先生从《新编南九宫词》《南词韵选》《太霞新奏》《吴骚合编》《词珍雅调》《北宫词纪》等选本中辑出“小令二十二，套数八，复出套数一。”辑本存于《全明散曲》。需要说明的是，《新编南九宫词》《南词韵选》《太霞新奏》《吴骚合编》《词珍雅调》《北宫词纪》这些散曲选本选入秦时雍散曲时，是从《秦词正讹》中选入还是依据《秦词正讹》刊出之前的流传选入，亦是难以确定。

三、散曲风格论

《曲品》把秦时雍散曲列为“上品”。郑振铎先生给予秦时雍散曲很高的评价。“绮腻深情，尚有元人遗风。”“复庵曲生辣活泼，写情入骨，不类沈宁庵派之浮烂，实是明代南曲之最上上品。”（见他的跋语）他还在《插图本中国文学史》“嘉隆后的散曲作家们”一章中这样评价：“喜作诙谐语。‘新词信口歌，好句同声和。问人生浮云，富贵如何？莺花队里休嘲我，名利场中且让他。’这便是他的生活态度罢。”③（按：秦时雍散曲录于《全明散曲》第二卷第2126－2142页，又第五卷“补遗”第6109－6139页，文中所引据此，不一一注出页码）

1. 写情入骨，绮腻深情

秦时雍很重视散曲的“表意儿”的功能，“特将心事彩毫题。寄与情人表意儿。虽然难比五言诗。卿卿务必休轻视。一曲清歌懒画眉。”（《寄物与爱

① 郑振铎：《西谛书跋》，吴晓玲整理，北京：文物出版社，1998年，第383页。

② 赵景深：《明清曲谈》，上海：古典文学出版社，1957年，第145页。

③ 郑正铎：《插图本中国文学史》（全四册），北京：人民文学出版社，1982年，第968页。

妓》）冯梦龙以为秦曲“法律未必尽纯，而铺叙丽情，俱真色动人。”[1]

秦时雍散曲有明确的情感指向。他的“以赠妓闺怨之作为最多”，而且大多具属名姓，像白兰畹、王翠筠、杜弱兰、张雪仙等，情感的指向就很明确而不浮泛。这一点，极似词中秦观。

秦时雍散曲的动人，固然由于他是个深情的人，他对爱妓的思恋、忆念无处不在，触目成愁，以致读不下书：“只为功名牵挂。生把冤家撇下。这些时在我心头倘着。倩谁人下手与我摘开罢。怎按捺。不想殺须害殺。天长日久那一刻丢得下。便做勉强观书。争奈一行行都是他。冤家。只好捉影拿风纸上挝。冤家。急得我冷汗浑身教谁打发。”（〔南商调山坡羊〕《思情》）；寝不安枕：“诚心卜个金钱卦。点检六爻多混杂。彻夜挑灯首抵牙。”（《雪夜忆雪仙》[尾声]），更怨责“悔当初。人被功名误。”（〔南南吕一江风〕《忆雪仙》）

秦时雍散曲的动人，更在于他善于刻画相思相会的细节、传达细腻的情思。如“梭梭跳动眼皮儿。点点流成泪道儿。薰薰热透耳轮儿。为伊镇日躭憔悴。到底难猜哑谜儿。”“瑶琴怕解锦囊儿。黄卷深藏书柜儿。泪痕重染汗巾儿。茶饭全无味。终日何曾动筯儿。”（〔南南吕懒画眉〕《寄物与爱妓》）这一组共八支小令，都是通过细节的描写，表达对爱妓的思恋、渴念，真切动人。又如〔南正宫玉芙蓉〕《忆妓兰畹》四支小令，从“邮亭晚发”“野店晨炊”“夕阳道中”“夜宿杞县”四个场景刻画自己对兰畹的深切忆恋，境与人、情与物融合无间。这组小令传达出时时、处处的思念，在套数当中铺叙得就更详尽和婉转了。

2. 点化诗词，中原儒雅

秦时雍散曲“生辣”，“凡得一曲，远近争脍炙之”，号为“秦词”，受到时人的喜爱，播于人口，带有明显的民歌小调色彩。它该属于通俗文学的范畴，所以受到明代冯梦龙、现代郑振铎的关注。但他不失雅的一面，所谓“秦大夫中原儒雅”，即指人品，亦含“曲品”。具体说，秦时雍散曲的俗中之雅，体现在：

一是人品儒雅。秦时雍毕竟是饱读经书，参加过科举，曾“宰畿县”“为

---

[1] （明）冯梦龙：《太霞新奏》（续修四库），上海：上海古籍出版社，2001年，第88页。

宪副”的士大夫。他的作品并非辑自民间的原生态，而是个人的创作，就难免带上个人的底色。他曾自负才华，“俺也曾大张两翼图万里。俺也曾蟾宫桂折高枝。俺也曾对客挥毫惊坐起。也曾与山斗争齐。”（《寓京师寄雪仙》）这是正笔写自己。“富贵帝台春。多少长安看花人。料仙郎此去。不负经纶。文场战笔扫千军。云路骋风生八骏。奈何人远天涯近。阑珊了暮雨朝云。”（《春闺怨》）“画眉郎。迢迢身在五云乡。十年多藏利器。三策好献明皇。他那里春风马蹄花绽锦。我这里夜月鸾箫人断肠。青云客。黄四娘。人间天上两分张。”（《秋闺怨》）“无奈他志在凌云。功名太紧。魂梦里也难亲近。”（《春闺怨》）这是借女子的口吻，都在表达他的才华与期许。但他“不能粉饰俯仰”，仕途困顿，便有了怨愤，看破了官场红尘，这些都借恋情道出。“兜的念头差。为功名壁上蜗。”（《雪夜忆雪仙》）“今古英雄多才沉埋。”（〔南中吕山花子〕四曲为高幽兰）“功名苦争张半纸。匆匆执手临岐。”（《寓京师寄雪仙》）“半世浮名空绁绊。”（《忆白兰畹》）前人曾说秦观词是将身世之感打并入恋情，移到这里评秦时雍的散曲无疑也是非常恰当的。他的散曲中既有世俗的、市民化的恋情，又有士大夫的情思，这种意蕴的双重性是“秦词”广受欢迎的重要原因。

二是用语俗中有雅，雅不避俗。秦词中有极俚俗的语言，“有个人儿天生俏。又是冤家了。凝眸仔细瞧。本是王嫱。化身王老。身子儿细长条。可奈弓鞋小。”（〔南北双套合调〕《忆王翠筠》）“见了个人儿一似他。低首沉吟多半霎。翠弯弯眉写遥山。娇滴滴脸衬朝霞。行行转过湖山下。冤家会使人牵掛。猛可里还将饧眼儿抹。”（《寓京师寄雪仙》〔南黄钟啄木儿〕）直是口语。同时，点化前人诗词中的语言、情思、意境，运用于曲中。“蒹葭白露已苍苍。开遍了芙蓉江上。碧天如水。渐梧桐月下回廊。亭台半晌。隔银河迤逦东南望。想珍珠织女情多。恨悠悠谁共牛郎。”（《忆白兰畹》〔南中吕泣颜回〕）“梦破五更寒。正君恩一晌欢。那知身闭昭阳院。罗衾不暖。罗衣怕穿。臂销不奈黄金钏。病恹恹。日高丈五。犹自抱愁眠。”（《秋闺怨黄莺儿》）这其中的化用是非常明显的，不必一一点明了。语言上的雅俗融合，是秦词受欢迎的又一因素。

3. 当行本色，体兼南北

冯梦龙在《太霞新奏》中评秦散曲“本色语不害当行”[①]，当行本色，是

① （明）冯梦龙：《太霞新奏》（续修四库全书），上海：上海古籍出版社，2001 年，第 644 页。

秦时雍散曲在曲体上的特征。扣住“相思”的主题，揣悟其中的滋味、情态，选用恰切的角度、口吻，是本色当行的体现。冯梦龙说“复菴好用饧眼二字”[①]，如“低声笑。问少华。饧眼睁开罢”（《暮春初会少华于谯词以纪之》），“乜斜饧眼娇声哈嗌”（《张雪仙昼眠》），“猛可里还将饧眼抹”（《触目抒怀》〔南黄钟啄木儿〕）等。饧眼，眼睛半睁半闭，这里一是描摹睡眼惺忪，一是写泪眼朦胧，各尽情态。秦词中更爱用“冤家”，约有十四五处之多，前人对此词有细致的解释，“宋蒋津《苇航纪谈》云：作词者流多用冤家为事，初未知何等语，亦不知所出。后因阅《烟花说》，有云冤家之说有六：情深意浓，彼此牵累，宁有死耳，不怀异心，此所谓冤家者一也；两情相系，阻隔万端，心想魂飞，寝食俱废，此所谓冤家者二也；长亭短亭，临歧分袂，黯然销魂，悲泣良苦，此所谓冤家者三也；山遥水远，鱼雁无凭，梦寐相思，柔肠寸断，此所谓冤家者四也；怜新弃旧，孤恩负义，狠切惆怅，怨深刻骨，此所谓冤家者五也；一生一死，触景悲伤，抱恨成疾，迨与俱逝，此所谓冤家者六也。此语虽鄙俚，亦余之乐闻耳。”[②] 秦时雍曲中“冤家”或指歌妓，或代歌妓拟想自己，大致有上引“冤家”六说之第二、三、四义，口吻娇嗔，爱怒参半。这是用语的本色当行。

散曲中“为爱相思滋味好，纵有灵丹不治他”之句，秦时雍散曲即是婉曲细腻地表达“为爱相思”的好“滋味”，冯梦龙赞为“妙句”[③]，这是情思的本色当行。

秦时雍散曲兼有南北曲的特点。冯梦龙《太霞新奏》之《秦复庵〈望吾乡〉按语》：“法律未必尽纯，而铺叙丽情，俱真色动人，大有北西厢风味，自是古作家，非近日后学可及。”“最工情语，然每带北路粉红莲腔，然北之粉红莲，南之掛枝词，其佳者，语多真致，政自难得。”[④] 《春斋即事》按语“复菴曲微带粗豪气”[⑤]。其中“大有北西厢风味”“每带北路粉红莲腔”“微带

① （明）冯梦龙：《太霞新奏》（续修四库全书），上海：上海古籍出版社，2001年，第416页。

② 吴兴刘氏嘉业堂钞本：《历代词人考略》（全二册），北京：全国图书馆文献缩微复制中心，2003年，第1123页。

③ （明）冯梦龙：《太霞新奏》（续修四库全书），上海：上海古籍出版社，2001年，第738页。

④ 同上，第88页。

⑤ 同上，第416页。

粗豪气”“生辣活泼”等说法，都指出秦词有北曲特点。然而秦时雍散曲在当时又多入南词选本，郑振铎也以秦词为“明代南曲之最上上品”，实际上又属南曲。这看似矛盾的说法正反映了秦时雍散曲体兼南北的特点。这大概与秦时雍籍隶亳州有一定关系，亳州为明清时期皖北一大都会，作为涡水流域的重要商埠，商贾辐辏，南北东西交流活跃，文化多样。秦时雍生长于斯，当会濡染这种风气，况且他有“吞吐江淮，啸傲乾坤”的“胸襟”（《春闺怨琥珀猫儿坠》），养成兼容南北的文化心理和气象，也就不难理解了。

结　语

秦时雍的散曲，在我国散曲史上并没有显要的地位，甚至在安徽曲家中，也名不见经传，赵景深先生的《安徽曲家考略》[①]《方志著录元明清曲家传略》[②]都未曾提及。但他以“真致”“真色动人”“生辣活泼，写情入骨”，微带粗豪而不失雅正，赢得了冯梦龙、郑振铎等的赞许。尤其是体兼南北的曲体特征，更具有重要的文化地理意义。

（本文删减后发表于《淮海工学院学报》（人文社会科学版），2013 年第 22 期）

① 赵景深：《安徽曲家考略》，《安徽史学》1958 年第 4 期。

② 赵景深、张增元：《方志著录元明清曲家传略》，北京：中华书局，1987 年。

吴楚奇著述考

吴楚奇，生卒年待考，清代亳州（今属亳州市涡阳县）人，原籍休宁（见后文）。光绪《亳州志》卷十三“人物志·文苑”载“国朝吴楚奇，字南英，号鸿皋，由凤阳府学生举康熙壬午（1702）江南第一。性潇洒不羁，工诗善画，尝游吴越，过彭蠡、豫章，所历辄为图并系以诗，成二册，名曰《吴越西江游览图咏》。著有《鸿皋集》《琐说》《龙津史谈》诸书，论古今事，语必己出，不袭前人窠臼。”[①] 光绪《重修安徽通志》卷二二八“人物志·文苑”据州志载入。[②] 文采与方苞、戴名世齐名。受戴案牵连（案起康熙五十年，1711），被革去功名。吴楚奇冠冕南国，名重两江，以诗画名世，画属新安派。

吴楚奇所著诸书，州志之外载录极少，流传不广，《四库全书》未录，也不载于《安徽文献书目》。现依据光绪《亳州志》卷十三“人物志·文苑”和卷十六“艺文志·著述”载录，及书目载记，并新近发现的材料，梳理其版本和存佚概况，亦可从中窥见吴楚奇生平大略。

---

① （清）钟泰、宗能征：《光绪亳州志》，南京：江苏古籍出版社，1998年，第350页。

② （清）沈葆桢、吴坤修等：《光绪重修安徽通志》（续修四库654册），上海：上海古籍出版社，2002年，第51页。

一、《龙津史谈》

光绪《亳州志·艺文志》："龙津史谈二卷"。[①] 蒋元卿《皖人书录》："龙津史谈二卷，安徽艺文考史评。"[②] 州志载吴楚奇康熙戊午（康熙十七年，1678）年撰写的《龙津史谈序》：

史，非传信之书，而传疑之书也。无论洪荒草昧，杳邈难稽；即汉唐近代以来，可疑者正复不少，其间礼乐刑政，忠孝节烈，纷布灿陈，不为审时度势，略迹原心，岂通儒之见乎！然自古及今，论史者不啻百家，予何人斯，而敢为喋喋哉？曰：不然，知人论世，各有深心，不妨因乎前人，以为是非，亦何妨反乎前人，以申予夺。事在邃古者，断之以理；事在晚近者，度之以情。世风日下，江河莫挽，昔日之小人，或为今日之君子，严以绳之，亦宽以谅之。他如几先之哲，事后之悔，或守经而失宜，或达权而尽利，逆作者竟至顺成，善始者不必善终，为法为戒，取其一二事，推而广之，可以观物理人情之变，可以通心思耳目之穷，可以明造化吉凶进退存亡之故。一披览间，如登天门而俯一切，如燃温犀而照重渊也，又何疑之莫释、信之未审哉！贵贱穷达，经权常变，操是术也以往，其无所之矣。独愧戋戋一家之言，非垂世之书也，故不敢附先贤史论史断之列，而名之曰史谈。康熙戊午。[③]

① 《光绪亳州志》，第447页。
② 蒋元卿：《皖人书录》，合肥：黄山书社，1989年，第383页。
③ 《光绪亳州志》，第447页。

二、《吴越游览图咏》

光绪《亳州志·艺文志》载:“吴越游览图咏一卷”。[①]《吴越游览图咏》,吴楚奇撰绘,有“民国”四年(1915)福华石印馆石印本,2册,藏国家图书馆。

光绪《亳州志》载有清代睢阳刘坤撰《吴越游览图咏序》和吴楚奇自序。刘序全文如下:

胜地非诗画不传,诗画非其人不贵。昔人谓洞天福地,神区奥境,非有夙缘者,不得一至。然而榜人牧竖,固日涉层巘而逐烟波;担贩营商,亦尝历名山而浮大渎,叩厥中藏,奚有也?是必天地之奇与吾心之灵相触相引,而寓之手口之间,然后山川景物分见于宇宙者,时聚于高人达士之怀,而并有其不朽,故曰胜地非诗画不传。虽然古之人如林逋之高吟、太白之觞咏,海岳先生之墨阵离奇,东坡居士之笔情淡远,皆高世绝俗而寄其旷致孤踪,后人览其吉光片羽,犹徘徊想慕,如不胜情。否则,笔墨虽工,君子无取焉,故曰诗画非其人不贵。

南英吴子,才堪命世,学富等身。而叔夜孤松、张绪杨柳,见之者每不禁朱霞天半、白鹤云中之慕。乃者薄游吴越,文人游艺,即景即图,即图即咏,意致洒洒,萧然尘外。在南英,未尝于笔墨求工,要其逸情胜致,旷古遗今,既能使造物不独有其奇,并以见文人慧业,变化生心,不徒作沾沾枯涩想也。有图咏而胜地以传,有南英而图咏洵足贵矣。虽然,是乌足以窥我南英哉!琬琰之质,列之圭璋俎豆,而无不华也;麟凤之姿,置之天池阆苑,而罔弗宜也。以南英之人,讵斤斤焉以诗画争长者?彩笔咏梧凤之章,兰膏绘冲人之壁,我将拭目望之矣。[②]

案,“刘坤,字资生,睢州人,康熙乙丑(1685)进士,官编修。事亲

① 《光绪亳州志》,第446页。
② 《光绪亳州志》,第446页。

孝，进馔必躬亲。置田宅分赡诸弟及诸亲族。州南地势卑下，常患水灾，坤相度，地宜开渠导水，悉成膏腴，居民至今赖之。”（《大清一统志》卷一百五十五）睢阳，现为河南商丘市睢阳区，正与古谯亳州接壤，刘坤与吴楚奇宜有同乡之谊。

吴楚奇自序署“康熙辛未五月”，为康熙三十年（1691），文曰：

> 或有谓余曰：“子好游乎?”余亟应曰：“否，否。士君子一日得行其志，耳目心思每弗遑也。游云乎哉!”故夫人得从事于山巅水涯，不得谓非人生之不幸也。虽然，名山胜地启我良多，凭高冈而志梧凤，俯幽谷而念猗兰，览俗尚之贞淫，谒忠孝之往迹，非有夙因，每难一遘。余于西泠孤屿，梦想多年，尝勒句云“生前应有湖州约，此日当怀石上缘”。嘻，亦可谓情见乎辞矣。但扁舟两屐，至易至难，阮孚之囊不免羞涩，纵清风明月怜余谅余，其如七尺幻泡，无能飞渡何？于是思之，思之不得已而寄之画，又不得已而寄之诗，私镌小篆曰“湖山知我”，如是者又十年。既而幡然悟跃然喜曰：“误矣，天下惟聋聩者不可以视听，惟蹇躄者不可以登陟，惟冥顽不灵者不可以抒发其幽思而领会其旨趣。天既假我以耳目手足，又畀我以心思，固居然能视能听，能登陟能抒发，能领会之人也，而顾自安于聋聩蹇躄冥顽不灵，谁之过欤?”然意决志坚，而卒不果行。岁届庚午，山左千乘张夫子，方令吴，余蒙亟荐，而未售一时知遇之感，谒自平江，方谓庾信《江南》，欷歔未已，忽幡然悟跃然喜曰：“湖山旧约，其在斯乎?”于是幽岩异境，独往独来，遂买舟东下，直抵西泠。烟雨空山，芒鞋洒水，新晴南浦，蜡屐穿云。因而渡钱塘，过山阴，探禹穴，平生梦想，一旦成真，其乐何似！既又幡然悟跃然喜曰：“与其未见而寄之诗寄之画，岂当前而反漠漠乎？且世之游者未必画，画者未必游，即游矣画矣，归坐芸牖，悬空摹拟，得其似未得其真，奚取焉?”缘是松滋好畤，不假暂离，每遇奇观，先择危峦虚敞，置身其上，凝眸注视，意旷神完，然后即景挥毫，不使远近参差高低大小纤微未肖，虽力弊神疲，弗顾也。且各纪其概，系以短句，虽鄙俚浅陋，弗辞也。帙成，持示二三同人，已经者如逢其故，未见者恍遇其真。则斯游也，非人生之幸，要亦未可谓之不幸矣。独是天下之大，异地名区，系怀不少，立而待之不能，迫之又不得也。山川有情，其谓我何。今而

后，或有谓余曰："十洲三岛，雪岭云涛，实神往焉，曷共诸余？"又将皤然悟跃然喜曰："嘻，子好游乎？吾与子游。"康熙辛未五月。[①]

近日，意外得见清代书林萃雅堂刻本《吴越游览图咏》和《西江游览图咏》，钤"哈佛大学汉和图书馆珍藏印"。《吴越游览图咏》一册，内封页题"仙源吴南英先生偶笔""书林萃雅堂绣梓"，墨栏上方有"湖山真面"四字。刘坤所撰《吴越游览图咏序》，计 9 页，每页 5 行，行 10 字，宋体楷书。末作"康熙辛未阳月上浣，睢阳年家同学弟刘坤拜题"。后单独一页钤"刘坤别号方斋"印（阳文）和"太史氏"（阴文）。印章与全书墨色一致，应是刻在印版上的。刘序后，是吴楚奇自序，题作"吴越游览图咏小引"，每页 6 行，行 16 字，末署"康熙辛未榴月谯陵吴楚奇南英氏题于浣露堂之羲窗"。"小引"后有"吴越游览图咏例言"六则，行楷，每页 7 行，行 20 字，末署"楚奇再识"。正文首页署"谯陵吴楚奇南英画并题"，其下自注"原籍休宁"。正文体例，先以文记录所游之地的传说、胜景，是为小引，再绘以图，复缀以诗，诗后多附有时人简要评语。燕子矶、京口、金山、银山、惠山、阊门、虎丘山、观音山、花山、灵岩山、武林吴山第一峰、雷峰塔、净慈寺、上天竺、灵隐寺、飞来峰龙泓洞、湖心亭、孤山、石屋洞、烟霞洞、西湖、会稽禹陵、会稽南镇，一路走来，文、图、诗并茂，恰如吴南英所言"已经者如逢其故，未见者恍遇其真"。评诗有方鹿圃（方鸣）、陈伊人、戴文昭、张允文、徐虞宾、汪雨峰、王湘滨、黄密菴、郭隐侯、曹橘村、郑后廊、万允人先生、戴嵩年、刘方斋太史（刘坤）、李漪园（李渠，字漪园，号南麓）、姜文清、程廷扬、苏梅廊、土懋公（王之绩）等人，兹不一一考证。[②]

"民国"四年石印本与书林萃雅堂刻本不同。封里署"谯陵吴楚奇先生著""民国四年旧历乙卯嘉平月上浣，商丘已魔李维题签"。正文前有"同里同学弟方鸣鹿圃拜题"之"跋语"，全文如下：

天地自平成而后，室庐阡陌，亦了不快人。故特以塑空化手，点出无数烟岚，使古今文人逸士，日握五寸花管，刻画藻缋其间，而后髻鬟螺黛如在掌上，凡此者，皆天地欲自传其奇也。右丞之图辋川也，辋川

① 《光绪亳州志》，第 446 页。
② （清）吴楚奇：《吴越游览图咏》，书林萃雅堂刻（哈佛大学汉和图书馆藏）。

不可无右丞也；子厚之记永州山水也，永州山水不可无子厚也。南英吴子，雅擅多才，襟袖间原具几许蓬壶，兹因谒本房座主，由白门下京口、历毗陵、达姑苏，抵武林，并会稽吴越之胜，尽入其囊。大抵其图空濛逶迤，似李龙眠蜀江笔意，诗在谢康乐兄弟间。而其每题小引，则追险铸奇，字字作郦道元也。南英笑谓仆曰："余庶不负此游。"仆曰："此非君意也。盖吴越山川必不可无吴子，燕矶、虎阜、霞岭、凤篁，久欲得墨妙传真，而特假张令君一招致之耳。虽然，南英岂徒山中人哉！平日于圣贤阃奥，不啻三折肱，乃玉已剖而足犹刖，岂天故假奇观以鼓其文章之气乎？则是卷也，将同凌云之赋。而仆幸卧游其间，饱泉壑烟霞，腹果果然矣。"

正文页署"谯陵吴楚奇南英画并题，睢阳李维亦魔甫重录"，正文后有李维撰"吴越游览图咏题词"，兹不备录。二者对照，一是版式不同。"民国"四年刻本半框：19.9cm×22.6cm，开本较大，小引、诗及评语同在一页，全图在一页。书林萃雅堂刻本，半框 20cm×12.2cm，按先小引，次图，再诗及评语的顺序排版，书为线装，版心朝外。全图被分成了两栏，装订后两栏相连，但制版时在两个版上。二是文字有不同，以《题南屏山净慈寺》诗评语为例，"民国"四年石印本增加了一则"'振衣千仞岗，濯足万里流。'有此豪概。李已魔"[①]。李维在重录刻板时加入了不少自己的评论。

三、《西江游览图咏》

光绪《亳州志·艺文志》载："西江游览图咏一卷"。[②]《西江游览图咏》，吴楚奇撰绘，有"民国"四年（1915）福华石印馆石印本，2 册，国家图书馆藏。国图还藏有康熙间（1662—1722 年）刻本，2 册。

---

① （清）吴楚奇：《吴越西江游览图咏》（二册），睢阳李维重录，福华石印馆，"民国"四年（1915）。

② 《光绪亳州志》，第 447 页。

州志《艺文志》录有清康熙甲戌（1694）豫章熊飞渭撰《江西游览图咏序》：

比年以中丞各宪作人雅意，谬知豫章书院，今春又忝白鹿洞主，与西江诸士谈经论古而外，时瞻眺五峰泉壑间。窃意，昔贤学揽性天，原非斤斤焉于章句，索言诠也。平日心契象先，鸢飞鱼跃，左右逢源，故发为论说，自有月映万川，处处皆圆之妙，然而识此意者鲜矣。长夏扃门课士，忽南英吴子远涉匡庐，枉驾谒余，余惊眙久之。学人日抱残编，穷年呫哔，安所得逸情雅志啸傲湖山？否则利薮名场又日不暇给，何许心期而超然尘埃耶？及相晤倾盖之际，令人意致飞扬，精神洒涤。再览所著《吴越图咏》一书，描绘既精，品题复妙，奇思异想，今古无俦，不觉相视大呼曰“子岂谢公、苏子三生再来耶?”相与言欢者累日。濒行，又出一册示余曰：“此匡庐游览图咏，孤怀高寄，未计工拙，愿乞一言为弁。”余生平未谙画理，但觉摹拟神妙如化工，肖物不爽锱铢，而隽思颖句又复石破天惊。夫世之为诗画者多矣，或规行矩步，或冥骛狂涂，自非深于太极、西铭之学，心契象先，其能如此超然尘埃耶？世之览者，即以作性天元机也可，即以作鸢鱼真谛者也可。康熙甲戌。[①]

案，熊飞渭，字渔滨，江西南昌人。康熙甲辰进士，康熙十二年（1673）任广西柳州府融县（今融安县）知县。回江西后，曾任豫章书院山长。康熙三十二年（1693），江西巡抚马如龙聘熊飞渭为白鹿书院主讲。康熙三十六年（1697）卒于白鹿洞。由序文知吴楚奇于康熙甲戌年（1694）夏季有江西之游，并与熊飞渭相晤于白鹿洞书院。

书林萃雅堂刻《西江游览图咏》，1册，版式、体例一如《吴越游览图咏》。没有熊飞渭序（疑哈佛大学汉和图书馆藏此书有缺页），有吴楚奇自撰《西江游览图咏小引》，正与光绪《亳州志》可以互补所无。记采石矶、小孤山、石钟山、大孤山、落星湖、匡庐山、开先寺、青玉峡、香炉峰、归宗寺、玉簾泉、简寂观、万杉寺、七贤峰、五老峰、三峡桥、玉渊潭、楱贤寺、白鹿洞、左蠡湖、滕王阁21处名胜，诗后有张允文、徐鹿隨、万云坡先生、何

① 《光绪亳州志》，第447页。

雨渠、余敦素、毕廷善、刘永年、心壁大师、朱虞宾、邹大任、姜渭纶、吴继圣少尹、兄（吴）式平、华凤采先生、程钝谷先生、陶清修、唐叔玉、钱鹤滩、左开继、熊渔滨先生、李漪菴诸人评点。吴楚奇《西江游览图咏小引》校录如下：

人生梦幻之事，每不若真者为足据，然吾焉知真者之非梦耶！髫年读东坡《石钟山记》与王子安《滕阁》“秋水”之词，未尝不寝寐见之。一夕，与友人论三生事，不觉栩栩入梦，有羽客若旧知，相与迭谒风行，须臾至一山，苍崖万仞，飞瀑千重，洞中冉冉明霞，白鸟数十，修翎振羽。余曰：“何地耶？”客笑曰：“匡崖顿忘耶？”自是匡庐之念颇殷，奈蜡屐无缘！凡自西江来者，辄问曰匡庐何似，豪商贵客刍漠不之省。余既难其问，益叹神皋奥区之非可易至也。逮癸酉春，家式平兄筮仕浔阳，冬十月，石友李子漪（菴）又之任宜丰，私心窃庆曰：“匡庐之行有日矣。”次年春，锐意长往。先抵石钟，但见嵌空深虚怪石，峣峣江上，神摇目眩者久之。过南康，止城隅梵舍，遥望石气青苍，万峰纠错，峰头白云蔼蔼，顷刻变幻，乃真匡庐矣。明日诣开先寺，获遇壁公禅师，一见欢然若旧，携余登鹤鸣峰，观黄岩、王峡诸胜，惟见桂荫参天，松涛匝地。此时已不复仙人世想。由是，篮舆日涉，凡幽崖邃壑，叠巘层峦，以至怒瀑惊湍，仙踪梵宇，无不放情凭吊、瞑踏危攀，但与曩昔梦中若相似若不尽似，岂石梁华顶，梦可到形不可飞渡耶？亦姑留不尽之缘，为异日瞿塘烟棹可耳？从此鼓枻章江，与李子漪（菴）日啸咏于滕阁。阁非故境，然西山暮雨，南浦朝露，宛然在目。天中节后二日，始挂帆都昌，出图咏与家仲兄相见。仲兄曰：“西江名胜仅此耶？”余曰：“观止矣，执此以概西江，奚不可者？”及返棹，舟次马当，夜深又梦至一地，断壁崩崖，楼阁巍峨数十重，皆菁荧如绿玉，黄冠五六人相视而笑曰：“今后尚忆匡崖否？”余错愕不知所对。既寤，但闻涛声枕畔，荻苇中渊而已。嗟乎，岂三生石上别有佳缘，以俟他日之遇耶？则余又焉知梦境之非真也耶！

康熙甲戌七月既望，谯陵吴楚奇南英氏题于浣露堂之梧舫。[1]

① （清）吴楚奇：《西江游览图咏》，书林萃雅堂刻（哈佛大学汉和图书馆藏）。

“民国”四年刻《西江游览图咏》版式与同时刻的《吴越游览图咏》相同。有吴楚奇自题“小引”“例言”，正文题“谯陵吴楚奇南英画并题，睢阳李维亦魔氏重录。”正文之后有李维撰写的“西江游览图咏书后”，记其刊印原委：

> 清康熙间，谯陵名士吴楚奇南英先生，原籍休宁，与方望溪、戴名世同时，驰名大江南北。为人高自期许，不染尘氛。南闱试，未入场前，即以第一人自居，既果获隽。嗣因《南山集》疑案牵累，遂隐不复出，啸傲山林。生平著述甚富，如《鸿皋琐说》《湘南吟草》诸作，皆脍炙人口，于书画尤为清绝，虽片纸只字，收藏家视如至宝。乙卯岁，余来游亳，假馆于东溪赵君。赵君业石印，刻意搜求先哲旧稿、名人遗著，一以石印翻新，冀传不朽。爰出《吴越西江游览图咏》前后二册，皆先生蜡屐所经，凡古迹名胜，每绘一图，即缀以诗。书法亦工秀绝伦。披阅一过，觉描摹尽致、吟咏入神。虎丘、燕矶、鹿洞、蠡湖之胜，群趋腕下，恍在目前，洵钜观也。惜日久，墨痕漫漶，原板无存。赵君有硕果几希之虑，意欲复印，重新保存精粹。因属余以临摹录校之役。余以事关表彰先贤，扬于风雅，又何敢辞！乃不计工拙，勉强从事，不过循行数墨，恐失却庐山多矣。书既成，因记其原委如此。睢阳后学李维已魔氏谨识。[1]

值得注意的是“民国”十四年（乙丑）刊《涡阳志》卷十二“人物”对吴楚奇的记载和此段文字大同而小异，兹引备考：“吴楚奇字南英，原籍休宁，与方望溪、戴名世同时，驰名大江南北。为人高自期许，不染尘氛。南闱试未入场前，即以第一人自居，既而果然。嗣因《南山集》案牵累，遂隐不复出。生平著书甚富，如《江西吴越游览图》《龙津史谈》《鸿皋琐说》《湖南吟草》《书绅集》皆脍炙人口，于书画尤为清绝，虽片纸只字，收藏家皆视如至宝。其后裔吴化龙，住县西花堡富罗村，庭中犹有‘冠冕南国，名重两江’匾额。”[2] 此段文字应是对李维“西江游览图咏书后”文字的节略，并进行实地考查的结果。可见撰文者的审慎态度。

---

① （清）吴楚奇：《吴越西江游览图咏》（二册），睢阳李维重录，福华石印馆，“民国”四年（1915），第22页。

② 黄佩兰等修、王佩箴等撰：《涡阳县志》，台北：成文出版社，1970年，第371页。

四、《鸿皋琐说》

《清史稿艺文志拾遗》载："鸿皋琐说四卷，吴楚奇撰，康熙四十三年刻本。善目，贩续。"[①] 案，"善目"是《中国古籍善本书目》；"贩续"是《贩书偶记续编》。《中国古籍善本书目》载："鸿皋琐说四卷，吴楚奇撰，康熙四十三年刻本"，藏清华大学图书馆。[②]《贩书偶记续编》卷十一"杂家类·杂说之属"载"鸿皋琐说四卷，清仙源吴楚奇撰，康熙甲申精刊。"[③] 另外，蒋元卿《皖人书录》记载了一个民国石印本："鸿皋琐记四卷，安徽艺文考小说家，'民国'十三年（1924）涡阳汤维哲石印本。"[④] 尚不知此本存佚情况。

光绪《亳州志》卷十六存清康熙甲申（1704）宝应王式丹撰《琐说集序》：

> 人生自少至老，其为言百千万亿，发乎情未必准乎理，即使理与情协，又或迂阔不适于用，词说虽繁，求所谓言近旨远，以布帛菽粟纬地经天者，鲜矣。南英，吴子，学揽天人，才涵今古，该奇博雅，冠绝一时。平居高谈雄辨，往往出人意表，而又非徒逞谈锋，无裨理奥，无与彝伦者。每当偶有所得，或纵谈快意，辄书寸纸于壁，久之成帙，自谓纷离杂错，流于鄙琐，只供闲中自怡悦云尔。予读之，但见有时类庄列之奇恣；有时阐朱程之奥义；有时卓识千古，石破天惊；有时妙解人情，云开日见；有时搜奇探异，万象纷布，而断以心裁；有时考古订今，各溯源流，而指其迷谬。既情理之悉协，又非迂阔不适于用。潜心玩索，真于布帛菽粟中具纬地经天之蕴，古人谓不遇异人必读异书，吴子兼之矣。其他著述种种，未遑登枣，坊客先购此以行，聊缀数语于简端，与

① 王绍曾：《清史稿艺文志拾遗》（中），北京：中华书局，2000年，第1418页。

② 中国古籍善本书目编辑委员会编：《中国古籍善本书目·子部上》，上海：上海古籍出版社，1994年，第594页。

③ 孙殿起录：《贩书偶记续编》，雷梦水整理，上海：上海古籍出版社，1980年，第171页。

④ 《皖人书录》，第383页。

高人共忻赏焉。康熙甲申长至前三日。[①]

唯光绪《亳州志·艺文志》载："琐说集二卷"[②]，与各家载记卷数不同。

案，王式丹（1645－1718），字方若，号楼村，江苏宝应人。以花甲之年，登康熙四十二年（1703）癸未科进士第一，官翰林院修撰。为诸生时即有盛名，宋荦编《江左十五子诗选》，列王式丹为十五子之首。有《楼屯集》二十五卷、《四书直音》一卷传世。此序写于康熙甲申（1704）年，时为王世丹状元及第次年，吴楚奇得中康熙四十一年（1702）江南乡试解元之后，二人同为江南才俊，彼此推赏之意可见。

五、《鸿皋集》

光绪《亳州志·艺文志》载："鸿皋集一卷"。[③] 中国科学院图书馆整理《续修四库全书提要》曰："鸿皋集一卷，国朝吴楚奇撰。楚奇字南英，号鸿皋，亳州人，康熙四十一年解元，事迹具州志文苑传。光绪通志著录，无卷数，今据本书著录。楚奇性洒脱不羁，工诗善画，州志录《瑞麦行》七古一首。又载有吴越、西江游览图咏各一卷，未见。"[④] 蒋元卿《皖人书录》："鸿皋集一卷，安徽艺文考别集十五。"[⑤]

概而言之，《吴越游览图咏》《西江游览图咏》《鸿皋琐说》是确知存世的，《龙津史谈》《鸿皋集》尚不能确定是存世还是已经佚失。他的作品，有两个特点：一是撰著、刊刻的时间都很清楚，上文即按照时间先后进行描述；二是在内容上涉及史论、诗歌、绘画、小说、古文等多个领域，已足见吴楚奇才学渊深、广博，王式丹所誉"南英吴子，学揽天人，学涵今古，诙奇博

① 《光绪亳州志》，第 446 页。

② 《光绪亳州志》，第 446 页。

③ 《光绪亳州志》，第 447 页。

④ 中国科学院图书馆整理：《续修四库全书提要（稿本）》（第 36 册），济南：齐鲁书社，1996 年，第 310 页。

⑤ 蒋元卿：《皖人书录》，第 383 页。

雅，冠绝一时”，定非虚语。其中《龙津史谈》是史论；《吴越游览图咏》《西江游览图咏》是以文、诗、画纪游，有图画有咏颂；《鸿皋琐说》属小说家言，“琐说”即是小说；《鸿皋集》当是文集，惜不得见。

光绪《亳州志》所载吴楚奇著述名称、卷数、序文等，“民国”修《涡阳志》都据以载入，其中序文与州志所载偶有异文，兹不赘述。

除以上著述外，“民国”《涡阳志》所记《湖南吟草》（“湖南”或作“湘南”）、《书绅集》已不可考其详。另外，州志卷十八“艺文志·诗”录《瑞麦行为郡侯张公寿》一首。今人王纪友等编《龙都诗钞简释》一书，录《秋日过大王庙漫题》七言律诗一首①。亳州花戏楼景区朱公书院山墙镶嵌的《朱公书院记》，是清康熙四十六年（1707）吴楚奇撰文并书碑。2009年亳州市谯城区十河镇孙小楼村村民，发现“太学生元采孙公暨元配张氏孺人合葬墓”碑铭，署“郡凤阳府学生眷晚生吴楚奇”撰。②

（本文首发于《古籍研究》第63卷）

① 王纪友、吴光亮：《龙都诗钞简释》，周口：周口地区第二印刷厂，1994年，第124页。

② 汪玉琮、赵丽：村民家中“垫粮石”竟是百年碑记（图），http://www.bozhounet.cn/news/7/120091203/1105644.shtml

张襄诗词辑评

张襄（生卒年不详），清嘉庆道光间人，字蔚卿，又字云裳、云章，号兰卿。女。安徽蒙城人。其父张殿华为江苏抚标中军参将，风流儒雅。张襄十余岁即能诗。与当世名媛吴藻、沈善宝等同为诗人陈文述门下高足。嫁吏部主事、南丰汤云林，随宦入都，不久悒郁而卒。张襄天资夙慧，自幼习文演武，陈文述谓其“诗词、书画、音律，无不究心，旁及韬钤骑射”（《西泠闺咏》），无闺阁习气。沈善宝云：“闻飞卿（吴规臣）善舞剑，蒙城张云裳善骑射，二人诗皆清绝尘氛。”（《名媛诗话》）其诗各体具备，论者谓其《拟古别离》《游山》《拟岳大将军钟琪奉诏起征金川留别故人》诸诗“苍凉悲壮，殊有穿云裂石之声”，而《春日闲居》则风格迥异：“又如新月绮丽，初花纤秾”（梁乙真《清代妇女文学史》）。所著《太夫人命赋梅花用高青邱韵》九首，传诵一时，其中佳句“可谓诗中有画”（沈善宝《名媛诗话》）。著有《锦槎轩集》一〇卷、《织云仙馆遗稿》、《支机石室诗》（载《碧成仙馆女弟子诗》，1915年西泠印社聚珍版印本）。生平事迹散见陈文述《西泠闺咏》、沈善宝《名媛诗话》、施淑仪《清代闺阁诗人征略》卷八以及雷瑨、雷瑊《闺秀诗话》等。[①] 其书概已散佚，兹从《闺秀词钞》《国朝闺阁诗钞》《安徽名媛诗词征略》《晚晴簃诗汇》以及清李鹤鸣编《闺秀诗三百首》《清诗纪事》与张襄手书等中辑得诗词、残句、评论，俱录于此。

① 梁淑安主编：《中国文学家大辞典·近代卷》，北京：中华书局，1997年，第232页。

金缕曲

和陈芝楣观察原韵　见词综续编

一片云飞堕，乍持来瑶笺烂漫，郇公五朵，湖海楼头高百尺。也赏绿窗吟课，惭愧殺，论班说左，多少英才门下士，更传灯，分与兰闺火，珠玉似咳和唾。　愁人今向愁城坐。悔髫龄涂鸦几字，外间流播。冰雪聪明天付与，未免言之太过。况齿及蛾江血涴，父榇未归，儿远适问，孤孀母子依谁，可将伯告。倘予和。①

夜眺虎山桥复踏月至虎山绝顶

长虹卧流波，晴光铺万顷。
远岫隐轻烟，渔舟破清影。
琴弹岩壑响，锺动鱼龙警。
顾望惬素襟，清言忘夜永。
乘兴踏残月，行行陟高岭。
扪萝翠袖单，穿云袷衣冷。
倚石景清晖，怪禽啼塔顶。
良会能几时，离怀徒耿耿。

丙戌春，沈采石为予作《邓尉探梅图》，吴苹香为制乐府，走笔奉谢，即送苹香归钱塘

鸳湖云树春波绿，吴兴画史人如玉。
鹅溪十丈写青山，不数惮冰与文淑。

予侍亲闱游邓尉，梅福仙踪适然至。
万树寒梢舞雪花，千重碧嶂飞晴翠。

① （清）徐乃昌：《闺秀词钞》，小檀栾室宣统元年刻，卷10第14页。

探奇更上万峰台，花影湖光一镜开。
嫩寒破晓春烟暝，密量侵宵素月来。

归棹江城听吹笛，华屋珠灯陈绮席。
玉台伴侣尽仙才，话到清游忆寒碧。

画史含毫写远春，替花摹影自传真。
胸中自有闲邱壑，流水空山结净因。

暗香低拂春云晓，催酒花前啼翠鸟。
画幛才收墨雾凉，银屏又听歌尘绕。

红豆新词最擅场，扫眉才子号苹香。
兰因絜果梅花屿，绮思瑶情玉茗堂。

一曲新翻写幽怨，对影闻声自肠断。
檀痕低搯碧云停，月华如水催银箭。

灯残曲罢起离愁，别有吟魂黯不收。
眷恋莫嗟良会短，灯前重与说杭州。

井梧叶落秋风早，西泠定放游仙棹。
六桥烟雨驾峰云，桂子天香满亭沼。

携手联吟西子湖，两隄秋柳拂青芜。
归来更倩女摩诘，重补孤山放鹤图。

登灵岩山

胜地甲三吴，风云想霸图。
绮罗西子径，烟雨范公湖。

故苑悲麋鹿，空林响鹧鸪。
登临无限意，落日下平芜。

登光福诸山

闲访诸山胜，萧然物外身。
涧边飞浴鸟，松地卧樵人。
过雨岚光净，深春野色新。
归桡休促别，容易隔红尘。

题看山读画楼

一路风光引，登楼喜欲仙。
青山人读画，翠竹客参禅。
云气奔秀壁，雷声吼怒泉。
故乡何处是，遥指白云边。

木渎道中送齐梅麓师重游光福

更转清溪棹，先生兴未休。
梅花十分满，笻竹两番留。
访画求农舍，看山到石楼。
倘过旧题处，应亦忆同游。

梅花用高青丘韵二首

探奇何必万峰台，茅屋疏篱处处栽。
林外乱鸦冲云去，山中孤鹤破烟来。
新枝烂漫攒红蕊，古干杈枒点绿苔。
竹外一枝看更好，横斜多傍夕阳开。

千树琪花绕梵宫，罗浮原与碧天通。
多生福慧双修得，六代铅华一洗空。
诗在灞桥驴背上，曲留关塞角声中。

笑他无限痴儿女，但识人闲锦绣丛。

（按，徐世昌《晚晴簃诗汇》卷 187 题作“丙戌春日，侍太夫人邓尉探梅，遍历铜坑、香雪海诸胜。太夫人命赋梅花，用高青邱韵，呈九首”）

家大人招梅麓师同为邓尉之游喜赋

闺中自笑苦吟身，未见江南海样春。
分付青山十万树，安排香雪待诗人。

登吾家山御碑亭

翠华当日此徘徊，万树传闻一夜开。
真是几生修得到，九重天子为花来。

还元阁望太湖

湖光远入白云边，无数峰峦翠扑天。
皮陆不来游客少，烟波闲煞钓鱼船。

调琴

月影初低花影沉，纱窗对谱学弹琴。
侍儿为怯春寒重，几度催眠报夜深。[①]

咏杏花

轻黄乍染柳丝丝，恰好江南二月时。
昨夜前村烟雨过，一梢红压酒家旗。

题定之夫人梅林写影图

树笼吴苑暮栖鸦，新月钩悬一缕斜。
翠袖忍寒春影瘦，红愁入镜鬓云斜。
已惊觅句传诗钵，更解调脂染画叉。

① 以上《国朝闺阁诗钞》（嫏嬛别馆藏书）第 10 册卷 3。

如此风神于此韵，前身多半是梅花。

春日闲居

深闺梦短思悠悠，为怯春寒懒下楼。
自笑当年娇养惯，满帘红日未梳头。

（按，“当年”，钱仲联《清诗纪事》22 作“年来”[①]）

归舟感赋

年前曾共踏淄尘，今日重游迹已陈。
莫向云山悲往事，再来恐是白头人。[②]

闲行

倦抛针线且闲行，梅子才黄雨乍晴。
病未多时偏瘦怯，诗无新意只轻清。
残花香尽蜂成蜜，深树阴浓鸟弄声。
独倚红楼延暝色，一弯新月破云明。

落花

一夜萧疏雨细催，沾泥粉片燕啣来。
轻轻碎锦萦罗袖，点点残红落翠苔。
别院人归蜂寂寞，小园春冷月徘徊。
莺梭任健芳心懒，肯向东风试再开。

纳凉

向夕微飔起，披襟坐曲廊。
云遮银月波，风度玉荷香。
过雨萤飞稳，将秋鸟梦凉。

---

① 钱仲联主编：《清诗纪事》(22)，南京：江苏古籍出版社，1989 年，第 15847 页。
② （民国）光铁夫编：《安徽名媛诗词征略》，合肥：黄山书社，1985 年，第 270 页。

我惭勤读者，暂欲咏羲皇。

秋夜

雨过书堂净，灯前觉夜凉。
蛙声鸣断岸，萤影度寒塘。
细草沾馀润，幽花带晚香。
明朝邻圃去，缓步看秋芳。

道光五年四月十九日，录旧作四首于吴门官署之锦槎轩。古蒙女士张襄。

按，以上四首张襄手书诗。见于文物拍卖网站。钤印："花章、张襄"。鉴藏印："古虞石室之藏"。[①]

拟古离别

漠漠塞上云，渺渺榆林树，
青山几万重，一别从兹去；
前程尚模糊，安问归时路，
风雨洒征衣，今宵宿何处。

游山

指点青山郭，真堪入画图。
心随流水远，目送片云孤。
树色分朝暮，山光乍有无。
归来忘远近，喜不籍人扶。[②]

拟岳大将军钟琪奉诏起征金川留别故人之作二首

未许身闲水石间，九重恩诏起衰颜，
蒋侯已拟长开径，李广无端又出山。

---

① http://auction.artron.net/paimai—art0022540369/

② （清）李鹤鸣编：《闺秀诗三百首》，鲁文忠注，武汉：长江文艺出版社，1988年，第9页、第71页。

老别哪能期后会，壮行原不计生还，
却怜旧雨纷纷集，乱树寒云拥剑关。

乍抛钓艇脱羊裘，共唱《阳关》赋远游。
怜我已成强弩末，感君还望大刀头。
牙旗影落边城月，觱篥声高绝塞秋。
此去百蛮应见笑，邯郸梦里又封侯。
（公常有句云：只因未了尘寰事，又作封侯梦一场）

句

穿云惯舞双龙剑，踏月能开十石弓。
卷起湘帘看宝剑，烧残银烛读阴符。[①]

题《自然好学斋诗钞》

后堂曾许见丰姿，林下风标卷上诗。
度去金针参表圣，量来玉尺胜昭仪。
颂椒句好郎为友，咏絮才高舅是师。
记得青禽曾有约，碧云空恨玉车迟。[②]

评论：

〇一、《西泠闺咏》卷十六 陈文述《湖心亭怀张云裳》序云：“蒙城人，名襄，字蔚卿，亦字云章，余为改字云裳也。同年丽坡将军女，诗词、书画、音律，无不究心，旁及韬钤骑射，真不媿将门。有《织云仙馆诗》。余弟子也。”诗云：“省识班昭是将门，左家娇女况能文。湖山剑佩鸳鸯袖，楼阁神仙蛱蝶裙。画舫静觞眉子月，曲阑闲玩美人云。官奴玉润真清绝，更写兰亭仿右军。”[③]

① 钱仲联：《清诗纪事》(22)，南京：江苏古籍出版社，1989年，第15846—15848页。
② （清）汪端：《自然好学斋诗钞》，《林下雅音集五种》（清冒俊辑），清光绪十年（1884）刻本。
③ （清）陈文述：《西泠闺咏》，《武林掌故丛编》，卷16第3页。

〇二、《名媛诗话》 云裳《和青邱梅花诗》九首，传诵一时，佳句如“林外乱鸦冲雪去，山中孤鹤破寒来”“万树雪明云外寺，一篱香护水边村”“一桁断霞松径晚，几枝初月草堂春”“月明楼阁横银海，日暖园林起玉烟”。闻赵淑芳云，云裳数年前随宦入都，悒郁而逝。薄命佳人，抑何多耶！[①]

〇三、《闺阁诗钞》 云裳工书善画，年十七，刲骨療父疾。[②]

〇四、《碧城女弟子诗》 新月绮丽，初花纤秾，娇女鹦鹉，仙人芙蓉，鸥波然脂，鸾冈染黛，跨小骊驹，翩翩如画。[③]

〇五、《清代妇女文学史》 （《拟岳大将军钟琪奉诏征金川留别故人》）此诗苍茫悲凉，殊有穿云裂石之声，不愧将家儿。然如《春日闲居》一首，则又如新月绮丽，初花纤秾也。[④]

〇六、《闺秀诗话》卷一 蒙城张丽坡将军，好风雅。尝为江苏抚标中军参将。有女公子，名襄，号云裳者，年十余龄即能诗。不三四年，著书盈尺矣。有《锦槎轩诗集》十卷，各体俱备。《拟古别离》云：“漠漠塞上云，渺渺榆林树。青山几万重，一别从兹去。前程尚模糊，安问归时路。风雪满征衣，今宵宿何处。”《游山》云：“指点青山郭，真堪作画图。心随流水逝，目送片云孤。树色分朝暮，山光乍有无。归来忘远近，喜不藉人扶。”《拟岳大将军钟琪奉诏起征金川留别故人之作二首》：“未许身闲水石间，九重恩诏起衰颜。蒋侯已拟长开径，李广无端又出山。老别哪能期后会，壮行原不计生还。卻怜旧雨纷纷集，乱树寒云拥剑关。”“乍抛钓艇脱羊裘，共唱《阳关》赋远游。憐我已成强弩末，感君还望大刀头。牙旗影落边城月，觱篥声高绝塞秋。此去百蛮应见笑，邯郸梦里又封侯。（公常有句云：只因未了尘寰事，又作封侯梦一场）”《春日闲居》云：“深闺梦短思悠悠，为怯春寒懒下楼。自笑年来娇养惯，满帘红日未梳头。”七言如“穿云惯舞双龙剑，踏月能开十石弓。”“卷起湘帘看宝剑，烧残银烛读阴符。”俱有穿云裂石之声，真将家子也。[⑤]

---

① 沈善宝：《名媛诗话》，转引自施淑仪撰《清代闺阁诗人征略》，台北：明文书局，1985年，第448页。

② 同上。

③ 同上。

④ 梁乙真：《清代妇女文学史》，北京：中华书局，1932年，第167页。

⑤ （清）雷瑨、雷瑊：《闺秀诗话》，《清代闺秀诗话丛刊》（2），南京：凤凰出版社，2010年，第926页。

按，《履园丛话》卷二十四“杂记下·闺秀诗”条[①]所记文与此全同，不复录。

〇七、《闺秀词话》卷四　蒙城张丽坡将军，好风雅。尝为江苏抚标中军参将。有女公子，名襄，号云裳者，年十余龄即能诗。不三四年，著书盈尺矣。有《锦槎轩诗集》十卷。吴苹香女史为作《金缕曲》一阕题其集云：“一夜观星堕。步珊珊、碧空飞下，水仙花朵。名将儒风从来少，况有雏凰亲课。喜娇小、才偏胜左。砚匣琉璃随身抱，拂红笺、吟尽书窗火。九天外，落珠唾。凝妆镇日临池坐。好清闲、书禅画圣，香名早播。始信大家声调别，福慧他年谁过。觉展卷、自惭形涴。侬是人间伤心者，怕郊寒岛瘦诗难可。拈此阕，代酬和。”以苹香之才而倾倒如此，可以知云裳矣。[②]

〇八、陈芸《小黛轩论诗诗》之《论张襄诗》

兰阁椒花复散花，畹香琴韵伴芝霞。玉英辛苦撷芳集，不及支机张锦槎。[③]

（原注：张莹，桐城人，归方合山，著《兰阁诗集》。江秀琼，字瑶峰，歙县人，归如皋张寿泰，著《椒花馆集》。陈玉，休宁人，王光禄鸣盛侧室，著《散花室学吟》。张淑，字兰仲，怀宁人，归熊某，早寡，著《畹香诗钞》。胡缘，字香轮，当涂人，著《琴韵楼稿》。熊象慧，字芝霞，潜山人，归吴知县栻，著《哀猿吟》《芝霞阁集》。汪玉英，字吟香，歙县人，归洪中书榜，著《吟香社初稿》《瑞芝堂诗钞》，又选闺秀诗为《撷芳集》。张襄，字云裳，蒙城人，归南丰汤主事云林，著《支机石室诗》《仙馆诗词遗稿》）

〇九、归懋仪《绣余续草》之《题蒙城张云裳女士之锦槎轩诗稿》

虎帐谈兵昼漏迟，将军韬略重当时。金闺喜有如花女，笔底风云更出奇。

躭唫人每倦调妆，乐府唫成第几章。一树玉梅初吐萼，清芬早已压群芳。

眉如新月笔如花，镇日清唫坐碧纱。占断吴宫山水秀，西湖讲席誉昭华。

（诗系玉年孝廉携来）

展卷唫残漏尽时，慕君还恨识君迟。深情一往才如许，细读璇闺哭

① （清）钱泳撰：《履园丛话》，张伟校点，北京：中华书局，1979年，第656页。

② （清）雷瑨、雷瑊：《闺秀词话》，《清代闺秀诗话丛刊》（2），南京：凤凰出版社，2010年，第1498页。

③ （清）陈芸：《小黛轩论诗诗》，宣統三年（1911）刻本，卷下第2页。

婢诗。[①]

一〇、吴藻《花帘词》

金缕曲·题张云裳女士《锦槎轩诗集》

一夜观星堕。步珊珊、碧空飞下，水仙花朵。名将儒风从来少，况有雏凰亲课。喜娇小、才偏胜左。砚匣琉璃随身抱，拂红笺、吟尽书窗火。九天外，落珠唾。　　凝妆镇日临池坐。好清闲，书禅画圣，香名早播。始信大家声调别，福慧它年谁过。觉展卷、自惭形涴。侬是人间伤心者，怕郊寒岛瘦诗难可。拈此阕，代酬和。

浪淘沙·吴门返棹，云裳妹欲送不果，寄此留别

双浆打横塘。何限江乡。绿波争似别愁长。最忆前宵曾剪烛，同话西窗。无计共离觞。踠地垂杨。数声风笛断人肠。从此天涯明月夜，各自凄谅。

贺新凉·寄怀云裳妹，叠前题锦槎轩稿韵

桐叶惊秋堕。望苕苕、碧空无际，停云几朵。忽忆故人当此日，定整新凉诗课。记曾在、香边砚左，煨茗清谈今昔话，感杨花、作雪莲开火。评月旦，笑还唾。何时再向青绫坐。约联吟、二三知己，兰陵争播。小敘珠宫追往事，一霎天风吹过。只襟上、酒痕犹涴。莫怪双鱼迟尺素，为伤离、卧病愁难可。歌一阕、索君和。

江城梅花引·再寄云裳

沈沈莲漏入秋长。怕昏黄。易昏黄。最忆当时，听雨话联床。一样宵深闲不寐，问谁共，翦红灯、坐碧窗。　　碧窗。碧窗。夜初凉。月半廊。花半墙。梦也梦也，梦不到、春草池塘。阵阵西风，吹露未成霜。十幅蒲帆何日到，空望杀，美人兮、水一方。

长相思·重三日有怀云裳小龃

望江南。梦江南。梦见春波幅幅蓝。几时重挂帆。　　忆清谈。阻清谈。

① （清）归懋仪：《绣余续草》，清道光十二年（1832）刻本，卷4第32—33页。

万树桃花水一潭。离愁三月三。

忆江南·寄怀云裳妹八首

江南忆，最忆识君时。潭水桃花红万点，苏台杨柳绿千丝。相见尚嫌迟。

江南忆，最忆绮筵开。阿母瑶池飞玉盏，女儿绛帐列金钗。谁是谪仙才。

（座中除沈采石外，皆碧城弟子）

江南忆，最忆好才华。春晓嫩寒香雪海，小窗横幅折枝花。诗画本名家。

（云裳有邓尉探梅诗，牡丹画幅）

江南忆，最忆夜联床。读曲帘栊花气暖，吹箫庭榭月华凉。残烛翦西窗。

江南忆，最忆绿阴浓。东阁引杯看宝剑，西园联袂控花骢。儿女亦英雄。

江南忆，最忆饯春筵。三月渡头花似雾，一杯棃尾酒如泉。小别也留连。

江南忆，最忆碧城招。咏絮君应称谢女，买丝侬欲绣班昭（谓小韫）。墨会记灵霄。

江南忆，最忆试归帆。锦字香初盈素袖，酒痕红未减轻衫。能不忆江南！[①]

一一、蒋徽《琴香阁诗笺》之《题张云裳女史邓尉探梅图》

梅花深处棹歌长，记泛湖天入混茫。千树白云山不见，一篙明月水俱香。仙诗缥缈还元阁，艳迹低徊响屧廊。赁庑愿寻偕隐约，鸥波为我画鱼庄。[②]

一二、汪端《自然好学斋诗集》

题张云裳妹邓尉探梅图

仙人功甫之女孙，梅花为骨冰为魂。探幽曾访邓尉麓，冲波画舫携清樽。铜坑山前万枝雪，玉照堂前双管笔。嫩寒破晓梅花烟，浮香弄影梅花月。峰峰积翠明春霞，美人小影原梅花。琼枝世外藐姑射，缟袂林间萼绿华。青丘佳咏多才语，击钵催诗惊翠羽。冰奁爱学寿阳妆，绮阁曾摹喜神谱。鸳湖内史丹青工，鹅豁三尺图春风。斜枝老干古苔碧，横峰侧岭晴岚浓。我昔扁舟花海去，柴门正对花深处。玉龙吹罢鹤归来，归梦如烟不知路。吾翁浮宦姑

---

① 吴藻：《花簾词》，《小檀栾室汇刻闺秀词》（清徐乃昌辑），清光绪二十二年（1896）南陵徐氏刻本。

② 蒋徽：《琴香阁诗笺》，《国朝闺阁诗钞》（清蔡殿齐辑），清道光二十四年（1844）刻本。

苏台，碧城坛坫纱帷开。金钗弟子尽明丽，云容似尔真仙才。香海清游吾未往，披图羡尔浮兰桨。倚来翠袖万峰台，暗香三弄群山响。明岁梅花春水寒，孤山千树约君看。湖阴写韵高楼在，踏雪还应访彩鸾（谓吴苹香）。

题张云裳女史《锦槎轩诗集》

诗派南湖上将家，天孙织锦艳灵槎。春红帘幕花铺影，秋碧池塘月浸华。小阁自听吴苑雨，扁舟曾赋洞庭霞。更传翠管丹青好，合称云容列绛纱。（君亦受业碧城）

云裳苹香过余环花阁赋赠

美人湖上彩鸾家，仙子金精艳晓霞。纨扇生光容照月（用张丽英事），绣襦写韵字簪花。横琴水榭鸥波滄，记曲桐阴燕影斜。好与碧城图墨会，钿车曾降婉淩华。

题云裳和《高青丘梅花诗》后

玉照张功甫，铢衣谢自然。冰霜无俗韵，翰墨有深缘。邓尉苔封树，罗浮月堕烟。西谿香雪里，吾亦梦归船。[①]

一三、钱惠尊《五真阁吟稿》 张都尉夫人有女名襄，字云章，年甫十五，不知其能诗画也。顷以近作寄质，并贻《探梅》《埽花》二图，作此答之（四首）。

我与左芬别，垂肩发未拢。不图三绝擅，都在两年中。自咏庭前雪，真饶林下风。谣怜眉黛好，秀色远山同。

汝伯（字见杜诗）如渠岁，神童誉早传。今看子云作，犹逊鲍家篇。老我嗟才尽，怜伊向学专。本来常惜别，更使梦魂牵。

女伴闺中友，通家姊妹看。阿三今已嫁，婉娩学承欢。书与圭峰近，诗如道韫难。何时遂归思，联唱到更阑。

扫花芳草绿，踏雪氅衣红。写出娉婷影，应缘倩盼同。高枝金钏重，绛萼口脂融。频祝瑶华至，时时望过鸿。[②]

---

① 汪端：《自然好学斋诗钞》，《林下雅音集五种》（清冒俊辑），光绪十年（1884）刻本。

② （清）钱惠尊撰：《五真阁吟稿》，清光绪四年合肥学社刊本。

袁大化著述七种叙录

袁大化（1852—1936）[①]，字行南（一说字杏村[②]），安徽涡阳县青疃区大袁庄人。光绪初进士[③]，廪贡，1880年随督办吉林防务吴大澂到吉林任事，1890年任充漠河采金总办，经营有方，补奏关东边道，升二品衔道员，戴花翎。1898年回涡阳省亲，与徐州总兵刘青熙谋划，镇压刘朝栋起义。1900年暂署清河道，镇压义和团。《辛丑条约》后，俄国欲盘踞东北，与匪首田七、田立本等勾结，四处侵扰，袁设伏尽歼匪徒。历迁山东按察使，河南布政使，1911年任新疆巡抚，捕杀新疆革命党首领刘仙俊等人。"民国"元年，在革命军进攻迪化时逃离新疆，蛰居天津。"民国"初年，张勋复辟，授予袁议政大臣。

袁大化著述皆关时务，现以其撰著时间先后为序，将经眼的七种著述叙录于次：

一、《东游俄边日记》四卷

光绪七年（1881）撰。国家图书馆藏袁大化著《东游日记》，1909年线装

① 王学庄：《十种辞书工具书民国人物生卒年订补》，《近代史研究》1986年第3期第302页。

② 蒋元卿：《皖人书录》，合肥：黄山书社，1989年，第624页。

③ 同上，第624页。

木活字本，一册。《东游日记》有“中国少数民族古籍集成（汉文版）”影印本[①]，四卷，署“涡阳袁大化随笔”，卷一“侦探黑河俄情日记，另有图说”，卷二“查探三姓太平沟、金厂往返纪程”，卷三“泛舟泊力侦探敌情纪程，另有图说”，卷四“赴宁古城、珲春，勘设站道，游历海参崴、岩杵河、双城子俄埠，由三岔口回三姓日记”，末识曰“日记多俚俗不成文，聊以记当日边塞之苦耳。己酉（1909）暮冬重印于梁园旅次。大化记。”香港蝠池书院出版公司 2008 年版《中国边境史料通编》收录。

《续修四库全书总目提要》：“清袁大化撰。大化，涡阳人。大化于光绪七年（1881）奉星使吴大澂之命，赴俄边伯力、海参崴等处，勘查边情，于七年二月由巴彦通沿松花而下，侦探黑河俄情。四月赴三姓太平沟、金厂等处查探，六月泛舟伯力，侦探敌情，九月址宁古塔城、珲春，勘设站道，游历海参崴、岩杵河、双城子俄埠。十一月由三岔口回三姓。于役一年，履冰雪阻炎夏，备尽行旅之苦。当《珲春条约》初定之后，俄人抔土开疆，布置未备，时有争攘边土残害良民之事。时山西八道河山王存一窝棚，新被俄官带兵入室，捆杀八命，连室焚之，可验者只五人，余皆灰骨零散，无法认辨。大化勘查此案，力主与俄领索回要犯，照清国盘抢之例，将该犯下狱，候旨偿命，一面勅乡民领荒，安家乐业，永无残杀之害，并宣谕星使是旨，以校该处设立民官，使劣员无从剥削。大化所过之地，皆相其形势，而绘之于图，大化自谓是边陲之书，至所述边民，闻使者之至，莫不顶礼膜拜，酒食相迎，于此可见处边陲者，渴望祖国之殷矣。”[②]

二、《漠矿录》六卷

袁大化撰，无锡秦世铨编辑，六卷，稿本，三册，用红九格宣纸抄写，

① 《东游日记》，徐丽华主编：《中国少数民族古籍集成》（汉文版）第 31 册，成都：四川民族出版社，2002 年。

② 中国科学院图书馆整理：《续修四库全书总目提要（稿本）》，济南：齐鲁书社，1996 年，第 29 册第 499 页。

行间有许多袁大化亲笔勾乙处，书眉有他的批语。该书是根据袁大化在漠河金矿任职期间的文牍和记录编辑的，是漠河金矿史的第一手资料。1887年，李金镛奉命创办漠河金矿并任第一任总办，袁大化任该矿提调。1890年李金镛病殁，袁大化继任总办。光绪二十二年初（1896），因事去职，1905年调任徐州河槽盐驿兵备道。在此期间，他令无锡秦世铨将其有关漠河金矿的文牍和记录择优编辑，成书六卷，即矿山（卷一）、矿务（卷二）、宾僚（卷三）、奏议（卷四）、察函（卷五）、批牍（卷六），凡七万余字。卷一，袁大化根据实地踏查和文献记载，考察上自洛古河，下至观音山黑龙江南岸数千里产金之地，指明漠河、元葆山、奇乾河、洼希利沟、达义河和观音山等六个矿区的名称由来、地理方位和四至范围。卷二记载各矿金沙特点、成色、采金方法和过程，机器设备及各部件的名称和规格，金矿的“肥象”“瘦象”以及1890年至1897年各矿历年产金量。卷三简要记载李金镛、姚岳崧等漠河金矿的创办者五十余人的生平简历。卷四记载自1887年动议创办漠河金矿至1898年北洋大臣李鸿章、王文韶，总理各国事务衙门和黑龙江将军恭镗、依克唐阿等关于漠河金矿的折片。卷五记载李金镛和袁大化上李鸿章、王文韶、恭镗、依克唐阿、吴大澂等的禀文以及致宾僚的书函。卷六则是李鸿章、王文韶、恭镗等对李金镛、袁大化禀文的批复。后三卷的资料，除少数见于《李文忠公全书》等已刊行之书外，大都不见于他书，亦是研究漠河金矿史的重要资料。

1931年“九一八事变”，翟文选“避兵析津”，从书商手中购得书稿，于1948年将书稿交予东北史研究专家金毓黻先生，希冀纳入他编辑的《辽海丛书》再版或续编中。但《辽海丛书》并未再版，亦无续编，该稿遂辗转于原东北史研究所图书馆，今藏于吉林省社会科学院图书馆。①

《漠矿录》稿本已由张本政整理点校，分九期发表在《黑河学刊》上，有翟文选序。

① （清）袁大化：《漠矿录》，张本政点校，《黑河学刊》1985年第1期，第23—24页。

三、《平定涡匪纪事本末》一卷

清光绪二十五年刊本。《续修四库全书总目提要》曰："清袁大化撰。按，光绪二十年后，因连年水旱为灾，涡河两岸，十室九空，盗贼充斥，执杖抢劫。有被事主擒送者，邑令以为饥民，责令保释。从此贼胆愈大，亦无綑送报案者。如是三年，至光绪二十四年，大水之后，继以大旱，饥民尤众，盗贼益炽，二三匪首，连乘势煽惑，同谋大举。魏得成等，纠众八十名，赴涡东之柴村庙，歃血为盟，同谋起事。牛世秀、牛大锁等，先由曹市集起首，借盐店苛虏为名，抢盐店烧市镇。魏得成、于盛五、刘疙疸等，争树旗号，远近响应。牛大镇等攻大袁庄，大袁庄者，即袁大化所居村也。大化弟大杰、大传率数十人击之，遁去。而贼石弓山马景芳、刘化远、周得怀等又起，合股围攻，陷龙山营，营存枪械子药，尽为贼有，从此大肆猖獗。刘疙疸与魏得臣争盟主于丹城，就席执得臣杀之，自立为盟主，分旗为五色，派立酋目，众号二万余，远近震恐。宿蒙涡亳永太数百里中，几于无处无贼。其时适大化奉合肥李使相檄，赴山东勘河，乘间回籍，遂殄灭之。此编即自纪是役本末矣。是役若大化迟到数日，则临涣即失，四方缝旗伺动者，将蜂拥而起，江豫皖三省数十州县必尽成靡烂之区矣。"①

国家图书馆藏《光绪戊戌平定涡匪纪事本末》，木活字本，一册。

《近代史资料》（总 51 号）载《戊戌定乱平枭记略》，袁大化识曰"光绪二十五年己亥秋八月二十日袁大化记于津西别墅"。编者按云："1898 年，安徽北部发生了大规模的民变，对这次民变，史籍记载很少，仅在《涡阳县志》（黄佩兰纂）中有简单的记述。本文较详细地叙述了民变全过程，可为以前有关史籍的补充。作者袁大化，字行南，安徽涡阳人，清末曾任署山东巡抚、新疆巡抚等职，是镇压这次民变的主要当事人。""原书为木刻本，每半叶十

① 中国科学院图书馆整理：《续修四库全书总目提要（稿本）》，济南：齐鲁书社，1996 年，第 9 册第 114 页。

行，每行二十一字，书面题名《光绪戊戌平定涡匪纪事本末》，书口作《平定涡匪纪事本末》，但正文第一行却作‘光绪二十四年戊戌查河定乱平臬记略’。今删去查河部分，只发表镇压民变部分，以供参考。”①

四、《丙申黑龙江矿案原委》

袁大化著，魏长洪整理。存于社科院近代史所近代史资料编辑部编的《近代史资料》（总 80 号）上。

编者按语云：袁大化于 1909 年（宣统元年）出资修《袁氏宗谱》，该书卷八录存《丙申黑龙江矿案原委》一文（以下简称“原委”）。此文系袁大化 1900 年（光绪二十六年）作。1905 年（光绪三十一年），袁大化在任徐州道时，聘请秦世铨与凌钧荣编辑《漠矿录》，不知何故，未收录此文。

“原委”不加标点符号，全文约 1800 多字，其内容可弥补《漠矿录》之不足。诸如袁大化何时到漠河金矿局提调任上、被拘的具体时间、软禁在何处，关于袁大杰、袁大信与袁广平的遇害与郝兴虹剁手案的细节，此文都较《漠矿录》清楚。“原委”与《漠矿录》的面世，对研究清末三大冤案（四川盐案、漠河矿案、绥远荒案）以及澄清近人关于袁大化办漠河金矿贪污巨款，以其中的 30 万两白银买得新疆巡抚的高官的传闻都有重要价值。②

五、《抚新纪程》

宣统印本，是书为袁大化于宣统三年赴新疆巡抚任时所著合抄。大化以宣统二年十月十二日授甘肃新疆巡抚，宣统三年五月十三日任事。书名原题

① 社科院近代史资料编辑部：《近代史资料》（总 51 号），北京：中国社会科学出版社，1983 年，第 42 页。

② 社科院近代史资料编辑部：《近代史资料》（总 80 号），北京：中国社会科学出版社，1992 年，第 116 页。

"抚新记程"，正文页首行题"辛亥抚新纪程涡阳袁大化记"。半叶十行，行二十六字。文末署"宣统三年十二月"。末有徐翔采《书涡阳袁中丞公抚新记程后》，评价说："间尝读《山海经》，山川草木鸟兽矿物之名纤细靡遗；读《天下郡国利病书》，历代形势之沿革、国计之盈虚、民生之休戚，无不灿然大备，惊叹为空前绝后之作。孰知读涡阳袁中丞公《抚新记程》，崇论宏议，俨然合政治实业，有为《山海经》所不能详、《郡国利病书》所不能言，而一以贯之者。公以诸生起田间，周历海内外，艰苦备尝，其居官也，躬行实践，所至有声，中外闻风向慕者，已有年矣。故其记载不为高尚之论以惊世炫俗，据实直书，切近事功，今天下士大夫谈政治实业动辄数万言，丐世界之信仰及考其政绩，按其事实行不顾言，徒借此为干利禄钓名誉之具，皆非公之素志而为公所羞为也。"[①] 收入沈云龙主编《近代中国史料丛刊》第十辑。

《安徽文献书目》："抚新纪程二卷，商务排印本，二册。"[②]《皖人书录》："抚新纪程二卷，《安徽文献书目》著录，又名《辛亥抚新纪程》。清宣统三年(1911)天津商务印书馆排印本，民国上海商务印书馆排印本附壬子回程记一卷。"[③] 国家图书馆藏《辛亥抚新纪程》，商务印书馆1912年版；又有《抚新记程》，袁大化记，新疆官报书局宣统三年（1911年）刊本。收入香港蝠池书院出版公司2009年版《边疆行纪调查记报告书等边务资料丛编（初编）》，第41册。

六、《新疆图志》

《续修四库全书总目提要》："新疆图志一百十六卷，宣统三年活字本。清袁大化修，王树枏等纂。大化字行南，安徽涡阳县人，以淮军戎幕洊保道员，曾任东边道，颇著政绩，宣统二年擢新疆巡抚。树枏字晋乡，河北新城县人，光绪十二年进士，由户部主事改官四川、甘肃各州县，被言官弹劾褫职，文学甚优，入两湖总督张之洞幕，强台再上，保至新疆候补道，署布政使。时

① 沈云龙：《近代中国史料丛刊》(第十辑)，台北：文海出版社，1967年，第181页。
② 安徽省图书馆编：《安徽文献书目》，合肥：安徽人民出版社，1961年，第212页。
③ 蒋元卿：《皖人书录》，合肥：黄山书社，1989年，第624页。

光绪三十四年，以新疆僻居西域，志乘阙如，乃开局修纂。树枏基其始，道员王学曾集其成。共为志二十九种，计分建置、国界、天章、藩部、职友、实业、赋税、食货、嗣典、学校、民政、礼俗、军制、物候、交涉、山脉、土壤、水道、沟渠、道路、古迹、金石、艺文、奏议、名宦、武功、忠节、人物、兵事，采集宏博，考证详赅，所引之书，俱标原书，近事未有记载者，皆列案牍，视他志特善。惟其中大醇不免小疵，如职官志题名，仅列大臣等名，不如《新疆识略》有抚民同知、理事等表；艺文志中亦多遗漏，如钟方《哈密志》、方士淦《东归日记》、萧雄《西疆杂述诗》等书，俱未载入，且仅列著述而不采散文，自序称免冗滥之讥，究于方志体例，尚未尽善也。”① 续修四库全书第649册（卷1至卷45）、第650册（卷46至卷116）收。蒋元卿《皖人书录》：“《新疆图志》一百十六卷首一卷（修），清宣统三年（1911）排印本，民国十二年（1923）东方学会排印本。”② 国家图书馆藏1923年东方学会本和1992年上海古籍出版社本。

七、《新疆伊犁乱事本末》

袁大化著，不分卷，正文首行题“辛亥新疆伊犁乱事本末”，末署“壬子冬月，桐城张开枚辑”。张开枚曰：“钟镛著有《辛亥定变纪略》”，附于文后，署“辛亥十二月，颍州钟广生述。”文曰“宣统三年辛亥秋，涡阳袁公大化巡抚新疆，到任甫三阅月，东南各省革命军起，川楚秦相继失陷，人心动摇，奸宄乘间思发，新疆孤悬万里，外偪强邻，内杂藩部，饷源断绝，军事腐败，势岌岌不可终日，有湘人刘先俊者……”③ 袁大化作为新疆巡抚，坚决维护清政府的统治，对刘先俊的革命行为进行了镇压，《新疆伊犁乱事本末》即是这场大事件的“官方”记录。现收入沈云龙主编《近代中国史料丛刊续编》第六十五辑。

---

① 中国科学院图书馆整理：《续修四库全书总目提要（稿本）》，济南：齐鲁书社，1996年，第24册第284页。

② 蒋元卿：《皖人书录》，合肥：黄山书社，1989年，第624页。

③ 沈云龙：《近代中国史料丛刊续编》（第65辑），台北：文海出版社，1979年，第145页。

《吴湘事迹录》作者考辨

《吴湘事迹录》，蒋元卿先生以为是亳州人李汝纳撰，又以李汝纳为李绅兄。他在《皖人书录》中记载道："李汝纳〔唐〕谯（亳县）人，绅兄。大中间绅镇扬州，陷湘州，朝廷抵以罪，汝纳辩诉其枉，具在是录，一时号为信使。《吴湘事迹录》一卷，安徽艺文考杂史（8：1）。"① 他是据《安徽艺文考杂史》载录的，但未做考查，有显见的错误。

先看此书的历代载记情况。宋郑樵撰《通志》卷六十五："《吴湘事迹》一卷"，宋王尧臣等撰《崇文总目》卷四："《吴湘事迹录》一卷"，宋晁公武撰《郡斋读书志》卷二下："《吴湘事迹录》一卷。右唐大中中，李绅镇扬州，陷湘，州以罪抵死。兄汝纳辩诉其枉状，《录》总载焉。"② 马端临著《文献通考》卷一百九十八："《吴湘事迹录》一卷。晁氏曰：唐大中中，李绅镇扬州，陷湘，州以罪抵死。后其兄汝纳，辨诉其枉状，《录》总载焉。"③ 元托克托等修《宋史》卷二百三："《吴湘事迹》一卷，不知作者"。都没有记载作者。

按，吴湘事迹，宋范祖禹撰《唐鉴》卷二十一中载"大中元年二月初，李德裕秉政，引白敏中为翰林学士。及武宗崩，德裕失势，敏中乘上下之怒，竭力排之，使其党李咸讼德裕罪，德裕由是自东都留守以太子少保分司。九月，前永宁尉吴汝纳讼其弟湘罪不至死，李绅与李德裕相表里，欺罔武宗，

① 蒋元卿：《皖人书录》，第 610 页。

② （宋）晁公武撰：《郡斋读书志》（续古逸丛书本），第 50 页。

③ （元）马端临：《文献通考》，北京：中华书局，1986 年，第 1662 页。

枉杀臣弟。十二月贬德裕为潮州司马。明年九月再贬德裕为崖州司户。”可知其事梗概。新旧《唐书》李德裕传、《资治通鉴》、《册府元龟》卷八百七十五等有载。

据上文，《郡斋读书志》所言“汝纳”应当即是“吴汝纳”无疑，是吴湘的兄长，而非李绅兄，亦非亳人可知。《皖人书录》所记非是。

蒋元卿先生据《安徽艺文考杂史》载录而产生疏误，大概是由于《郡斋读书志》一书传写中出现了讹误。其“李绅镇扬州，陷湘州以罪抵死”句，不同版本的《郡斋读书志》文字有不同：沈（严）录何（焯）校本改“湘州”为“吴湘”，乔（载繇）录王（懋竑）校本删“州”字，云“‘州’字衍文。”[①] 笔者以为“州”字讹，将“州”字改为“湘”字即可，原句断为“唐大中中，李绅镇扬州，陷湘，湘以罪抵死。”“湘”即是“吴湘”，古书常略姓称名，其意甚明，就不会产生误解，把“湘”理解为地名了。“陷湘”，即是陷害吴湘，吴湘以罪抵死，才有吴汝纳“讼其弟湘罪不至死”之事。

虽然厘清了《郡斋读书志》所载《吴湘事迹录》的语义，但还是不能说吴汝纳是《吴湘事迹录》的作者，这也是显而易见的，还是尊重宋代载记不著作者的做法为好，在宋代就已经不知道作者为谁了，宋以后就连《吴湘事迹录》也不见载录，散佚无闻了。

---

① （宋）晁公武撰，孙猛校证：《郡斋读书志校证》，上海：上海古籍出版社，1990 年，第 380 页。

第二编　亳州先贤著述录要

亳州，第二批国家历史文化名城，有着厚重的历史和丰富的文化遗存。明贤先哲，辉耀华夏；著述不辍，代有遗留。但亳州先贤著述，或依托《四库全书》系列，或依附旁郡刊刻，幸存一二，清季以来著述更多有散佚。近世以来，安徽先后有“安徽丛书”“安徽古籍丛书”刊刻出版，但亳州古籍罕有刊入。兹从历代艺文志、经籍志及州志、书目所载，旁及别集、总集、丛书等，稽录亳州先贤著述名目、卷数、存佚等。其例，先作先贤简介，次列著述，以时代先后为序。

周

老子

姓李氏，名耳，字聃。楚苦县厉乡曲仁里人。《史记》卷六十三有传。相传老子诞生地为亳州真源太清宫，一说即今亳州市涡阳县天静宫（见王振川《老子与范蠡》第三章），一说即今河南鹿邑太清宫，一说在谯城区姬揣李村及其周边范围（见詹石窗、顾宗正《老子诞生地及相关文化遗存位置考证》，《宗教学研究》2015 年第 3 期）。亳州太清宫自唐以降，地位尊崇。宋代贾善翔撰有《犹龙传》六卷，正统道藏洞神部谱录类收入，另有《重刊道藏辑要》本，《中华道藏》第 45 册据以点校收录。著有《道德经》，或称《老子》。

《老子》流传至今的版本甚多，历代有注释。其中陈鼓应《老子今注今译》[①]，广受欢迎。该书“附录四”列 272 种参考书，钩稽了历代注《老》解《老》的重要著作。这里仅列安徽省图书馆所藏版本：

老子二卷，清桐城吴汝纶点勘，清宣统元年排印本，一册。

老子二卷，“民国”三年右文社景印明世德堂本，一册。

老子二卷，清光绪元年浙江书局刊本，一册。

① 陈鼓应：《老子今注今译》，北京：商务印书馆，2006。

老子二卷，清光绪二十三年新化三味书室刊本，一册。

老子道德经二卷，“民国”十三年石印本，二册。①

庄周

蒙（蒙城）人，尝为蒙漆园吏。著述三十三篇（《汉志》五十五篇，《隋志》三十卷，《新旧唐志》十卷），名《庄子》，唐崇为《南华真经》。

庄子十卷　《皖人书录》：“庄子十卷，四库总目道家（3039）。明刊套印本四卷，江苏国学图书馆藏。清光绪二年（1876）浙江书局刊本；清光绪十一年（1885）傅忠书局刊本；清光绪二十三年（1896）新化三味堂刊本；民国三年（1914）右文社影印本，题南华真经十卷；明刊纂图互注五子本，题纂图互注南华真经十卷，北京图书馆；明嘉靖六年（1527）许宗鲁王蓥樊川别业刊六子书本；明嘉靖十二年（1532）周洞耶山精舍刊六子书本；明嘉靖十二年顾春世德堂刊六子书本，题南华真经注；明芸窗书院刊六子书本；明桐阴书院刊六子书本，题南华真经注；明万历六年（1578）古藩崇德堂刊二十二子书本，题庄子南华真经三卷；明吴勉学刊二十二子全书本，题庄子南华经三卷难字音义一卷；明万历刊中立四子集本，题南华经注释十卷；明万历二十四年（1598）郁文尚友轩刊老庄合刊本，题庄子南华经八卷，以上均北京图书馆藏。明万历刊古四家选本，江苏国学图书馆藏。明闵齐伋刊套印三子合刊本，题庄子南华真经四卷音义四卷。鸣砂石室古籍丛残影印唐写本庄子三卷。敦煌石室粹金本，题南华真经残卷。子书百家本。”②

---

① 安徽省图书馆编：《安徽文献书目》，合肥：安徽人民出版社，1961年，第1页。

② 蒋元卿：《皖人书录》，第664页。

汉

张良

（约前 250—前 186），字子房，汉颍川城父（今亳州市谯城区城父镇）人，与韩信、萧何并称“汉初三杰”。他的先祖任过五代韩王之相。张良以出色的智谋，协助刘邦在楚汉战争中夺得天下，帮助吕后扶持刘盈登上太子之位，被封为留侯。精通黄老之道，不留恋权位。去世后，谥为文成侯。事迹俱《史记》卷五十五《留侯世家》。汉高祖评价说：“夫运筹策帷帐之中，决胜于千里之外，吾不如子房。”曾注《阴符经》。

阴符经注　张良等注。分上中下三篇。浙江人民出版社影印扫叶山房《百子全书》第八册。①

《阴符经解提要》云：“《阴符经解》一卷，旧本题黄帝撰，太公、范蠡、鬼谷子、张良、诸葛亮、李筌六家注。《崇文总目》云：‘《阴符经叙》一卷，不详何代人叙，集太公以后为《阴符经》注者，凡六家，并以惠光嗣等传附之。’盖即此书而佚其传也。晁公武《读书志》引黄庭坚称‘阴符糅杂兵家语，又妄托子房、孔明诸贤训注。’则是书之注，以此本为最古矣。案，《隋书·经籍志》有《太公阴符钤录》一卷，又《周书·阴符》九卷，皆不云黄

① 扫叶山房：《百子全书》（全八册），杭州：浙江人民出版社，1984 年。

帝。至唐李筌，始称于嵩山虎口岩得此书，题曰‘魏道士寇谦之传诸名山，而未晓其义，后于骊山逢老母传授微旨’，其说怪诞不足信。胡应麟《笔丛》乃谓苏秦所读即此书，故书非伪，而托于黄帝则李筌之伪。考《战国策》载苏秦发箧得《太公阴符》，具有明文。又历代史志皆以《周书·阴符》入兵家而黄帝《阴符》入道家，亦足为判然两书之证。应麟假借牵合，殊为未确，至所云唐永徽初，褚遂良尝写一百本者，考文徵明《停云馆帖》所刻遂良小字，《阴符经》卷末实有此文，然遂良此帖自米芾《书史》《宝章待访录》《宣和书谱》俱不著录，诸家鉴藏，亦从不及其名。明之中叶，忽出于徵明之家，石刻之真伪尚不可定，又乌可据以定书之真伪乎！特以书虽晚出而深有理致，故文士多为注释，今亦录而存之耳。注中别有称‘尹曰’者，不知何人，卷首有序一篇，不署名氏，亦不署年月，中有‘泄天机者沈三劫’语，盖麤〔粗〕野道流之鄙谈，无足深诘。惟晁公武《读书志》中所引筌注，今不见于此本，或传写有所窜乱，又非筌之原本欤?”①

曹操

(155—220)，字孟德，一名吉利，小字阿瞒，沛国谯县（今亳州）人。任东汉丞相，封魏王，去世后谥号武王。曹丕称帝后，追尊为武皇帝，庙号太祖。魏武是“改造文章的祖师”（鲁迅语），著述丰富，其版本不俱录，可参看侯康《补三国艺文志》卷四、姚振宗《三国艺文志》卷四（适园丛书本）。

孙子三卷　（周）孙武撰，魏武帝注。武经七书（景宋钞本、明刊本、清刊本）、平津馆丛书（嘉庆本、光绪本）、长恩书室丛书乙集、半亩园丛书·兵法汇编、孙吴司马法、兵书七种、丛书集成初编·社会科学类。② 安徽省图书馆藏《孙子十家注》十三卷，“民国”十二年扫叶山房石印本，六册。《孙子十家注》十三卷《遗说》一卷，清咸丰五年淡香斋木活字本，四册。③

《旧唐书·艺文志》卷下：“《孙子兵法》十三卷，孙武撰，魏武帝注。”

① （清）永瑢等：《四库全书总目》，北京：中华书局，1965年，第1241页。

② 上海图书馆编：《中国丛书综录》（全三册），上海：上海古籍出版社，1982年，第769页。

③ 《安徽文献书目》，第5页。

宋赵希弁撰《郡斋读书后志》卷二录“魏武注孙子一卷”：“吴孙武撰，魏武帝注。按，《艺文志》‘孙子兵法八十二篇’，今魏武所注止十三篇，杜牧以为‘武书数十万言，魏武削其繁剩，笔其精粹，成此书云’。其序略曰‘吾读兵书战策多矣，武所著深矣。’”①

清侯康《补三国艺文志》卷四：“《孙子兵法》一卷。魏武、王凌集解。”

姚振宗《三国艺文志》卷三著录“魏武帝《孙子略解》三卷”，录魏武自序、《魏志武纪注》、唐杜牧著书序、《隋书·经籍志》“孙子兵法”二卷载录、《吴氏读书志》载录、陈氏《书录解题》、孙星衍校刊孙子十家注序等。另录有“魏武子续孙子兵法二卷”。

兵书接要　《隋书》卷三十四著录魏武所著兵书多种：“《兵书接要》十卷，魏武帝撰。梁有《兵书接要别本》五卷，又有《兵书要论》七卷，亡。《兵法接要》三卷，魏武帝撰。《三宫用兵法》一卷、《兵书略要》九卷，魏武帝撰，梁有《兵要》二卷。《魏武帝兵法》一卷，梁有魏时群臣表伐吴策一卷、诸州策四卷、军令八卷、尉缭子兵书一卷。”《旧唐书·艺文志》卷下：“《兵书接要》七卷，魏武帝撰。”

宋王应麟撰《玉海》卷一百四十一“魏武帝新书”载：“《魏志》，太祖自统御海内，芟夷群醜，其行军用师，大较依孙吴之法，而因事设奇，谲敌制胜，变化如神。自作兵书十余万言，诸将征伐，皆以新书从事。从令者克捷，违教者负败。抄集诸家兵法，名曰接要（又注孙子十三篇）。《隋志》：《兵书接要》十卷（唐志七卷）、《兵法接要》三卷、《魏武帝兵法》一卷。《李靖问对》引《曹公新书》。”

侯康《补三国艺文志》卷四：“魏武帝《兵书接要》十卷。《本纪》注引孙盛《异同杂语》及《文选·魏都赋》注引皆作‘接要’，与《隋志》同，《唐志》作‘捷要’，《御览》又作‘辑要’。其文云：孙子称司云气，非云非烟非雾，形似禽兽，客吉，主人忌。（卷八）又云：大军将行，雨濡衣冠，是谓洒兵，其师有庆。又云：三军将行，其旌埊然若雨，是谓天露，三军失徒，将阵雨甚，是为浴屍，先阵者败亡。又云：大将始行，雨而薄，不濡衣冠，

① （宋）赵希弁：《郡斋读书后志》，文渊阁四库全书本。

是谓天泣，其将大凶，其卒败亡。（并卷十一）”① 又：“魏武帝兵法接要三卷，续孙子兵法二卷，兵法一卷。”② 姚振宗《三国艺文志》卷三有著录。

另外，清王仁俊辑《玉函山房辑佚书续编》子编兵家类有“兵书接要一卷，魏武帝撰。”③

魏武帝集　《丛书综录》：“魏武帝集一卷，魏武帝撰。汉魏六朝百三名家集（张氏本、寿考堂本、信述堂本、经济堂本、翰墨山房本、扫叶山房石印本、四川官印局本）。〇魏武帝集。魏武帝撰。增定汉魏六朝别解·集部。〇魏武帝集四卷。魏武帝撰。汉魏六朝名家集初刻。”④ 安徽省图藏《魏武帝集》一卷，汉魏六朝一百三家集。⑤ 另，清严可均辑《全三国文·魏》卷一至卷三辑录武帝文三卷。⑥

宋郑樵撰《通志》卷六十九：“魏武帝集三十卷、武帝逸集十卷、武帝集新撰十卷。”

《魏武帝集》四卷（汉魏六朝名家集本）提要云：“按，《隋志》有《魏武帝集》二十六卷（注云：梁三十卷录一卷，梁又有《武皇帝逸集》十卷，亡）、《魏武帝集新撰》十卷。《唐志》有《魏武帝集》三十卷。《宋志》已无。盖唐以前武帝之文名为功业所掩，有宋以来其人格又为一蜀汉为正统论者所不满，形于文章小说之中，深入人心，以致其文学渐为人所忽视，不如子桓、子建之家喻户晓也。今之所辑，以表、书、教令为多，因其居当时政治上首脑地位，为政令之所自出，故蒐集是等文章较易为力也；赋则仅有三目，虽存一二语，然无以窥其全豹也；诗歌之目凡十有六，钟嵘称为‘曹公古直，甚有悲凉之气’，孙器之称为‘魏武帝如幽燕老将，气韵沉雄’，可谓确评。近世黄节有注本甚佳，惟仅限于诗也。”⑦

有中华书局1974年版《曹操集》、安徽亳县《曹操集》译注小组《曹操

---

① 侯康：《补三国艺文志》，商务印书馆，“民国”二十六年，第72页。
② 同上，第73页。
③ 《中国丛书综录》（全三册），第772页。
④ 《中国丛书综录》（全三册），第1201页。
⑤ 《安徽文献书目》，第5页。
⑥ （清）严可均辑：《全三国文》（上下），马志伟审订，北京：商务印书馆，1999。
⑦ 中国科学院图书馆整理：《续修四库全书总目提要（稿本）》，济南：齐鲁书社，1996年，第27册第12页。

集译注》、邑人夏传才注本《曹操集注》、岳麓书社 1992 年版《三曹集》等。

丁廙

（？—219）字敬礼，沛国（亳县）人，丁仪弟。少有才姿，博学洽闻。建安中为黄门侍郎。与曹植善，操欲立植为嗣，力赞其说。曹丕篡汉，与兄仪皆被杀。

后汉黄门郎丁廙集　　《隋书》卷三十五“后汉黄门郎丁廙集一卷，梁二卷录一卷”。《旧唐书》卷四十七：“丁廙集二卷”，《新唐书》卷六十、《通志》卷六十九所记同。

蒋元卿按：是书已佚，《艺文类聚》录《蔡伯喈女赋》一篇。[①]

丁仪

（？—220）字正礼，沛国（亳县）人。曹操慕其才，欲妻以女，丕曰：“正礼目眇。”乃止。后辟为掾，与语奇之，曰：“即使其两目盲，尚当与女，况目眇乎？”仪与曹植善，称其才，操欲立植，仪赞之。及丕篡汉，因职事收付狱，杀之。

尚书丁仪集　　《隋书》卷三十五：“后汉尚书丁仪集一卷，梁二卷录一卷。”《旧唐书》卷四十七“丁仪集二卷”，《新唐书》卷六十、《通志》卷六十九所记同。

《安徽艺文考》作“尚书丁仪集一卷”。蒋元卿按，是书已佚，《艺文类聚》收《周成汉昭论》《刑礼论》二篇。[②]

华佗

（约 145—208），字元化，一名旉，沛国谯县人，东汉末年著名医学家。兼通数经，举辟皆不就，游学徐土，晓养性之术，年且百岁，犹有壮容。精方药针灸，更能刳剖腹背，割抽聚集，继而缝合，敷以神膏，平复如初。后为曹操下狱考死。

---

① 蒋元卿：《皖人书录》，第 205 页。

② 蒋元卿：《皖人书录》，第 207 页。

中藏经 《丛书综录》："中藏经八卷。（汉）华佗撰。古今医统正脉全书（吴勉学本、朱文震本、京师医局本）、医统正脉全书。〇中藏经三卷。宛委别藏。〇中藏经三卷附方一卷。周氏医学丛书（宣统本、景宣统本）初集、周澂之校刻医学丛书。〇华氏中藏经三卷。（汉）华佗撰，（清）孙星衍校。平津馆丛书（嘉庆本、光绪本）、丛书集成初编·应用科学类。"① 安徽省图藏：中藏经三卷，千顷堂石印本，一册。中藏经八卷，新安刊本，二册。②

宋尤袤撰《遂初堂书目》"华佗《中藏经》"，《通志》卷六十九"《华氏中藏经》一卷"，宋陈振孙撰《直斋书录解题》卷十三"《中藏经》一卷，汉谯郡华陀元化撰。其序称应灵洞主少室山邓处中，自言为华先生外孙，莫可考也。"《文渊阁书目》卷三"华佗《中藏经方》一部，一册。"

《四库未收书目提要·中藏经三卷》："汉华佗撰，分上、中、下三卷。《隋书·经籍志》载《华佗方》十卷。唐、宋《艺文志》并载《华佗药方》一卷。郑樵《通志·艺文略》同《宋志》又载《黄氏中藏经》一卷，注云：灵宝洞探微撰，与此别为一书无疑矣。今吴中有赵孟頫手写本，分上、中、下三卷。《隋志》列有《华佗观形察色并三部脉经》，盖即是书之中卷也。其书文义古奥，似是六朝人手笔，非后世所能假托。"③

宋楼钥《攻媿集》卷七十一《跋华氏中藏经》、元代戴良撰《九灵山房集》卷二十七《沧州翁传》、周氏医学丛书本《中藏经》所载清孙星衍序与周学海序，对《中藏经》的流传都有记述。

华佗玄门脉诀内照图 又名《玄门脉诀内照图》，二卷，约成书于234年。认为欲知五脏之病，先须识脉诀，故名此书。卷上主要论述十二经脉、经脉气血、脏腑内景，卷下主要论述脉象、脏腑病机、脏腑用药等。全书附图12幅。书中论述简要，为脉学研究之早期著作。主要版本：明嘉靖刻本，二卷，北京图书馆、中国中培研究院图书馆（北京）藏；清抄本，中国中培研究院图书馆（北京）藏。④

《皖人书录》："玄门脉诀内照图一卷，中国医籍考著录，明胡文焕刊本。

---

① 《中国丛书综录》（全三册），第817页。
② 《安徽文献书目》，第3页。
③ （清）阮元：《四库未收书目提要》，扫叶山房石印本，卷四。
④ 余瀛鳌、傅景华：《中医古籍珍本提要》，北京：中医古籍出版社，1992年，第28页。

○内照法一卷，周氏医学丛书本、周澂之校刻医学丛书本。”[①]

青囊秘录四卷　《贩书偶记续编》著录，“民国”十二年（1923）济南道院刊本，题“唐孙思邈述”。[②]

华氏药方十卷　《旧唐书·经籍志》卷下：“华氏药方十卷，华佗方，吴普集。”“华氏医方十卷（吴普集），安徽艺文考医家。已佚。”[③]

华氏尚有《老子五禽六气诀》一卷、《枕中灸刺经》一卷、《观形察色并三部脉经》一卷，均已佚。

另有华夏出版社1994年版高文铸主编《华佗遗书》。

① 蒋元卿：《皖人书录》，第671页。
② 蒋元卿：《皖人书录》，第671页。
③ 蒋元卿：《皖人书录》，第671页。

魏

曹丕

（187—226）字子桓，沛国谯（亳县）人，操长子，嗣为丞相、魏王。汉建安末废献帝为山阳公，篡汉，都洛阳，国号魏，改元黄初，在位六年崩，谥文。性好文学，博闻强识，以著述为务。

魏文帝集　《丛书综录》：“魏文帝集二卷。魏文帝撰。汉魏六朝百三名家集（张氏本、寿考堂本、信述堂本、经济堂本、翰墨山房本、扫叶山房石印本、四川官印局本）。〇魏文帝集。魏文帝撰。增定汉魏六朝别解·集部。〇魏文帝集六卷。魏文帝撰。汉魏六朝名家集初刻。”① 安徽省图藏：魏文帝集二卷，汉魏六朝一百三家集。②

《旧唐书·经籍志》卷下“《魏文帝集》十卷”，《通志》卷六十九“文帝集二十三卷”。《江南通志》卷一百九十三“《魏文帝集》二十三卷，《隋志》作十卷”。宋王应麟《玉海》卷二十八“魏文帝集”云：“文帝以著述为务，自所勒成，垂百篇。天资文藻，下笔成章，博闻强识，才艺兼该。《唐志》：《魏武帝集》三十卷，《文帝集》十卷，《明帝集》十卷。《中兴书目》：《文帝集》六卷，赋、诗各二，书、表、诏一，杂文一。《隋志》：十卷。《梁》：二

---

① 《中国丛书综录》（全三册），第 1202 页。

② 《安徽文献书目》，第 5 页。

十三卷。今所存止此。文帝八岁能属文，有逸才，博贯古今。”

《续修四库全书总目提要》“文帝集六卷（汉魏六朝名家集本）”云：“魏文帝曹丕著，清丁福保纂。按《三国魏志·文帝本纪》云，帝好文学，以著述为务，自所勒成，垂百篇。《隋志》有魏文帝集十卷，注云梁二十三卷。《唐志》有十卷，《宋志》有一卷，是其集亡佚甚晚，故宋前诸书多有引证而蒐集尚易也。今之所集，卷一凡赋二十八篇，卷六凡诗三十三章，他如诏令、书、论以及杂文等俱在四五六三卷之中。以各文而论，未敢必其为全璧；以目言之，当所阙无几也。考文帝才名远不如乃弟子建，而《文心雕龙》云子建‘思捷而才俊，诗丽而表逸’，子桓‘虑详而力缓，故不競于先鸣，而乐府清越、典论辩要。迭用短长，亦无懵焉。但俗情抑扬，雷同一响，遂令文帝以位尊减才，思王以势窘益价。’未为篇（疑当作“偏”）论，可谓持平之言矣。”[1]

典论　《丛书综录》：“典论一卷。魏文帝撰。问经堂丛书·逸子书、丛书集成初编·文学类。〇典论一卷。魏文帝撰，（清）黄奭辑。汉学堂丛书·子史钩沉·子部儒家类、龙谿精舍丛书·子部、黄氏逸书考（民国修补本、民国补刊本）·子史钩沉。〇典论（一名典略）一卷补遗一卷。魏文帝撰，（清）王仁俊辑。玉函山房辑佚书续编·子编道家类。”[2]

清侯康《补三国艺文志》卷四“魏文帝典论五卷”云：“《抱朴子·论仙篇》：‘魏文帝躬览洽闻，自呼于物无所不经，谓天下无切玉之刀、火浣之布。及著《典论》，尝据言此事。其间未期，二物毕至。帝乃叹息，遽毁斯论。’康案：《魏志·齐王芳纪》注，亦载此事，但云无火浣布，不及切玉刀也。毁《论》在齐王芳时，不在文帝时，与此亦异。又案：《文选》有《典论·论文》；《魏志·文帝纪》注，引《典论自序》；《魏志·方技传》注、《后汉书·方术传》注俱引《典论》，论郤俭等事；《意林》引《典论·太子篇序》，据此则是书各有篇名。又据《后汉书·献帝纪》注、《袁绍传》注及《魏志》袁绍、刘表两传注，知其书兼有记事体。据卞兰《赞述太子表》（见《艺文类

① 中国科学院图书馆整理：《续修四库全书总目提要（稿本）》（27），济南：齐鲁书社，1996年，第13页。

② 《中国丛书综录》（全三册），第717页。

聚》卷十六）知其书成于为太子时。”①

姚振宗《三国艺文志》卷三“魏文帝典论五卷”云：“《魏志·文纪》：初，帝好学，以著述为务，自所勒成，垂百篇。注引《魏书》曰：帝初在东宫，疫疠大起，时人彫伤，帝深感叹，与素所敬者大理王朗书，曰‘生有七尺之形，死为一棺之土。惟立德扬名，可以不朽；其次莫如著篇籍。疫疠数起，士人彫落，余独何人，能全其寿？故论撰所著《典论》、诗赋，盖百余篇。’又引胡冲《吴历》曰‘帝以素书所著《典论》及诗赋饷孙权，又以纸写一通与张昭。’”

“《魏志·明纪》：太和四年春二月戊子，诏太傅三公以文帝《典论》刻石，立于庙门之外。又《齐王纪》：景初三年二月，西域重译献火浣布，诏大将军太尉临试以示百僚。注引《搜神记》曰：‘汉世西域旧献火浣布，中间久绝，至魏景初时人疑其无有。文帝以为火性酷烈，无含生之气，著之《典论》，明其不然之事，绝智者之听。’及明帝立诏，三公曰‘先帝昔著《典论》，不朽之格言，其刊石于庙门之外及太学，与石经并以永示来世。’至是，西域使至而献火浣布焉，于是刊灭此论，而天下笑之。《御览·碑部》：戴延之《西征记》曰‘国子堂前有刻碑，魏文帝六碑，四存二败。’侯氏《志》曰：‘所谓刊灭者，第芟去火浣布一条。’”

“《隋志》：经部小说类，一字石经《典论》一卷；子部儒家，《典论》五卷，魏文帝撰。唐《经籍志》同。《艺文志》：魏文帝《典论》五卷。严可均辑本序曰：魏文《典论》，亡友沈阳孙冯翼字凤卿，尝有辑本，罣漏甚多，又以《典略》当《典论》。今覆检各书，写出数十百事有篇名者一三，聚其复重，会其离散，依《意林》次第之定著一卷，其遗文坠句无所系属者，附于后。”②

清周中孚《郑堂读书记》卷五十二“典论一卷，问经堂丛书本”：“魏世祖文皇帝御撰。国初孙冯翼辑，前有凤卿序及考证九条。按隋志、新旧唐志俱载《典论》五卷，《读书志》《书录解题》《通考》《宋志》始不著录，则其佚已久矣。《魏志》本纪，言帝好著述，所论说垂百篇，即《典论》。凤卿辑其逸简，只存三十余事，以《论文》最为全篇，因编于首。是书在当时尝刻

① （清）侯康：《补三国艺文志》（丛书集成初编），北京：商务印书馆，1937年，第65—66页。
② 姚振宗：《三国艺文志》（适园丛书第十二集），民国乌程张氏刊，卷三。

于石，与太学石经并列，故《隋志》别有《石经典论》一卷。然石本六碑，晋时已毁其四，至宋而简编并佚，其见引于群书者亦不外此一卷而已。就此一卷核之，记杂事者居多，前志列之儒家，已为名不副实，顾乃尊之为经，布之太学，无亦妄相推崇耶？"①

列异传　《丛书综录》："列异传七则。魏文帝（题晋张华）撰。旧小说（民国本、1957年本）甲集。〇列异传一卷。魏文帝撰，鲁迅辑。古小说钩沉。"②

清侯康《补三国艺文志》卷四"魏文帝列异传三卷"："裴氏注《三国志》凡两引此书：华歆传引一条，记歆自知当为公；蒋济传引一条，记济亡儿为泰山录事。惟济于齐王时始徙领军将军，而书中以（已）有济为领军之语，则非出自文帝。又《御览》卷七百七引一条，景初时事；卷八百八十四引一条，甘露时事。皆在文帝后，岂后人又有增益耶？又据《史记·封禅书索引》引一条，记秦穆公获陈宝。《水经·渭水注》《后汉书·光武纪注》引一条，记秦文公时，梓树化为牛，则所载不独时事也。"③

姚振宗《三国艺文志》卷三"魏文帝列异传三卷"："《隋志》史部杂传家：《列异传》三卷，魏文帝撰。又曰魏文帝作列异以叙鬼物奇怪之事，相继而作者甚众。……按，唐《经籍志》杂传家有《列异传》三家（卷），张华撰。唐《艺文志》小说家有张华《列异传》一卷，意张华续文帝书而后人合之。《御览》所引文帝后事，当出张华。《初学记》果木部引魏文帝《列异传》，言袁本初时事，则实出文帝。"④

诗格　《丛书综录》："魏文帝诗格一卷。魏文帝撰。格致丛书。〇诗格一卷。诗学指南卷三。"⑤

海内士品录　姚振宗《三国艺文志》卷二"魏文帝海内士品录三卷"云："《隋书·经籍志》：《海内士品》一卷，不著撰人。唐《经籍志》：《海内士品录》二卷，魏文帝撰；《艺文志》：魏文帝《海内士品录》三卷。章志源

---

① 《国家图书馆藏古籍题跋丛刊》(13)，第558页。
② 《中国丛书综录》(全三册)，第1083—1084页。
③ (清)侯康：《补三国艺文志》(丛书集成初编)，北京：商务印书馆，1937年，第81页。
④ 姚振宗：《三国艺文志》(适园丛书第十二集)，民国乌程张氏刊，卷三。
⑤ 《中国丛书综录》(全三册)，第1566页。

《隋志考证》曰：‘《海内士品》一卷，无撰名。《唐志》魏文帝三卷。《艺文类聚》服饰部、《北堂书钞》仪饰部、《太平御览》服用部并引之。’”①

清侯康《补三国艺文志》卷三“魏文帝《海内士品录》三卷、魏明帝《甄表状》”：“《圣贤群辅录》云，魏文帝初为丞相，魏王所旌表二十四贤，后明帝乃述撰其状。见文帝《令》及《甄表状》。又云，颍川陈实，实子纪，纪弟谌，并以高名，号曰‘三君’，见《甄表状》。又云，北海公沙穆五子，并有令名，京师号曰‘公沙五龙，天下无双’，穆亦名士也。见明帝《甄表状》。康按，魏文帝所旌表二十四贤，备在《群辅录》，无公沙穆、陈实父子，而《甄表状》有之，盖又有所推广矣。二十四贤中之征士乐安冉璆，《后汉书·陈蕃传》作周璆，未知孰是。”②

皇览　《丛书综录》：“皇览逸礼一卷，附中霤礼。（魏）缪袭撰，清王谟辑。汉魏遗书钞·经翼第二册。”③

光绪《亳州志·艺文志》：“皇览一百二十卷。任《志》作一百卷。按《文帝纪》云，帝著述为务，自所勒成垂百篇，又集经传随类相从，凡数千篇，号曰皇览。”④

清周中孚《郑堂读书记》卷六十“皇览一卷（问经堂丛书本）”：“魏皇象等奉敕撰。国朝孙冯翼辑。案《魏志·文帝纪》，帝使诸儒撰集经传，随类相从，凡千余篇，号曰皇览。鱼豢《魏略》载皇象受诏撰皇览，使象领秘书监，象从延康元年始，撰集数岁，成，藏于秘府，合四十余部，部有数十篇，通合八百余万字。（《魏志·杨俊传》注引）阮氏《七录》作六百八十卷，见《隋志》，当是原书卷数。至隋已亡其七八，故《隋志》止作一百二十卷，缪卜等撰。征诸《史记·五帝本纪》索引，缪卜当是缪袭之误。魏《刘邵传》，亦言邵受诏作《皇览》《玉海》，又以《皇览》为韦诞诸人撰，盖当时作者本非一人也。至新旧《唐志》，仅有何承天并合《皇览》一百二十二卷，徐爰并合《皇览》八十四卷，知缪氏旧著唐人已未及见，后来无论矣。其书采集五经群书，以类相从，实为类书之祖。凤卿所辑佚篇，虽不审昔人所引是否缪

① 姚振宗：《三国艺文志》（适园丛书第十二集），民国乌程张氏刊，卷二。

② （清）侯康：《补三国艺文志》（丛书集成初编），北京：商务印书馆，1937年，第48页。

③ 《中国丛书综录》（全三册），第93页。

④ 《光绪亳州志》，第441页。

著，抑系何、徐并合，第其分篇，可见者则有《逸礼》及《冢墓记》二篇，余独惜此书篇部众多而征引仅取二篇，且《义冢墓记》见引十倍于《逸礼篇》，以致司马贞索引专谓‘记先代冢墓之处，宜皇王之省览’，盖只见裴骃《集解》惟引《冢墓记》中记语，遂强成其说。然则《皇览》虽存于李唐，而贞固未见本书也。是本卷首有凤卿序及考证八条。”①

姚振宗《三国艺文志》卷三“魏文帝《皇览》千余篇”有长篇考述，兹录于下：

《魏志·文纪》：初，帝好学，以著述为务，使诸儒撰集经传，随类相从，凡千余篇，号曰皇览。

《魏志·刘邵传》：黄初中为散骑侍郎，受诏集五经群书，以类相从，作《皇览》。

《魏志·曹爽传》注：《魏略》曰桓范延康中为羽林左监，以有文学与王象等典集《皇览》。

《魏志·杨俊传》注：《魏略》曰王象受诏撰《皇览》，使象领秘书监，象从延康元年始，撰集数岁成，藏于秘府，合四十余部，部有数十篇，通合八百余万字。

《太平御览》六百一引《三国典略》曰：祖珽等上言，昔魏文帝命韦诞诸人撰著《皇览》，包括群言，区分义别。

《隋书·经籍志》：《皇览》一百二十卷，缪十等撰。梁六百八十卷。梁又有《皇览》一百二十三卷。何承天合《皇览》五十卷，徐爰合《皇览目》四卷，又有《皇览钞》二十卷，梁特进萧琛钞亡。唐《经籍志》类事类：《皇览》一百二十二卷，何承天撰；又八十四卷，徐爰并合。《艺文志》类书类：何承天并合《皇览》一百二十二卷，徐爰并合《皇览》八十四卷。按，《皇览》当是千余卷，至梁存六百八十卷，至隋存一百二十卷，至唐惟有何徐两家钞合本，而魏时原本亡。至宋并钞合本亦亡。“缪十”一作“缪卜”，盖即缪袭，《刘邵附传》云“袭有才学，多所述叙”，《史记·五帝本纪》索引云“《皇览》是魏人王象、缪袭等所撰。”

《玉海·艺文》曰，类事之书始于《皇览》，韦诞诸人撰，“建云台者

① （清）周中孚：《郑堂读书记》，《国家图书馆藏古籍题跋丛刊》（14），第129页。

并非一枝，成珍裘者非一腋”，言集之者众也。

侯《志》曰：《史记索引》卷一云，《皇览》记先代冢墓之处，此司马贞为裴骃引《皇览》而发，宜皇王之省览，故曰《皇览》。康按，《御览》礼仪部三十九引《皇览·冢墓记》二十余条，《水经注》引《皇览》十三条，言冢墓者十之九。《冢墓》盖即四十余部中之一。《御览》卷五百九十又引《皇览》记阴谋，疑亦书中篇名也。覆按，阴谋上有太公二字，盖即录太公阴谋。《论语》三省章，《释文》称《皇览》引善读六字，则兼及经义，此《文纪》所谓“撰集经传，随类相从”者。

按，《御览》数引《皇览·逸礼》，即《汉志》所谓“礼，古经多三十九篇”。刘子骏《移书让太常博士》称“《逸礼》三十九”是也。王莽时立博士，汉末尚未亡，故《皇览》亦具载之。又《陈思王传注》，“臣松之按，田巴事出鲁连子，亦见《皇览》，文多不载。”是《皇览》中有鲁连子。又《说郛》中有缪袭《尤射》一篇，亦似《皇览》逸文，其所收集者多矣。①

皇博经　姚振宗《三国艺文志》卷三“魏文帝皇博经一卷”：“《魏志文纪》注：《典论》自叙曰，‘余于他戏弄之事少所喜，唯弹棋略尽其巧，少为之赋。昔京师先工有马合乡侯、东方安世、张公子，常恨不得与彼数子者对。’《博物志》曰，帝善弹棋，能用手巾角。《唐书·经籍志》：《皇博经》一卷，魏文帝撰。《艺文志》：魏文帝皇博经一卷。按，《隋志》兵家有皇博法一卷，不著撰人，似即此书。”②

士操　姚振宗《三国艺文志》卷三“魏文帝士操一卷”：“《隋书·经籍志》：《士操》一卷，魏文帝撰。唐《经籍志》同，《艺文志》：魏文帝士操一卷。按，魏武讳操，而魏文著书不讳操，未喻其故。”③

兵书要略　《旧唐书·经籍志》卷下“《兵书要略》十卷，魏文帝撰。”侯康《补三国艺文志》卷四“魏文帝《兵书要略》十卷”：“《隋志》作‘魏武帝兵书略要九卷’，今从《唐志》。《御览》卷三百五十七引与《唐志》同，其

---

① 姚振宗：《三国艺文志》（适园丛书第十二集），民国乌程张氏刊，卷三。
② 姚振宗：《三国艺文志》（适园丛书第十二集），民国乌程张氏刊，卷三。
③ 姚振宗：《三国艺文志》（适园丛书第十二集），民国乌程张氏刊，卷三。

文曰：‘衔枚毋讙譁，唯令之从。’”①

姚振宗《三国艺文志》卷三“魏文帝兵书要略十卷”：“《唐书经籍志》：兵书要略十卷，魏文帝撰。《艺文志》：魏文帝兵书要略十卷。侯《志》曰：《御览》三百五十七引魏文帝《兵书要略》曰‘衔枚疾走，毋讙譁，惟令之从。’按，此条严氏可均所见本作魏武帝。按，此疑亦是武帝书，即《隋志》兵书略要九卷是也。或黄初时臣下编辑文帝行军方略为是书，亦未可知。”②

大博经行棋戏法二卷、大小博法二卷　光绪《亳州志·艺文志》《皖人书录》载。

清严可均辑《全三国文·魏》卷四至卷八辑录魏文帝文五卷。③

有近人黄节注人民文学出版社本《魏武帝魏文帝诗注》，安徽大学出版社2009年版魏宏灿著《曹丕集校注》。

曹植

(192—232）字子建，谯人，操三子，太和六年（232）封陈王，年四十一卒，谥思，世称陈思王。文才富艳，十岁善属文，援笔立就，甚为操所爱。谢灵运尝言“天下文章只一石，子建独得八斗”。世目为“绣虎”。

前录　姚振宗《三国艺文志》卷四“魏陈思王曹植撰定《前录》七十八篇”：“《艺文类聚》五十三：魏陈王曹植文章序曰，‘故君子之作也，俨乎若高山，勃乎若浮云。质素也如秋蓬，摛藻也如春葩。氾乎洋洋，光乎皜皜，与雅颂争流可也。余少而好赋，其所尚也，雅好慷慨，所著繁多。虽触类而作，然芜秽者众，故删定别撰，为《前录》七十八篇。’按，《传》注引《典略》：植《与杨修书》曰‘今往仆少小所著辞赋一通相与。’修答书曰‘猥受顾赐，教使刊定’云云。与此录自序所言相印合，其即此录尝以属杨修点定者，建安十九年徙封临菑之后事也。”④

列女传颂　姚振宗《三国艺文志》卷二“曹植列女传颂一卷”：“《隋书·经籍志》：《列女传颂》一卷，曹植撰。《唐艺文志》：曹植《列女传颂》

---

① （清）侯康：《补三国艺文志》（丛书集成初编），北京：商务印书馆，1937年，第73页。
② 姚振宗：《三国艺文志》（适园丛书第十二集），民国乌程张氏刊，卷三。
③ （清）严可均辑：《全三国文》（上下），马志伟审订，北京：商务印书馆，1999年。
④ 姚振宗：《三国艺文志》（适园丛书第十二集），民国乌程张氏刊，卷四。

一卷。严可均《全三国文编》曰：陈王植有《列女传颂》一卷，《文选·石阙铭》注引之，《初学记》卷十引《母仪颂》《贤明颂》。”①

画赞传　姚振宗《三国艺文志》卷二“曹植画赞传五卷”：“《隋书·经籍志》集部总集篇：‘《画赞》五卷，汉明帝殿阁画，魏陈思王赞，梁五十卷。’唐张彦远《历代名画记》曰：‘汉明帝画宫图五十卷，第一起庖犠五十杂画赞。汉明帝雅好画图，别立画官，诏博洽之士，班固、贾逵辈取诸经史事，命尚方画工图画，谓之画赞。至陈思王曹植为赞传。’按，为赞传者，赞后而系以小传，如《华阳国志》诸郡士女赞之体。严可均《全三国文编》曰：‘《艺文类聚》七十四，《太平御览》卷一又七百五十又七百五十一，及《历代名画记》引曹植《画赞序》，又《初学记》《类聚》《御览》引曹植画赞，文自庖羲以迄班婕妤，凡三十一条。’”②

洛神赋　《丛书综录》：“洛神赋一卷，魏曹植撰。合刻三志·志梦类·巫山神女梦附。”③

鼙舞歌五篇　姚振宗《三国艺文志》卷一“陈思王植鼙舞歌五篇”，“《宋书·乐志》‘曹植《鼙舞歌》，序曰：汉灵帝西园故事（按，故事《晋书·志》引作鼓吹，此似音声之误）有李坚者，能鞞舞，遭乱，西随将军段煨。先帝闻其旧有伎，召之。坚既中废，兼古曲多谬误，异代之文，未必相袭，故依前曲，作新歌五篇。不敢充之黄门，近以成下国之陋乐焉。’《宋志》又曰：‘魏陈思王《鞞舞歌》五篇，曰圣皇篇、灵芝篇、大魏篇、精微篇、孟冬篇。’”④

镜机子　《丛书综录》：“镜机子。魏曹植撰，明归有光辑评。诸子汇函。”⑤

陈思王集、曹子建集　曹植文集的版本较多，《丛书综录》：“陈思王集四卷。（魏）曹植撰。六朝诗集。〇曹子建集十卷。（魏）曹植撰。汉魏诸名家集、汇刻建安七子集（崇祯本、乾隆本）、四库全书·集部别集类、四部丛

---

① 姚振宗：《三国艺文志》（适园丛书第十二集），民国乌程张氏刊，卷二。
② 姚振宗：《三国艺文志》（适园丛书第十二集），民国乌程张氏刊，卷二。
③ 《中国丛书综录》（全三册），第1202页。
④ 姚振宗：《三国艺文志》（适园丛书第十二集），民国乌程张氏刊，卷一。
⑤ 《中国丛书综录》（全三册），第1202页。

刊（初次印本、二次印本、缩印二次印本）·集部、续古逸丛书、四部备要（排印本、缩印本）·集部汉魏六朝别集。〇曹子建文集十卷。密韵楼景宋本七种。〇陈思王集二卷。曹植撰。汉魏六朝百三名家集（张氏本、寿考堂本、信述堂本、经济堂本、翰墨山房本、扫叶山房石印本、四川官印局本）。〇魏曹子建集二卷。三家诗。〇陈思王集。曹植撰。增定汉魏六朝别解·集部。〇曹子建集十卷逸文一卷。曹植撰，（清）丁晏铨评。汉魏六朝名家集初刻。”[①] 安徽省图藏：“曹子建集一〇卷，四部备要。曹子建诗钞一卷，三十家诗钞。曹子建文集一〇卷，四部丛刊。曹子建文集二卷，汉魏六朝一百三家集。”[②]

宋陈振孙《直斋书录解题》卷十六“陈思王集二十卷”：“魏陈王曹植子建撰，卷数与前志合，其间亦有采取《御览》《书钞》《类聚》诸书中所有者，意皆后人附益，然则亦非当时全书矣。其间或引挚虞《流别集》。此书国初已亡，犹是唐人旧传也。”晁公武《郡斋读书志》卷四“曹植集一卷”：“景初中，撰录植所著赋、颂、诗、铭、杂论凡百余篇。今集仅二百篇，通为一卷。”

四库《曹子建集》提要云：“《曹子建集》十卷（两江总督采进本），魏曹植撰。案《魏志》植本传：景初中，撰录植所著赋、颂、诗、铭、杂论凡百余篇，副藏内外。《隋书·经籍志》载《陈思王集》三十卷，《唐书·艺文志》作二十卷，而注其下曰又三十卷。盖三十卷者隋时旧本，二十卷者为后来合并重编，实无两集。郑樵作《通志略》亦并载二本。焦竑作《国史经籍志》遂合二本卷数为一，称植集为五十卷，谬之甚矣。陈振孙《书录解题》亦作二十卷。然振孙谓其间颇有采取《御览》《书钞》《类聚》中所有者，则捃摭而成，已非唐时二十卷之旧。《文献通考》作十卷，又并非陈氏著录之旧。此编原本题有‘嘉定六年癸酉’字，犹从宋宁宗时本翻雕，盖即《通考》所载也。凡赋四十四篇，诗七十四篇，杂文九十二篇，合计之得二百十篇。较《魏志》所录百余篇者，其数转溢。然残篇断句，错出其间。如《鹞雀》《蝙蝠》二赋，均采自《艺文类聚》中。《艺文类聚》之例，皆标某人某文曰云

① 《中国丛书综录》（全三册），第 1202 页。
② 安徽省图书馆编：《安徽文献书目》，合肥：安徽人民出版社，1961 年，第 5 页。

云，编是集者遂以曰字为正文，连于赋之首句，殊为失考。又《七哀诗》，晋人采以入乐，增减其词，以就音律，见《宋书·乐志》中，此不载其本词，而载其入乐之本，亦为舛谬。《弃妇篇》见《玉台新咏》，亦见《太平御览》。《镜铭》八字，反覆颠倒，皆叶韵成文，实为回文之祖，见《艺文类聚》，皆弃不载。而《善哉行》一篇，诸本皆作古词，乃误为植作，不知其下所载《当来日大难》，即当此篇也。使此为植作，将自作之而自拟之乎？至于《王宋妻诗》，《艺文类聚》作魏文帝诗，邢凯《坦斋通编》据旧本《新咏》作植诗，今本《玉台新咏》又作王宋自赋之诗，即众说异同，亦宜附载，以备参考。乃竟遗漏，亦为疏略，不得谓之善本。然唐以前旧本既佚，后来刻植集者，率以是编为祖本，别无更古于斯者，录而存之，亦不得已而思其次也。”[①]

另外，明李梦阳《空同集》卷五十《陈思王集序》、清黄丕烈《士礼居藏书题跋记续》卷下“《曹子建集》十卷跋（明活字本）”[②]、清朱绪曾《开有益斋读书志》卷五“《曹子建集考异》序”[③]、清莫伯骥《五十万卷楼群书跋文》集部一“《曹子建集》十卷跋”（明活字本，王文简、沈椒园旧藏）[④]和“《曹子建集》十卷跋”（明郭氏刊本）[⑤]、清丁晏“《曹集诠评》自序”[⑥]、姚振宗《三国艺文志》卷四“魏陈思王曹植集三十卷、魏陈思王曹植集二十卷”、清杨守敬《日本访书志》卷十四“陈思王集四卷（明刊本）”等对曹植文集的版本有考述。余嘉锡著《四库提要辨证》卷二十有“曹子建集十卷”考辨，最资参考。[⑦]

又，《丛书综录》：“曹集考异十二卷。曹植撰，清朱绪曾考异。金陵丛书丙集。○陈思王集选一卷。曹植撰，清吴汝纶评选。汉魏六朝百三家集选。○曹子建诗笺二卷。曹植撰，古直笺。层冰草堂丛书。○曹子建诗笺定本四卷。曹植撰，古直笺。层冰堂五种。”[⑧]

---

① （清）永瑢等：《四库全书总目》，北京：中华书局，1965年，第1272—1273页。
② 《国家图书馆藏古籍题跋丛刊》(9)，第7页；(7)，第658页。
③ 《国家图书馆藏古籍题跋丛刊》(16)，第329页。
④ 《国家图书馆藏古籍题跋丛刊》(28)，第326页。
⑤ 《国家图书馆藏古籍题跋丛刊》(28)，第329页。
⑥ （清）丁晏：《曹集诠评》，北京：商务印书馆，1931年。
⑦ 余嘉锡：《四库提要辨证》(全四册)，北京：中华书局，1980年，第1238—1245页。
⑧ 《中国丛书综录》(全三册)，第1202页。

清严可均辑《全三国文·魏》卷十三至卷十九辑录曹植文七卷。另黄节注、叶菊生校订人民文学出版社1957年版《曹子建诗注》，赵幼文校注人民文学出版社1998年版《曹植集校注》。

曹叡

（204—239）字元仲，沛国谯人，丕子，初封武德侯，黄初七年（226）立为太子，即帝位，在位十二年，年号太和、青龙、景初，庙号明帝。徐陵《玉台新咏》录诗二首。郭茂倩《乐府诗集》录乐府九首。

魏明帝集　《隋书》卷三十五“《魏明帝集》七卷，梁五卷或九卷，录一卷。梁又有《高贵乡公集》四卷，亡。”《旧唐书》卷四十七“《魏明帝集》十卷。”郑樵《通志》卷六十九“《明帝集》十卷”。《江南通志》卷一百九十三“《明帝集》七卷”。

姚振宗《三国艺文志》卷四“魏明帝集九卷录一卷”：“《魏志》本纪注：‘《魏书》曰，帝好学多识，特留意于法理，自在东宫，不交朝臣，不问政事，唯潜思书籍而已。’钟嵘《诗品》曰：‘曹公古直，甚有悲凉之句，叡不如丕，亦称三祖。’《文心雕龙·时序篇》：‘明帝纂戎，制诗度曲，征篇章之士，置崇文之馆，何刘群才，迭相照耀。’《隋书·经籍志》：‘魏明帝集七卷，梁五卷或九卷，录一卷。’唐《经籍志》：‘魏明帝集十卷’，《艺文志》同。严氏《文编》辑本二卷，凡赋、诏玺、书、露布、论、杂文，综九十篇。冯氏《诗纪》辑存乐府十卷。”①

海内先贤传　姚振宗《三国艺文志》卷二“海内先贤传四卷”：“《隋书经籍志》：‘《海内先贤传》四卷，魏明帝时撰。’《唐经籍志》：‘《海内先贤传》四卷，魏明帝撰。’《艺文志》：‘《海内先贤传》五卷，魏明帝时撰。’”

“章志源《隋志考证》曰：‘《世说·德行篇》注、《北堂书钞》政术部并引《海内先贤传》，其书所纪多东海先贤。《御览》职官部，引《魏明帝先贤传》，省‘海内’二字。”

“侯《志》曰：《世说》注、《后汉书》注、《艺文》、《御览》俱引之，其中记申屠蟠事、许劭事，足补史传之阙；记王允死难事，与史不同；记李膺

① 姚振宗：《三国艺文志》（适园丛书第十二集），民国乌程张氏刊，卷四。

宗陈穉叔、荀淑、钟浩三君，尝言‘荀君清识难尚，陈、钟至德可师’，比史传多穉叔一人，皆足以备参考者也。”①

魏明帝甄表状　姚振宗《三国艺文志》卷二“魏明帝甄表状”。参见前文，魏文帝《海内士品录》引侯康《补三国艺文志》文。

曹髦

(241—260) 字士彦，沛国谯人，丕孙，东海定王霖子，封高贵乡公。齐王芳废，公卿迎立为帝，在位七年，为司马昭所弑，年号正元、甘露。少好学，尝幸太学，与诸儒论《书》《易》及《礼》，诸儒莫能及。裴松之《三国志注》载《自叙始生祯祥》一篇、《潜龙诗》，《艺文类聚》卷三十四载《伤魂赋》一篇。严可均《全三国文》辑本，凡赋、诏、论、叙，综二十四篇。

春秋左氏传音　侯康《补三国艺文志》卷一“高贵乡公《春秋左氏传音》三卷。”

姚振宗《三国艺文志》卷一“高贵乡公《春秋左氏传音》三卷”：“裴注引《汉晋春秋》《晋纪》《魏氏春秋》《魏末传》诸书，略曰：‘帝见威权日去，不胜其愤，乃自出讨司马昭。贾允逆帝，战于南阙，下令成济，成倅抽戈犯跸。刃出于背，帝倒车下，崩。’《释文叙录》：高贵乡公曹髦，字士彦，魏废帝，《左氏音》三卷。《隋书·经籍志》：梁有魏高贵乡公《春秋左氏传音》三卷，亡。唐《经籍志》：《春秋左氏传音》三卷，高贵乡公撰；《艺文志》：高贵乡公《左氏音》三卷。”②

高贵乡公集　《旧唐书·经籍志》卷下“《高贵乡公集》二卷”。《通志》卷六十九“《高贵乡公集》四卷”。

姚振宗《三国艺文志》卷四“高贵乡公集四卷”云：《魏志·本纪》评曰：“高贵公才慧夙成，好问尚辞，盖亦文帝之风流也。”《本纪》注：“《魏氏春秋》曰，公神明爽俊，德音宣朗。罢朝，司马景王私曰‘尚何如主也’？钟会对曰‘才同陈思，武类太祖。’”《本纪》注：“《帝集》载《自叙始生祯祥》

① 姚振宗：《三国艺文志》(适园丛书第十二集)，民国乌程张氏刊，卷二。
② 姚振宗：《三国艺文志》(适园丛书第十二集)，民国乌程张氏刊，卷一。

一篇。傅畅《晋诸公赞》曰：‘帝尝与中护军司马望、侍中王沈、散骑常侍裴秀、黄门侍郎钟会等讲宴于东堂，并属文论名，秀为儒林丈人，沈为文籍先生，望、会亦各有名号。’”《文心雕龙·时序篇》曰：“少主相仍，唯高贵英雅，顾盼合章，动言成论。于时正始余风，篇体轻澹，而嵇阮应缪，并驰文路矣。”《隋书·经籍志》：“梁又有高贵乡公集四卷，亡。”唐《经籍志》：“魏高贵乡公集二卷”，《艺文志》同。严氏《文编》辑本，凡赋、诏、论、叙，综二十四篇。①

高贵乡公太学讲义　姚振宗《三国艺文志》卷一：“《魏志》本纪：‘甘露元年夏四月丙辰，帝幸太学，问诸儒夏《连山》、殷《归藏》、周《周易》之故，《易》博士淳于俊对。讲《易》毕，后命讲《尚书》，博士庾峻对；复命讲《礼记》，博士马昭对。’《晋书·庾峻传》：‘高贵乡公幸太学，问《尚书》义于峻，峻援引师说，发明经旨，申畅疑滞，对答详悉。’按：是日所讲，见于本纪者，尚千数百言，此必承祚从公本集中或当时注记所有采以入纪，恐节录非全文。其时政归司马氏，犹山阳公在位之日命荀悦作汉纪之时也。”②

高贵乡公《谜语》　姚振宗《三国艺文志》卷三：“《文心雕龙·谐隐篇》曰‘讔者，隐也。汉世《隐书》，十有八篇，歆、固编文，录之歌末。自魏代以来，化为谜语。谜也者，回互其辞，使昏迷也。或体目文字，或图象品物，纤巧以弄思，浅察以衒辞，义欲婉而正，辞欲隐而显。荀卿《蚕赋》，已兆其体。至魏文、陈思，约而密之。高贵乡公，博举品物，虽有小巧，用乖远大。然文辞之有谐隐，譬九流之有小说云。’按刘勰言，则文帝、陈王、高贵乡公集中皆有谜语，至公‘博举品物’，尤多于前云。”

姚振宗《三国艺文志》卷四尚有“高贵乡公《夏少康汉高祖优劣论》”、卷三有“高贵乡公《祖二疏图》、高贵乡公《盗跖图》、高贵乡公《黄河流势图》、高贵乡公《新丰放鸡犬图》、高贵乡公《于陵子》《黔娄夫妻图》、高贵乡公《卞庄子刺虎图》”考录。

---

① 姚振宗：《三国艺文志》（适园丛书第十二集），民国乌程张氏刊，卷四。
② 姚振宗：《三国艺文志》（适园丛书第十二集），民国乌程张氏刊，卷一。

曹义

沛国谯人，贞次子，生年不详，卒于魏嘉平元年。有文学才，初为中领军，以列侯侍从，出入禁闼。兄爽专政作威，义深以为忧，常加谏阻。爽不听，义涕泣而起。后爽事败受诛，义亦被累杀。

中领军集　《旧唐书·经籍志》卷下“曹义集五卷”。《江南通志》卷一百九十三《艺文志》“《中领军集》五卷，曹义。”

姚振宗《三国艺文志》卷四“魏中领军曹义集五卷录一卷”：“《隋书·经籍志》：梁又有中领军曹义集五卷，录一卷，亡。唐《经籍志》：曹义集五卷，《艺文志》同。严氏《文编》录存《为兄爽表司马懿为太傅大司马》《申蒋济叔嫂服议》《九品议》《至公论》《肉刑论》，凡五篇。”①

曹义书三篇　清侯康《补三国艺文志》卷四“曹义书三篇，陈骄淫盈溢之致祸败，以戒曹爽。《晋书·王接传》：‘魏中领军曹义作《至公论》’，盖即其中之一篇，论载《艺文类聚》卷二十二。”②

姚振宗《三国艺文志》卷三“曹义书三篇”：“《魏志·曹真传》：‘真字子丹，太祖族子也。（《魏略》曰：真本姓秦，养曹氏）明帝时为大将军，封邵陵侯，子爽嗣。又诏封真五子义、训、则、彦、皑，皆为列侯。齐王即位，爽以大将军加侍中辅少主，弟义为中领军。爽饮食车服，拟与乘舆；作窟室，绮数四周，数与何晏等会其中，纵酒作乐。义深以为大忧，数谏止之。又著书三篇，陈骄淫盈溢之致祸败，辞旨甚切，不敢斥爽，讬戒诸弟以示爽。爽知其为己发也，甚不悦。义或时以谏喻，不纳，涕泣而起。后与爽、训、晏等皆诛夷。’《北堂书钞》六十四引傅子曰：‘安乡亭侯曹义为领军将军，慕周公之下士，宾客盈坐。’”③

论语集解　《论语义疏》提要云：“《论语义疏》十卷，魏何晏注，梁皇侃疏。书前有《奏进论语集解序》，题光禄大夫关内侯孙邕、光禄大夫郑冲、散骑常侍中领军安乡亭侯曹义、侍中荀顗、尚书驸马都尉关内侯何晏五

① 姚振宗：《三国艺文志》（适园丛书第十二集），民国乌程张氏刊，卷四。

② （清）侯康：《补三国艺文志》（丛书集成初编），北京：商务印书馆，1937年，第66页。

③ 姚振宗：《三国艺文志》（适园丛书第十二集），民国乌程张氏刊，卷三。

人之名。《晋书》载郑冲与孙邕、何晏、曹义、荀顗等共集《论语》诸家训诂之善者，义有不安，辄改易之，名《集解》，亦兼称五人。今本乃独称何晏。考陆德明《经典释文》于'学而第一'下题'集解'二字，注曰'一本作何晏'。《集解》又序录曰：'何晏集孔安国、包咸、周氏、马氏、郑元、陈群、王肃、周生烈之说，并下己意，为集解。正始中，上之，盛行于世。今以为主。'云云，是独题晏名，其来久已。殆晏以亲贵，总领其事欤。邕字宗儒，乐安青州人。冲字文和，荥阳开封人。义，沛国谯人，魏宗室子。顗字景倩，荀彧之子。晏字平叔，南阳宛人，何进之孙，何咸之子也。"[①]

曹冏

（约207—264年间在世）字元首，沛国谯人，魏少帝（即齐王曹芳）祖叔。生卒年不详，约自汉建安中至魏元帝末年间在世。时少帝甫立，年甚幼稚，曹爽执政。冏作《六代论》以感爽，爽不能纳。为弘农太守。他的《六代论》尚存于《文选》。

六代成败论　姚振宗《三国艺文志》卷二"曹冏六代成败论一篇"："《魏志·武文世王公传》评曰：魏氏王公既徒有国土之名，而无社稷之实，又禁防壅隔，同于囹圄，位号靡定，大小岁易，骨肉之恩乖，棠棣之义废，为法之弊，一至于此。注引《魏氏春秋》载宗室曹冏上书言'亲亲之道未备，或任而不重，或释而不任，一旦疆场称警，关门反拒，股肱不扶而胸心无卫。臣窃惟此寝不安席，思献丹诚，贡策朱阙。谨撰合所闻，叙论成败。'云云。冏，中常侍兄叔兴之后（按"兄"上敚一"腾"字）。少帝族祖也。是时，天子幼稚，冏冀以此论感悟曹爽，爽不能纳。"

"《文选注》：曹元首《六代论》，论夏殷周秦汉魏也。《魏氏春秋》曰：曹冏字元首，为弘农太守。"

"《晋书·曹志传》：志字允恭，魏陈思王植之孽子也。帝尝阅《六代论》，问志曰'是卿先王所作耶'？志对曰'以臣所闻，是臣族父冏所作，以先王文高名著，欲令书传于后，是以假托。'帝曰'古来亦多有是。'顾谓公卿曰

① （清）永瑢等：《四库全书总目》，北京：中华书局，1965年，第290页。

‘父子证明，足以为审，自今以后，可无复疑。’”①

曹彦

曹真子。《魏志·曹真传》：真字子丹，太祖族子也，明帝时至大司马，追封邵陵侯，谥曰元侯，子爽嗣。帝追思真功，诏悉封真五子，义、训、则、彦、皑，皆为列侯。彦为散骑常侍，侍讲。又《齐王本纪》，嘉平元年春正月，太傅司马宣王奏免大将军曹爽，爽弟中领军义、武卫将军训、散骑常侍彦，官以侯，就第。《太平御览》卷六百四十八引曹彦《议复肉刑》一篇。

字义训音　姚振宗《三国艺文志》卷一“曹侯彦字义训音六卷”：“《隋书·经籍志》：‘梁有《字义训音》六卷，曹侯彦撰，亡。’南康谢启昆《小学考》曰‘按《字义训音》，《七录》称曹侯彦撰，盖以彦尝为列侯也。’按，曹侯彦别有《古今字苑》一书，见后。《法书要录》载梁庾元威论称为曹產，盖彦字之误，是亦足以证曹侯彦实为曹彦矣。《小学考》所言是也。当曹爽被诛时，曹义、曹训、何晏、邓飏、丁谧、毕轨、李胜、桓范、张当，凡八族十家，咸及于难，见《齐王纪》及爽传，独不及则、彦、皑三人。《御览·刑法部》引《三十国春秋》则谓爽与义、训、彦并斩，夷三族，则亦同时遇害者也。《太平御览》卷六百四十八引曹彦《议复肉刑》一篇，固能文之士也。”②

按，光绪《亳州志·艺文志》：“字义音训六卷、古今字苑十卷。上俱梁曹侯彦撰。”③以曹彦为梁朝人，恐误。

曹衮

《魏志·武文世王公传》：武皇帝二十五男，杜夫人生沛穆王林、中山恭王衮。衮建安二十一年封平乡侯，少好学，年十余岁能属文，二十二年徙封东乡，其年又改封赞。黄初二年进爵为公，三年为北海王，其年黄龙见邺西漳水，衮上书赞颂。四年改封赞王，七年徙封濮阳。太和二年就国，五年冬入朝。六年改封中山。青龙三年秋，衮得疾病，其年

① 姚振宗：《三国艺文志》（适园丛书第十二集），民国乌程张氏刊，卷二。

② 姚振宗：《三国艺文志》（适园丛书第十二集），民国乌程张氏刊，卷一。

③ 《光绪亳州志》，第442页。

薨。凡所著文章二万余言，才不及陈思王，而好与之侔。子孚嗣。《明帝纪》：青龙三年冬十月己酉中山王衮薨。

魏中山恭王曹衮集 《三国艺文志》卷四："严氏《文编》辑存本传所载《敕令官属》《敕世子》各一篇，皆疾困时作也。"①

嵇康

（224—263，一说 223—262）字叔夜，谯国铚人。本姓奚，自会稽徙之嵇山，家于侧，遂以为姓。早孤，有奇才，博洽多闻，长好老庄。与魏宗室婚，拜中散大夫。常修养性服食之说，弹琴吟诗，自足于怀。与山涛、阮籍、王戎、阮咸、向秀、刘伶，为竹林之游，世称竹林七贤。以与钟会有隙，会私谗于司马昭，景元中被害。

嵇中散集 《丛书综录》："嵇中散集一卷。嵇康撰。六朝诗集、汉魏六朝百三家集（张氏本、寿考堂本、信述堂本、经济堂本、翰墨山房本、扫叶山房石印本、四川官印局本）。〇嵇中散集十卷。嵇康撰。汉魏诸名家集、四库全书·集部别集类、四部丛刊（初次印本、二次印本、缩印二次印本）·集部、四部备要（排印本、缩印本）·集部汉魏六朝别集。〇嵇中散集。嵇康撰。增定汉魏六朝别解·集部。〇嵇中散集九卷。嵇康撰。乾坤正气集。〇嵇叔夜集七卷。嵇康撰。汉魏六朝名家集初刻。〇嵇中散集佚文一卷。嵇康撰，清）王仁俊辑。经籍佚文。〇嵇中散集选一卷。嵇康撰，（清）吴汝纶评选。汉魏六朝百三家集选。"②

宋陈振孙《直斋书录解题》卷十六"魏中散集十卷"："魏中散大夫谯嵇康叔夜撰。本姓奚，自会稽徙谯之铚县嵇山，家其侧，遂氏焉。取稽字之上，志其本也。（案：《晋书》本传"铚县有嵇山，家于其侧，因而命氏。此云取稽字之上，盖以嵇与稽字体相近，为不忘会稽之意。《文献通考》作取嵇，恐误）所著文论六七万言，今存于世者仅如此，《唐志》犹有十五卷。"

四库《嵇中散集》提要云："《嵇中散集》十卷，两江总督采进本。旧本题晋嵇康撰。案，康为司马昭所害时，当涂之祚未终，则康当为魏人，不当

① 姚振宗：《三国艺文志》（适园丛书第十二集），民国乌程张氏刊，卷四。
② 《中国丛书综录》（全三册），第 1203 页。

为晋人。《晋书》立传，实房乔等之舛误，本《集》因而题之，非也。《隋书·经籍志》载康文集十五卷，新旧《唐书》并同。郑樵《通志略》所载，卷数尚合。至陈振孙《书录解题》则已作十卷，且称康所作文论六七万言，其存于世者仅如此。则宋时已无全本矣。疑郑樵所载亦因仍旧史之文，未必真见十五卷之本也。王楙《野客丛书》云‘《嵇康传》曰康喜谈名理，能属文，撰《高士传赞》，作《太师箴》《声无哀乐论》，余得昆陵贺方回家所藏缮写《嵇康集》，十卷，有诗六十八首，今《文选》所载才三数首。《选》惟载康《与山巨源绝交书》一首，不知又有《与吕长悌绝交》一书；《选》惟载《养生论》一篇，不知又有《与向子期论养生难答》一篇，四千余言，辨论甚悉。集又有《宅无吉凶》《摄生》《论难》上中下三篇，《难张辽自然好学论》一首，《管蔡论》《释私论》《明胆论》等文。《崇文总目》谓《嵇康集》十卷，正此本尔。唐《艺文志》谓嵇康集十五卷，不知五卷谓何？’观楙所言，则樵之妄载确矣。此本凡诗四十七篇，赋一篇，书二篇，杂著二篇，论九篇，箴一篇，家诫一篇。而杂著中《嵇荀录》一篇，有录无书。实共诗文六十二篇，又非宋本之旧。盖明嘉靖乙酉吴县黄省曾所重辑也。杨慎《丹铅录》尝辨阮籍卒于康后，而世传籍碑为康作，此本不载此碑，则其考核犹为精审矣。”[①]

明张溥《魏嵇康集题词》，明黄省曾《嵇中散集序》，陈德文《嵇中散集序》，（清）张燕昌、荛翁等吴宽丛书堂钞本《中散集十卷跋》，（清）吴志忠、陈庆馀《陆心源皕宋楼钞本嵇中散集跋》，（民国）叶渭清《嵇康集校记序》[②]，清邵懿辰撰、邵章续录《增订四库简明目录标注》“《嵇中散集》标注”[③]，周树人《校本嵇康集序》和《嵇康集跋》[④] 等对嵇康文集的版本有考述。姚振宗《三国艺文志》卷四“魏中散大夫嵇康集十五卷录一卷”、清莫伯骥《五十万卷楼群书跋文》“魏康集十卷（明写本邵僧弥旧藏姚茫父补写）”跋文[⑤]亦资考校。

有 1956 年文学古籍刊行社景印鲁迅校正稿本，人民文学出版社 1962 年

① （清）永瑢等：《四库全书总目》，北京：中华书局，1965 年，第 1273 页。

② 戴明扬：《嵇康集校注》，北京：人民文学出版社，1962 年，第 341—349 页。

③ 《增订四库简明目录标注》，第 636 页。

④ 《鲁迅全集》（第十卷），北京：人民文学出版社，2005 年。

⑤ （清）莫伯骥：《五十万卷楼群书跋文》，《国家图书馆藏古籍题跋丛刊》（28），第 332 页。

版今人戴明扬校注本《嵇康集》。

灵源子　《丛书综录》："（魏）嵇康撰，（明）归有光辑评。诸子汇函。"①

春秋左氏传嵇氏音　《丛书综录》："春秋左氏传嵇氏音一卷，（魏）嵇康撰，（清）马国翰辑。玉函山房辑佚书（嫏嬛馆本、重印本、楚南书局本）·经编春秋类。"②

姚振宗《三国艺文志》卷一"嵇康春秋左氏传音三卷"："《释文叙录》：'嵇康，字叔夜，谯国人，晋中散大夫。左氏音三卷。'《隋书·经籍志》：'《春秋左氏传音》三卷，魏中散大夫嵇康撰。'马国翰辑本序曰：'嵇氏音，唐志不著录，佚已久。陆德明《释文》引五节，《史记索引》引一节，并据采集，比于《广陵散》云。'"③

续修四库《春秋左传嵇氏音》一卷（玉函山房辑佚书本）提要云："魏嵇康撰，清马国翰辑。嵇康字叔夜，谯国铚人也。其先姓奚，会稽上虞人，以避怨徙焉。铚有嵇山，家于其侧，因而命氏。康学不师受，博览无不通，其魏宗室婚，拜中散大夫。康文辞壮丽，好言老庄，而尚奇任侠。景元中坐事诛，时年四十。事迹详《晋书》本传。按，《释文叙录》称，嵇康音三卷，字叔夜，谯国人，晋中散大夫，据《晋书》本传，似称晋中散大夫者非也。《隋书·经籍志》著录《春秋左氏传音》三卷，魏中散大夫嵇康撰。惟其书《唐志》已不著录，则其佚久矣。马氏是编，凡辑录六条，釐为一卷，引唐陆德明《释文》所引五条，唐司马贞《史记索引》所引一条，是编即据以采辑而成。按，隋唐以前，诸儒传左氏音义者，据《释文叙录》及两《唐志》所载，有服虔杜预音三卷，魏高贵乡公《春秋左氏传音》三卷，曹耽音、尚书左人郎荀讷等音四卷，李轨《春秋左氏传音》三卷，徐邈《春秋左氏传音》三卷，今皆不传。惟是编及徐氏音，马氏玉函山房各有辑本，虽吉光片羽，已非完璧，然治左氏音者，得此亦足以推其大略矣。是编在先儒传左氏音诸书中为最早，尤为治左氏音重要之资料。其中如'戮'音'留'，'鸖'音'權'之类，今虽不用，然古调独弹，治古音者，实可资为钜助。惟其书虽传左氏，

① 《中国丛书综录》（全三册），第1203页。

② 《中国丛书综录》（全三册），第113页。

③ 姚振宗：《三国艺文志》（适园丛书第十二集），民国乌程张氏刊，卷一。

亦间采二传之说，如‘鸜’从公羊作‘鹳’之类，是其证也。”①

高士传　　《丛书综录》：“高士传一卷。（魏）嵇康撰，（清）王仁俊辑。玉函山房辑佚书补编。〇圣贤高士传一卷。（魏）嵇康撰，（刘宋）周续之注，（清）马国翰辑。玉函山房辑佚书（嫏嬛馆本、重印本、楚南书局本）·史编杂传类。〇圣贤高士传赞一卷。（魏）嵇康撰，（清）严可均辑，（民国）唐鸿学补辑。怡蘭堂丛书、私立北泉图书馆丛书。”②

侯康《补三国艺文志》卷三作“嵇康圣贤高士传赞八卷”：“《史通》‘採撰篇’：嵇康《高士传》，好聚七国寓言。‘浮词篇’：《左传》称绛父论甲子，隐言于赵孟。班《书》述楚老哭龚生，莫识其名氏。至嵇康、皇甫谧撰《高士记》，各为二叟立传，全采左、班之录。而其传论云，二叟隐德容身，不求名利，避远乱害，安于贱役。夫探揣古意，而广足新言。虽语多本传，事无异说。‘品藻篇’：嵇康《高士传》，其所载者广矣，而颜回、蘧瑗独不见书。至如董仲舒、扬子云，与此何殊，而并可甄录。夫回、瑗可弃，扬、董获升，可谓识二五而不知十者也。‘杂说下’：嵇康《高士传》取《庄子》《楚辞》二渔父事，合成一篇，夫以园吏之寓言、骚人之假说，而定为实录，斯已谬矣。况此二渔父者，较年则前后别时，论地则南北殊壤，而辄并之为一，岂非惑哉？又云：庄周著书，以寓言为主。嵇康述高士传，多引其虚辞。至若神有混沌，编诸首录，苟以此为实，则其流甚多。康案，此书《唐志》无‘赞’字，《隋志》有考康兄喜作康传及《晋书》本传，皆称为‘传赞’。《水经·汝水篇》注：黄帝尝遇牧童于襄城之野，故嵇叔夜赞曰‘奇矣难测，襄城小童，倦游六合，来憩兹邦。’《世说·品藻篇》注，引嵇康《高士传·井丹赞》，曰‘井丹高洁，不慕荣贵。抗节五王，不交非类。显讥辇车，左右失气。披褐长揖，义陵群萃。’《司马相如赞》，曰‘长卿慢世，越礼自放。犊鼻居市，不耻其状。托疾避官，蔑此卿相。乃赋大人，超然莫尚。’《初学记·人事部上》引嵇康《原宪赞》，曰‘原宪味道，财寡义丰。栖迟荜门，安贱固穷。絃歌自乐，体逸心冲。进应子贡，邈有清风。’《御览》卷五十六引嵇康《圣贤高士传赞》，曰‘许由养神，宅于箕阿。德真体全，择日登遐。’是康书实有赞。

① 中国科学院图书馆整理：《续修四库全书总目提要（稿本）》，济南：齐鲁书社，1996年，第20册第380页。

② 《中国丛书综录》（全三册），第441页。

《水经注》《初学记》，虽不明言《高士传》，然以文体例之，必出《高士传赞》无疑也。皆四字协韵，《唐志》删之，非矣。嵇喜称此书，自混沌至管宁凡百一十九人。今载《御览·逸民部》九、十两卷者，至多凡三十五人。合之《御览》他处，及诸书所引者，又数十人。原书虽佚，尚可得其大概也。”①

姚振宗《三国艺文志》卷二“嵇康圣贤高士传赞三卷”：“《魏志·王粲附传》注，引康兄喜为康《传》曰‘撰录上古以来，圣贤隐逸遁心遗名者，集为传赞，自混沌至于管宁，凡百一十有九人，盖求之于宇宙之内而发之乎千载之外者矣，故世人莫得而名焉。’《晋书》本传：‘上古以来高士为之传赞，欲友其于千载也。’《隋书·经籍志》：‘《圣贤高士传赞》三卷，嵇康撰，周续之注。’《唐经籍志》：‘《高士传》三卷，嵇康撰。’《艺文志》：‘嵇康《圣贤高士传》八卷。’章宗源《隋志考证》曰：‘《宋书·周续之传》，续之常以嵇康《高士传》得出处之美，因为之注。《南史》同。’《史通·采撰篇》曰：嵇康《高士传》，好聚七国寓言；又《杂说篇》云，庄周著书，以寓言为主，嵇康述《高士传》，多引其虚词，至若神有混沌，编诸首录，苟以此为实，则其流甚多；又云，嵇康《高士传》，取《庄子》《楚辞》二渔父事，合成一篇，夫以园吏之寓言、骚人之假说，而定为实录，斯已谬矣。况此二渔父者，较年则前后别时，论地则南北殊壤，而辄并之为一，岂非惑哉？又‘浮词篇’‘品藻篇’亦论此书与皇甫谧书，并深致不满。严可均辑本序曰：《唐志》以‘传’嵇康，以‘赞’属周续之，据康兄喜为康传，云‘集为传赞’，是传与赞皆康撰，《唐志》误也。（按两《唐志》并有周续之《上古以来高士传赞》三卷）宋代不著录。今检群书，得五十二传五赞，凡六十一人，定著一卷，附康集之末。（按马氏玉函山房亦辑存一卷，不及严辑本为备）”②

嵇康家诫　姚振宗《三国艺文志》卷三：“严可均《三国文编》曰，王肃《家诫》见《艺文类聚》二十三，嵇康《家诫》见本集，又略见《类聚》。”③

养生论　姚振宗《三国艺文志》卷三“嵇康养生论三卷”：“《魏志·王粲附传》：康兄喜为康传曰，长而好老庄之业，恬静无欲，性好服食，常采御

① （清）侯康：《补三国艺文志》（丛书集成初编），北京：商务印书馆，1937年，第49—51页。
② 姚振宗：《三国艺文志》（适园丛书第十二集），民国乌程张氏刊，卷二。
③ 姚振宗：《三国艺文志》（适园丛书第十二集），民国乌程张氏刊，卷三。

上药，善属文，论弹琴，詠诗，自足于怀抱之中。以为神仙者，禀之自然，非积学所致。至于导养得理，以尽性命，若安期彭祖之伦，可以善求而得也。著《养生篇》。《隋书·经籍志》：梁有《养生论》三卷，嵇康撰，亡。严可均《全三国文编》曰，嵇康《养生论》见本集、《文选》及《艺文类聚》七十五。又本集有《答向子期难养生论》。”① 按：全书久佚，《文选》存一篇。

嵇康狮子击象图、嵇康巢父许由图 姚振宗《三国艺文志》卷三：“张彦远《历代名画记》：嵇康字叔夜，谯国铚人。工书画，有狮子击象图、巢由图传于世。”②

嵇喜

字公穆，谯国铚人，康兄。官至扬州刺史、宗正。《康集》附《喜答诗》四首，《三国志注》载康传一篇。

嵇喜集一卷 安徽艺文考别集一③

嵇康传 《补晋书艺文志》卷二：“嵇康传，嵇喜。见《魏志王粲传》注，《文选》注亦引。”④

夏侯玄

（209—254）字太初，沛国谯（亳县）人，尚子。少知名，弱冠为散骑黄门侍郎，官至太常。司马懿权重，李丰、张缉，欲谋诛之，以玄辅政，事泄被杀，夷三族。

夏侯玄集 姚振宗《三国艺文志》卷四“魏太常夏侯玄集三卷”：“本传注：《魏氏春秋》曰，玄尝著乐毅、张良及本无肉刑论，辞旨通远，咸传于世。《隋书·经籍志》：魏太常夏侯玄集三卷。唐《经籍志》：夏侯玄集二卷，《艺文志》同。严氏《文编》录存《皇胤赋》《时事议》《答司马宣王书》《肉刑论》《答李胜难肉刑论》《乐毅论》凡七篇，系以夏侯子佚文三条。”⑤

---

① 姚振宗：《三国艺文志》（适园丛书第十二集），民国乌程张氏刊，卷三。
② 姚振宗：《三国艺文志》（适园丛书第十二集），民国乌程张氏刊，卷三。
③ 蒋元卿：《皖人书录》，第 301 页。
④ （清）丁国钧：《补晋书艺文志》（丛书集成初编），北京：商务印书馆，1935 年，第 62 页。
⑤ 姚振宗：《三国艺文志》（适园丛书第十二集），民国乌程张氏刊，卷四。

蒋元卿按："是书已佚。《魏书夏侯玄传》载《议》一篇，《与司马懿书》一篇；《魏氏春秋》（裴注引）载《乐毅》《张良》及《去无肉刑论》；《初学记》卷十载《皇胤赋》一篇。"[1]《乐毅论》《皇胤赋》，又载于《艺文类聚》卷二十二、卷四十五。

夏侯玄道德论　姚振宗《三国艺文志》卷三："《世说·文学篇》注，'《晋诸公赞》曰，自魏太常夏侯玄、步兵校尉阮籍等，皆著《道德论》。'"[2]

夏侯子　严可均《全三国文编》曰："夏侯玄有《夏侯子》。《太平御览》八百九十七，又九百四十五引，凡三条。"[3]

夏侯惠

（约220年前后在世）字稚权，沛国谯人。生卒年不详，约汉末魏初间在世，年三十七。幼以才学见称，善属奏议。历散骑黄门侍郎。与钟毓常有辩驳，事多见从。迁燕相，乐安太守。惠著有文集二卷（隋书唐书经籍志）。[4]

夏侯惠集　《三国艺文志》卷四"魏乐安太守夏侯惠集二卷录一卷"："《魏志·夏侯渊传》：渊字妙才，沛国谯人，建安二十四年战死汉中。黄初中，赐渊中子霸，太和中赐霸四弟爵，皆关内侯。霸弟威，威弟惠，乐安太守。《文章叙录》曰：惠字稚权，幼以才学见称，善属奏议。历散骑黄门侍郎，与钟毓数有辨驳，事多见从。迁燕相，乐安太守，年三十七卒。《隋书·经籍志》：梁又有乐安太守夏侯惠集二卷录一卷，亡。唐《经籍志》：夏侯惠集一卷，《艺文志》同。严氏《文编》录存《景福殿赋》《荐刘邵表》各一篇。"[5] 按，《旧唐书·经籍志》卷下作"《夏侯惠集》五卷"，《江南通志》卷一百九十三作"《乐安太守集》二卷，夏侯惠"。

---

① 蒋元卿：《皖人书录》，第211页。
② 姚振宗：《三国艺文志》（适园丛书第十二集），民国乌程张氏刊，卷三。
③ 姚振宗：《三国艺文志》（适园丛书第十二集），民国乌程张氏刊，卷三。
④ 谭正璧编：《中国文学家大辞典》，第78页。
⑤ 姚振宗：《三国艺文志》（适园丛书第十二集），民国乌程张氏刊，卷四。

夏侯霸

（约181—260年间在世）字仲权，沛国谯人。夏侯渊之子。生卒年不详，约汉灵帝光和四年，至蜀永安三年间在世。父于攻蜀时阵亡。黄初中，霸为偏将军。子午之役，霸为先锋，为蜀兵所围，赖救得解。后为右将军，屯兵陇西，养士和戎，并得欢心。正始中，代夏侯儒为征蜀护军统。曹爽被诛，霸恐牵及，遂奔蜀。失道穷谷中，粮尽杀马，步行足破，卧岩下。蜀后主闻之，乃使人往迎。霸有从妹，建安中为张飞所得，以为妻，生女为后主皇后。故渊死，飞妻请而葬之。霸入见，后主指其子，谓霸曰："此夏侯氏之甥也。"且解明渊亡于行间，非蜀人所杀，对霸厚加爵宠。霸遂终于蜀。霸著有文集二卷（隋书、唐书经籍志）传于世。①

夏侯霸集　《旧唐书·经籍志》卷下"《夏侯霸集》二卷"，《江南通志》卷一百九十三"《征北将军集》二卷，夏侯霸。"

姚振宗《三国艺文志》卷四"蜀征北将军夏侯霸集二卷""《隋书·经籍志》：梁又有蜀征北将军夏侯霸集二卷，亡。唐《经籍志》：魏夏侯霸集二卷，《艺文志》同。按，夏侯霸为征北将军，自当在车骑将军之后，寻《蜀志》未见，旧《唐志》误以为魏人，新《志》失于刊正，今从《七录》。"

曹耽

〔三国魏〕谯（亳县）人。

左传音四卷　光绪《亳州志·艺文志》载。《皖人书录》"春秋左氏音四卷，安徽艺文考春秋（5：1），已佚。"②

礼记音二卷　光绪《亳州志·艺文志》载。

失名

曹氏灸方七卷、夏侯氏药方七卷　《通志》云，二书俱谯人撰，名逸。光绪《亳州志·艺文志》录。

---

① 谭正璧编：《中国文学家大辞典》，第79页。

② 蒋元卿：《皖人书录》，第765页。

晋

嵇绍

(253—304) 字延祖，谯国铚人，康子。山涛荐诸武帝，征为秘书郎。惠帝时为侍中，永元初殉难，赠太尉，谥中穆。本传载疏、书各一篇。

嵇绍集　《旧唐书·经籍志》卷下："《嵇绍集》二卷"。《江南通志》："《嵇侍中集》二卷，谯嵇绍。"

嵇含

(263—306) 字君道，谯国铚人，绍从子，居巩县亳丘，自号亳丘子。好学能文章，举秀才，除郎中，惠帝永兴中，累官襄城太守。性通敏，好荐达贤才，镇南将军刘弘待以上宾之礼。及弘卒，为弘司马郭励所害。怀帝即位，谥宪。本传载《吊文》一篇，《初学记》载《祖道赋》一篇，《艺文类聚》载《木弓铭》一篇。[1]

嵇含集十卷　《旧唐书·经籍志》卷下："《嵇含集》十卷"。《艺文类

① 蒋元卿：《皖人书录》，第302页。

聚》录含《怀香赋序》[①]。严可均《全晋文》卷六十五录嵇含文。[②]

南方草木状　《丛书综录》："南方草木状三卷。（晋）嵇含撰。百川学海（咸淳本、景刊咸淳本）辛集、百川学海（弘治本、景刊咸淳本据弘治目次编印本、景弘治本）癸集、百川学海（重辑本）辛集、广汉魏丛书（万历本、嘉庆本）·载籍、格致丛书、山居杂志、说郛（宛委山堂本）卷一百四、五朝小说·魏晋小说杂志家、五朝小说大观·魏晋小说杂志家、四库全书·史部地理类、增订汉魏丛书（乾隆本、红杏山房本、三馀堂本、大通书局石印本）·载籍、龙威秘书一集、艺苑捃华、湖北先正遗书·史部、丛书集成初编·自然科学类。〇南方草木状。说郛（商务印书馆本）卷八十七。〇南方草木状一卷。汉魏小说採珍。〇南方草木状佚文一卷。（晋）嵇含撰，（清）王仁俊辑。经籍佚文。"[③] 安徽省图藏：南方草木状三卷，龙威秘书；南方草木状三卷，汉魏丛书；南方草木状三卷，百川学海。[④]

按，又有日本早稻田大学图书馆藏宝文堂刻《南方草木状附录桂海草木志》本；清代王仁俊辑《玉函山房辑佚书续编三种》录晋嵇含撰《南方草木状佚文》一卷。今人杨伟群点校本，收入《历代岭南笔记》八种（广东人民出版社）。

嵇含序曰："南越、交趾，植物有四裔最为奇，周秦以前无称焉。自汉武帝开拓封疆，搜求珍异，取其尤者充贡中州，人或昧其状，乃以所闻诠淑，有补子弟云尔。永兴元年十一月丙子。"日本古林正祯《合刻南方草木状、桂海草木志序》云："天识萍实者，圣智之所致；辨常春者，博物之所及。圣智者不可强而致也，博物者犹可勤而及也。嵇、范二氏之记草木，脱于《尔雅》，缺于《诗》《书》者，往往载此二书。欲气立之珍、植物之奇，索其隐、知其怪者，不读是等之书，何以辨之乎？然我国未闻锓梓，顷豫劦吉田侍医平住专安士，校其错简，正其误字，傍加训释，以附剞劂氏，实可为博物之一助矣。盖物不失其实，则又为天下之用不可测焉。俾不废天地之一物，有成天下之一用，不亦是君子之志，而知天地之化育之一事矣。因序以述其志

① （唐）欧阳询撰：《艺文类聚》，汪绍楹校，上海：上海古籍出版社，1985年，第1388页。
② （清）严可均辑：《全晋文》（上中下），马志伟审订，北京：商务印书馆，1999年，第674页。
③ 《中国丛书综录》（全三册），第551页。
④ 安徽省图书馆编：《安徽文献书目》，合肥：安徽人民出版社，1961年，第7页。

云耳。享保乙巳晚冬望日古林正祯书于见宜堂。”①

四库《南方草木状》提要云：“《南方草木状》三卷，晋嵇含撰，含事迹附载《晋书·嵇绍传》。考《隋志》《旧唐志》，俱有含集十卷（《隋志》云：其集已亡，但附载郭象集下，旧唐志仍著录），而不载此书，至《宋志》始著录。观此书载指甲花自大秦国移植南海，是晋时已有此花。而唐段公路《北户录》乃云：指甲花本出外国，梁大同二年始来中国，知公路未见此书，盖唐时尚不甚显，故史志不载也。诸本但题谯国嵇含，惟宋麻沙旧板前题曰：‘永兴元年十一月丙子，振威将军襄阳太守嵇含撰’云云，载其年月仕履颇为详具，盖旧本如是，明人始刊削之。然《晋书·惠帝本纪》：永宁二年正月改元永安，七月改建武，十一月复为永安，十二月丁亥立豫章王炽为太弟，始改永兴，是永兴元年不得有十一月。又永兴二年正月甲午，朔以干支推之，丙子当在上年十二月中旬，尚在改元前十二日，其时亦未称永兴，或其时改元之后并十二月一月皆追称永兴，而辗转覆刻，又误十二月为十一月欤？惟《隋志》称广州太守嵇含，而此作襄阳太守。考书中所载皆岭表之物，则疑襄阳或误题也。其书凡分草木果竹四类，共八十种，叙述典雅，非唐以后人所能伪，不得以始见宋志疑之。其本亦最完整，盖宋以后花谱地志援引者多，其字句可以互校，故独尠讹阙焉。”

清顾葆龢《小石山房佚存书录》卷二“《南方草木状》三卷《笥谱》一卷（明刊本）”：“晋谯国嵇含、吴僧赞宁著，明汪士贤校刻。《草木状》分草、木、果、竹四类，《笥谱》有五分，一之名，二之出，三之食，四之事，五之说。首页鱼尾，下有刻工姓名黄铝刊，字体仿宋《山居杂著》中之一种也。卷端有一经传旧业慎孝氏友松诸朱记。”②

《补晋书艺文志》卷二：“《南方草木状》一卷，襄阳太守嵇含，见《文献通考》。宋本题永兴元年十一月振威将军襄阳太守嵇含撰。谨案本书含传，永兴初除中庶子，道阻，未应召。寻授振威将军、襄城太守。是则旧题‘襄阳’实‘襄城’之误。含拜广州刺史，未发被害。《七录》虽有广州太守之目，实则含未莅南方也。”③

---

① 嵇含：《南方草木状（附录桂海草木志）》，宝文堂刻，日本早稻田大学图书馆藏。

② （清）顾葆龢：《小石山房佚存书录》，《国家图书馆藏古籍题跋丛刊》（23），第545页。

③ 丁国钧：《补晋书艺文志》（丛书集成初编），北京：商务印书馆，1935年，第76页。

邵懿辰撰，邵章续录“《南方草木状》标注”[1] 对版本有涉及。余嘉锡先生在《四库提要辨证》卷八中以为《南方草木状》非嵇含作，可参阅。[2]

曹志

（？—288）字元恭，谯国谯人，曹植之庶子。生年不详，卒于晋武帝太康九年。少好学，以才行称。善骑射，植立为嗣，后改封济北王。入晋，降为鄄城县公，为博士祭酒。齐王攸将至国（283），下太常议崇赐文物，志有感于父事，奏谏甚切，因之免官。后复为散骑常侍。以母丧过哀病笃，喜怒失常。卒，谥曰定。志著有文集二卷（唐书经籍志）传于世。《本传》载奏议一篇。

《曹志集》二卷　《旧唐书·经籍志》卷下：“《曹志集》二卷”。《江南通志》：“《曹散骑集》二卷，谯曹志。”

曹毗

字辅佐，谯国人，曹休玄孙。约晋元帝建武元年前后在世。少好文籍，善属词赋。郡察孝廉，除郎中。蔡谟举为佐著作郎，以父忧去职服终。征拜太学博士，累迁从事中郎下邳太守，至光禄勋卒。《本传》载《嘲柱阳张硕诗二首》，《续兰香歌诗》十篇，《扬都赋》与《对儒》一篇，《初学记》载《皇帝赞》一篇。《晋书·文苑序》称他为“中兴之时秀”。

曹氏家传　《旧唐书·经籍志》卷上：“《曹氏家传》一卷曹毗撰。”《补晋书艺文志》卷二：“《曹氏家传》一卷，曹毗，见《隋志》。”[3]

曹毗集　《旧唐书·经籍志》卷下：“《曹毗集》十五卷”。

论语释　《补晋书艺文志》卷一：“《论语释》一卷，曹毗，见《七录》。”

曹肇传　《补晋书艺文志》卷二：“《曹肇传》，曹毗。原本北堂书钞百三卷引。《艺文类聚》亦引。”[4]

---

① 邵懿辰撰，邵章续录：《增订四库简明目录标注》，上海：上海古籍出版社，2000年，第312页。

② 余嘉锡：《四库提要辨证》，北京：中华书局，1980年，第435—440页。

③ 丁国钧：《补晋书艺文志》（丛书集成初编），北京：商务印书馆，1935年，第57页。

④ 同上，第72页。

志怪一卷　《丛书综录》："曹毗志怪一卷。（晋）曹毗撰，鲁迅辑。古小说钩沉。"[①]

杜兰香传　《丛书综录》："杜兰香传一卷。（晋）曹毗撰。绿窗女史·神仙部仙姬、说郛（宛委山堂本）卷一百十三。〇杜兰香别传。说郛（商务印书馆本）卷七·诸传摘玄。"[②]《补晋书艺文志》卷二云："杜兰香别传，见《艺文类聚》。谨案，本书曹毗传，言桂阳张硕为神女杜兰香所降，毗以诗二篇嘲之，并续兰香歌诗十篇，甚有文采。此传当即毗所撰。"[③]

另，存《涉江赋》《箜篌赋》等，收录于《艺文类聚》卷八、卷四十四，《秋兴赋》《箜篌赋》收入《初学记》卷三、卷十六。其诗《夜听捣衣》等，载于《玉台新咏》卷三[④]。

曹摅

（？—308）字颜远，沛国谯人。好学善属文，初任临淄县令，不讲私情，不事权贵，昭雪不少冤狱，并准许囚犯探家，一县号曰圣君。后历任尚书郎、洛阳令、中书侍郎。惠帝末为襄阳太守，与贼王战，兵败死。传见《晋书·良吏传》及《三国志·魏书·曹肇传》注引《文士传》。工诗赋，《文心雕龙·才略篇》云："曹摅清靡于长篇。"

曹摅集　《旧唐书·经籍志》卷下"《曹摅集》二卷"。《江南通志》："《曹征南司马集》三卷，谯曹摅。"今存诗九首，其中《感旧》慨叹世态，《思友人》怀念朋友欧阳建，《赠韩得真》《赠石崇》等七首皆为四言长篇，录于《文馆词林》。另存《述志赋》《围棋赋》等文，收录于《艺文类聚》。严可均《全晋文》卷一百七录曹毗、曹摅文。

曹嘉之

〔晋〕谯郡人。官前将军咨议。

---

① 《中国丛书综录》（全三册），第1084页。

② 《中国丛书综录》（全三册），第1096页。

③ 丁国钧：《补晋书艺文志》（丛书集成初编），北京：商务印书馆，1935年，第68页。

④ （陈）徐陵编：《玉台新咏》，（清）吴兆宜注，穆克宏点校，上海：上海古籍出版社，1985年，第116页。

晋记十卷 蒋元卿《皖人书录》："晋记十卷，安徽艺文考编年（8：1），已佚。散见《世说》《文选》诸注及各类书中。"[①] 案，清代广雅书局辑有曹嘉之《晋纪》一卷，列入《广雅丛书》，有"民国"九年（1920年）番禺徐绍棨汇刻本。

夏侯湛

（243—291）字孝若，谯国谯人。幼有盛材，文章宏富，善构新词。美容仪，尝与潘岳同车接茵，京都人谓之"连璧"。晋泰始中，举贤良，对策中第，拜郎中。惠帝时，为散骑常侍。性颇好豪侈，及将卒，遗命用小棺薄殓。湛著论三十余篇，别为一家之言。有文集十卷（隋书经籍志及两唐书志）传于世。

夏侯湛集 《丛书综录》："夏侯常侍集一卷。夏侯湛撰。汉魏六朝百三家集（张氏本、寿考堂本、信述堂本、经济堂本、翰墨山房本、扫叶山房石印本、四川官印局本）。"[②]

《旧唐书·经籍志》卷下"《夏侯湛集》十卷"；《江南通志》："《夏侯散骑集》三卷，谯夏侯湛。"

明张溥《夏侯常侍集》题词："潘安仁之诔夏侯孝若也，曰'执戟疲扬，长沙投贾。'余读其词，窃叹文人相惜，死生尤见。《抵疑》之作，班固《宾戏》、蔡邕《释诲》流也。高才淹蹶，含文写怀，铺张问难，聊代萱苏。纵观西晋，《玄居》《榷论》《释劝》《释时》，文皆近是，追踪西汉，邈乎后尘矣。《昆弟诰》总训群子，绍闻穆侯，人伦长者之书也。但规模帝典，仅能形似，刻鹄画虎，不无讥焉。《周诗》上续《白华》，志犹束晳《补亡》，安仁诵之，亦赋《家风》，友朋具尔，殆文以情生乎？贾谧二十四友，安仁居首，母氏数诮，不知省改，白首之谶，贻亲以僇。孝若连璧，未或同热，长归虽先，幸不及祸。其《离亲咏》有云：'苟违亲以从利兮，匪曾闵之攸宝。'余为三复泣下。孝弟文雅，盛名得全者此尔。东汉赵威豪犹呕血未及，况他人乎？"[③]

---

① 蒋元卿：《皖人书录》，第767页。

② 《中国丛书综录》，第1204页。

③ （明）张溥著、殷孟伦注：《汉魏六朝三百家集题辞注》，北京：人民文学出版社，1963年，第121页。

夏侯子新论　《丛书综录》："夏侯子新论一卷。夏侯湛撰，（清）马国翰辑。玉函山房辑佚书（嫏嬛馆本、重印本、楚南书局本）·子编儒家类。○夏侯子新论一卷。夏侯湛撰，（清）王仁俊辑。玉函山房辑佚书续编·子编儒家类。"①

清马国翰云："《夏侯子新论》一卷，晋夏侯湛撰。湛字孝若，谯国谯人，官至散骑常侍，事迹具《晋书》本传。隋唐志并载《新论》十卷，今佚，惟见《太平御览》引六节而已。而考本传载有《抵疑》一篇，与东方朔《答客难》、班固《答宾戏》体例不殊，当是原书佚篇之一，兹并辑录。按，《御览》引称《夏侯子》，亦称《夏侯子新论》，书题据加姓氏以别乎华谭《新论》、梅子《新论》也。"②

周诗　明冯惟讷撰《古诗纪》卷四十录夏侯湛"《周诗》叙"："《周诗》者，《南陔》《白华》《华黍》《由庚》《崇丘》《由仪》六篇，有其义而亡其辞。湛续其亡，故云周诗也。"并附注："《世说》曰：夏侯湛作《周诗》成，示潘安仁。安仁曰'此非徒温雅，乃别见孝悌之性。'潘因此遂作《家风诗》。"③清朱彝尊《经义考》卷二百七十四"夏侯氏湛《周诗》"所录同。

魏书　《补晋书艺文志》卷二"《魏书》，夏侯湛。见裴松之《三国志注》。据本书《陈寿传》，是书实未成。"

夏侯称夏侯荣序　《补晋书艺文志》卷二："《夏侯称夏侯荣序》，夏侯湛。见《魏志·夏侯渊传》注。"

辛宪英传　《补晋书艺文志》卷二"《辛宪英传》，夏侯湛。见《魏志·辛毗传》注。"

夏侯淳

字孝冲，沛国谯人。夏侯威之孙，夏侯庄之子，夏侯湛弟。官至弋阳太守。有文藻，与兄均知名。有子名曰夏侯承。今存《怀思赋》《笙赋》《弹赋》等。《全晋文》卷六九辑有其部分著作。

① 《中国丛书综录》，第718页。
② （清）马国翰：《玉函山房辑佚书·子编儒家类》。
③ （明）冯惟讷：《古诗纪》，《影印文渊阁四库全书》第1379册，第322页。

夏侯淳集十卷　《旧唐书·经籍志》卷下："《夏侯淳集》十卷"；《江南通志》："《弋阳太守集》二卷，谯夏侯淳。"

戴逵

(326—396) 字安道，谯国（亳县）人。少好学，善属文，工书画，能鼓琴，其余巧艺，靡不毕综。孝武帝累征不就，郡县逼迫，乃逃于吴，太元中卒。《本传》载论一篇，《广弘明集》载《释疑论》一篇，《艺文类聚》卷三十六载《闲游赞》一篇。

戴徵士集　光绪《亳州志·艺文志》："戴徵士集九卷"①；《皖人书录》："戴逵集九卷，安徽艺文考别集一（24：9）"②。

老子音　光绪《亳州志·艺文志》"老子音一卷"。《皖人书录》："老子音一卷，安徽艺文考道家（23：5），已佚。"

竹林七贤论　光绪《亳州志·艺文志》"竹林七贤论二卷"；《皖人书录》："竹林七贤论一卷，安徽艺文考传记二上（10：2）"。

五经大义　光绪《亳州志·艺文志》"五经大义三卷"。《中国丛书综录》："五经大义一卷，（晋）戴逵撰，（清）马国翰辑。玉函山房辑佚书（嫏嬛馆本、重印本、楚南书局本）·经编五经总类。"③

续修四库《五经大义》一卷（玉函山房刊本）提要云："晋戴逵撰。逵字安道，谯国人。义熙初，以散骑常侍征，不起，事迹具《晋书·隐逸传》。《隋志》：《五经大义》三卷，戴逵撰。《唐志》不著录，其佚已久矣。广蔚之谓其'申马难郑，而弥觉其蹶'，可以想见其概。国翰从《通典》引'丧服'一条，从《书抄》引'杂义'一条，为一卷。"④

① 《光绪亳州志》，第442页。

② 蒋元卿：《皖人书录》，第655页。

③ 《中国丛书综录》，第169页。

④ 中国科学院图书馆整理：《续修四库全书部目提要（稿本）》（15），济南：齐鲁书社，1996年，第469页。

南北朝

戴颙(刘宋)

(378—441) 字仲远，一作仲容，谯郡铚人，逵次子，有高名，善鼓琴，与兄勃偕隐桐庐，勃卒，徙居吴下，吴人共为筑室，聚石引水，植林开涧以居之。永初、元嘉中屡荐不就，隐黄鹄山竹林精舍以终。

月令章句　光绪《亳州志·艺文志》："月令章句十二卷"。《皖人书录》"月令章句十二卷，安徽艺文考礼二（4：1），已佚。"

礼记中庸传　光绪《亳州志·艺文志》："礼记中庸传一卷、礼记中庸篇一卷"；《晥人书录》"礼记中庸传二卷，安徽艺文考四书一（6：12）。"

逍遥论　光绪《亳州志·艺文志》："逍遥论一卷，旧志误作戴逵撰，今改正。"[①]《皖人书录》："逍遥集，安徽艺文考道家（23：6），已佚。"[②]

曹思文（齐梁）

齐永泰元年（498）任国子助教。曾上书批评因明帝去世而废止国学之举。认为建国君民，教学为先。主张郡县有学，乡闾立教。南朝梁武帝时任东宫舍人、尚书功论郎。所著《难范缜神灭论》《重难范缜神灭

① 《光绪亳州志》，第 442 页。
② 蒋元卿：《皖人书录》，第 657 页。

论》，为与无神论者范缜辩论之作，收入《弘明集》。

三统五德论、论语释、孝经注　　光绪《亳州志·艺文志》："三统五德论二卷、论语释十卷、孝经注一卷。上俱齐曹思文撰。"

按，《隋书》卷三十一"经籍一"录："《论语》七卷，卢氏注。梁有晋国子博士梁觊，益州刺史袁乔、尹毅，司徒左长史张凭及阳惠明，宋新安太守孔澄之，齐员外郎虞遐及许容、曹思文注，释僧智略解，梁太史叔明集解，陶弘景集注《论语》各十卷。"

《隋书》卷三十四"经籍三"录："梁有《三统五德论》二卷，曹思文撰，亡。"

《全梁文》卷五十四收文7篇：《国讳不宜废学表》《诸侯祭五庙议》《上武帝启难范缜神灭论》《又启》《答释法云书难范缜神灭论》《难范缜神灭论》《重难范缜神灭论》。①

夏侯詠

南朝梁，音韵学家，谯郡（今安徽亳县）人。

四声韵略十三卷、汉书音二卷　　上俱夏侯詠撰。（光绪《亳州志·艺文志》）

按，《隋书·经籍志》"《四声韵略》十三卷，夏侯詠撰。"《隋书》卷三十三"经籍二"录："汉书音二卷，夏侯咏撰。"李涪《切韵刊谬》："梁夏侯詠撰《四声韵略》十三卷。"陆法言在《切韵序》中提到夏侯詠的《韵略》。《颜氏家训·书证篇》中提到"谢炅、夏侯詠并读数千卷书"。

① （清）严可均辑：《全梁文》（全二册），北京：商务印书馆，1999年，第594—597页。

唐

李敬玄

（615—682）字不详，亳州谯人。博览群书，尤善五礼。高宗在东宫，马周荐其材，诏入崇贤馆，兼预侍读。马周及许敬宗等皆推荐延誉之。历迁弘文馆学士，太子右庶子，监修国史。后贬为衡州刺史。官终扬州大都督府长史，卒赠兖州都督，谥文宪。宋计有功《唐诗纪事》录诗二首，清御定《全唐诗》亦录二首（《奉和别鲁王》《奉和别越王》）。事迹俱光绪《亳州志》卷十二“儒林”。敬玄撰有《礼论》六十卷，《正论》三卷及《文集》三十卷（均新唐书志及旧唐书本传）并传于世。

礼论六十卷　《旧唐书》卷八十一之“李敬玄传”：“撰《礼论》六十卷”。光绪《亳州志·艺文志》：“礼论六十卷，旧志作十卷，唐李敬元撰。”按，清避“玄”，改为“元”。

李敬玄文集三十卷　《旧唐书》卷八十一“李敬玄传”：“文集三十卷”，《皖人书录》“李敬玄文集三十卷，安徽艺文考别集二（24：1）。”[1]

[1] 蒋元卿：《皖人书录》，第616页。

正论三卷 《旧唐书》卷八十一“李敬玄传”：“《正论》三卷”。

李绅

（772—846）字公垂，亳州人，敬玄曾孙。元和丙戌（806）进士，官终检校右仆射平章事，节度淮南，卒赠太尉，谥文肃。工诗，与李德裕、元稹，号称三杰。

文肃全集 光绪《亳州志·艺文志》：“文肃全集十卷”。

批答一卷 光绪《亳州志·艺文志》：“批答一卷”。①

追昔游集 宋晁公武《郡斋读书志》“《追昔游》”：“李绅《追昔游》三卷。右唐李绅公垂也，亳州人，元和元年进士，补国子助教。穆宗召为翰林学士，累进中书舍人。武宗即位，拜中书侍郎、平章事。绅为人短小精悍，于诗最有名，号短李。与李德裕、元稹同时，号三俊。《追昔游》者，盖赋诗纪其平生所游历，谓起梁汉，归谏署，升翰苑，及播越荆楚，逾岭峤，止高安，移九江，过钟陵，守滁阳，转寿春，留洛阳，廉会稽，分务东周，守蜀镇梁也。开成戊午八月，自为之序。”② 宋李昉等编《文苑英华》卷七百十四载有李绅自撰《追昔游集序》。

陈振孙《直斋书录解题》云：“《追昔游编》三卷，唐宰相李绅公垂撰。皆平生历官，及迁谪所至，述怀纪游之作也。余尝书其后云：‘读此编，见其饰智矜能，夸荣殉势，益知子陵、元亮为千古高人。’”③

胡震亨曰：“李公垂绅《追昔游》诗，大是宦梦难醒。然其揽笔写兴，曲备一生，穷泰之感，亦令披卷者代为怃然。”④

明毛晋《五唐人集·追昔游集跋》云：“字公垂，亳州人。与李文饶、元微之齐名，人号元和三俊。为人短小，俗呼短李。其平生历官及迁谪，略见本序。或谓其饰志矜能，夸荣殉势，益知子陵、元亮为千古高人。然纪游述踪，俯仰感慨，一洗唐人小赋柔靡风气云。”⑤

---

① 《光绪亳州志》，第442页。

② （宋）晁公武撰，孙猛校证：《郡斋读书志》，上海：上海古籍出版社，1990年，第898页。

③ （宋）陈振孙：《直斋书录解题》，上海：上海古籍出版社，1987年，第570页。

④ （明）胡震亨：《唐音癸签》，上海：上海古籍出版社，1981年，第70页。

⑤ 《国家图书馆藏古籍题跋丛刊》（1），第537页。

四库《追昔游集》提要云："《追昔游集》三卷，浙江范懋柱家天一阁藏本。唐李绅撰，绅字公垂，亳州人。元和元年进士。武宗时为中书侍郎，同中书门下平章事。事迹具《唐书》本传。此集皆其未为相时所作。晁公武《读书志》载，前有开成戊午八月绅自序，此本无之，诗凡一百一首。《新唐书》本传所载贬端州司马，祷神滩涨；及刺寿州，虎不为暴；为河南尹，恶少敛迹，皆语出此集。史传事须实录，而宋祁以所自言者为据，殊难征信。且考绅之赴端州也，在夏秋之间，其妻子舟行，十月始至，其时滩水减矣，故以书祝媪龙祠，而江复涨。绅诗内及所自注者如此，祁乃以为绅自度岭时事，是阅其集亦未审。后儒以名之轻重为文之是非，必谓新书胜旧书，似非笃论也。绅与李德裕、元稹号三俊，白居易亦有'笑劝迂辛酒，闲吟短李诗'句。今观此集，音节啴缓，似不能与同时诸人角争强弱，然春容恬雅，无雕琢细碎之习，其格究在晚唐诸人刻画纤巧之上也。"①

清姚鼐《追昔游集》提要稿："《追昔游集》三卷，唐李绅著。绅字公垂，武宗时为中书侍郎同中书门下平章事，而此集则皆文宗开成以前绅未为相时所作，意会昌中编录，故名曰'追昔游'。《新唐书》本传所载'贬端州司马祷神滩涨'，又'判寿州虎不为暴''为河南尹恶少敛迹'，皆语出此集。绅凡莅官之处，多自夸诩，史传事须实录，而以所自言者为据，此盖宋祁之陋。绅之赴端州也，在夏秋之间，其妻子舟行，十月始至，其时滩水减矣，故以书祝媪龙祠而江复涨，绅诗内及所自注者如此，祁乃以为绅自度岭时事，是阅其集亦未审也。"②

有中华书局2009年版今人卢燕平校注本《李绅集》。

朱敬则

(635—709）字少连，亳州永城人（永城，今属河南)。博学重节气，咸亨中授洹水尉。武后称制，迁正谏大夫，兼修国史，章安石阅其草，叹曰：真董狐笔也。进同凤阁鸾台平章事，以与张易之等不合，出为郑州刺史，贬涪州，睿宗时追谥元。《旧唐书》《新唐书》有传。

---

① （清）永瑢等：《四库全书总目》，北京：中华书局，1965年，第1294页。

② 《四库提要分纂稿·姚鼐稿》，上海：上海书店出版社，2006年，第424页。

十代兴亡论　光绪《亳州志·艺文志》："十代兴亡论，十卷，朱敬则撰。"《皖人书录》："十世兴亡论十卷，安徽艺文考杂史（8：1）。《宋史·艺文志》作'十世兴王论'，误。"[1]

按，《旧唐书》云："敬则尝采魏晋以来君臣成败之事，著《十代兴亡论》。又以前代文士论废五等者，以秦为失事，未折衷，乃著《五等论》。"《新唐书·艺文志》："朱敬则《十代兴亡论》十卷。"

吴兢

博通经史，魏元忠、朱敬则深器之，荐其有史才，因令直史馆。神龙中迁右补阙，与韦承庆、崔融等撰《则天宝录》，开元中历修文馆学士，居史职殆三十年。序事简要，人皆称之。出为荆州司马，以史稿自随。萧嵩监修国史，奏取兢所撰，得六十五卷。累迁台洪饶蕲四州刺史。天宝初为邺郡太守。入为恒王傅。尝以梁陈齐周隋五代史繁杂，内别撰各史，又伤疏略。卒年八十余。卒后，其子进兢所撰《唐史》八十余卷，事多纰缪，不逮壮年。兢家多藏书，有《吴氏西斋书目》。[2]

吴氏西斋书目　"吴氏西斋书目一卷，（唐）吴競撰，佚。王《考》据《崇文总目》《宋史艺文志》《郡斋读书志》《通志·艺文略》等著录。《郡斋读书志》云：'唐吴競撰。其家藏书凡一万三千四百六十八卷，競自撰书附于正史之末，又有续抄书列于后。'"[3] 按，《旧唐书》卷一百二有"吴兢"传，皆作"兢"。

戴孚

唐代谯郡（今安徽亳州）人，生平事略不见史传。据顾况所作《戴氏广异记序》，知戴孚于唐肃宗至德二年（757）与顾况同登进士第，任校书郎，终于饶州录事参军，卒年五十七岁。此书大抵作于大历（766—779）年间，作者去世后，由其子请顾况为书作序行世。

---

① 蒋元卿：《皖人书录》，第334页。
② 《光绪亳州志》，第346页。
③ 李艳秋、张雷：《唐五代书目考略》（上），《山东图书馆学刊》2009年第1期。

广异记 唐代早期小说集。《丛书综录》:“广异记一卷,戴孚撰。说郛(宛委山堂本)卷一百十八、龙威秘书五集、丛书集成初编·文学类。〇广异记,说郛(商务印书馆本)卷四。〇广异记一百三十三则,旧小说(民国本、1957年本)乙集。”[①]《皖人书录》:“涵芬楼藏抄本,六卷,黄丕烈跋。(增订四库简明目录标注)”[②]

《文苑英华》卷七三七有唐顾况撰《戴氏广异记序》(按,又见《华阳集》卷下、《古今事文类聚前集》卷四十八)。宋王应麟撰《玉海》卷五十七“晋博物志”条附载“唐顾况有《戴氏广异记序》”,注“戴孚,二十卷”。

《中国历代小说序跋集》云:“《广异记》,二十卷,戴孚撰。唐宋以来史志皆不录。《文苑英华》卷七三七载顾况《戴氏广异记序》,略述其生平。孚,唐至德二年进士,与顾况同年登科。此书约撰于中唐初。有抄本六卷,见《也是园书目》《读书敏求记》《铁琴铜剑楼藏书目录》,似后人辑佚。《类说》收十八条,系节本。《龙威秘书》《丛书集成初编》《说郛》诸本,各一卷,亦系残本。《太平广记》存佚文二九五条。”[③]

按:元陶宗仪撰《说郛》卷一百十八上录《广异记》太岁地、白头老人、送龟、神降诗、野狸奴、芝圃六则,作者作“戴君字”。

宋朱胜非撰《绀珠集》卷七录《广异记》鞭烂鞍朽、金羊玉马、沙苑射鹤、王弼作守门童、摩顶松、蛇化铜剑、鹦鹉唤花开、郁轮袍、玉英粉、星靥、蝌螯如山、三苗、神人诗、老君剪舌、石阿措、山丈山姑、敬元颖、破山剑,作者作“戴胄”。

宋曾慥编《类说》卷八录《广异记》掘太岁地、囚父报德、猿狗为怪、富贵正由苍苍、银坑龟、芝圃、仙洞樗蒲、金羊玉马、王弼守门、摩顶松、许旌阳斩蛟剑、玉英粉(阙)、蟹螯(阙)、老人吹笛(阙)、神降诗(阙)、道君剪舌、山魈一足、敬爱寺僧。不书作者。

中华书局“古小说丛刊”收入《广异记》,方诗铭辑校,1992年版。目录前有辑校说明,正文收302则,后附录了《太平广记》所收佚文存佚、他书所收佚文辑存和引用书目。此书与《冥报记》合刊于一册。

① 《中国丛书综录》(二),第1089页。
② 蒋元卿:《皖人书录》,第652页。
③ 《中国历代小说序跋集》(上),第75页。

李剑国著《唐五代志怪传奇叙录》录"《广异记》二十卷，辑存六卷。唐戴孚撰。志怪传奇集。"对戴孚事履有考述，录佚文目 304 条，并略事考释；录 25 条非本书而《广异记》引，并考辨；附考"华岳神女记""王玄之传"两条。①

① 李剑国：《唐五代志怪传奇叙录》，天津：南开大学出版社，1993 年，第 463 页。

宋

陈抟

（871—989）字图南，亳州真源人。后唐末举进士不第，隐武当山，移居华山。好读《易》，自号扶摇子。太祖召见，赐号希夷先生。端拱初卒。抟善诗，“诗六百余首”（《宋史·陈抟传》），《全唐诗》所录很多。曾慥《道枢·观空》录其论说，可见其观“五空”思想。《全宋文》第001册卷10收其文。

河洛真数　杜泽逊《四库存目标注》“《河洛真数》”：“《河洛真数》二卷，旧本题宋陈抟撰。浙江范懋柱家天一阁藏本（总目）。○《浙江省第五次范懋柱家呈送书目》：‘《河洛真数》二卷，旧本题宋陈抟撰，二本。’○《浙江采集遗书总录》：‘《河洛真数》二卷，写本，宋陈抟撰。’○上海图书馆藏明钞本三卷。○天津图书馆藏明万历二十年李学诗刻本十卷，正文首题‘陈邵二先生河洛真数卷之上’，次题‘颍川后学默菴李学诗校正’。半页十行，行二十字，白口，四周双边。前有万历十九年辛卯李学诗序云：‘暇日检阅旧集，删其烦芜，正其舛讹，屡易寒暑，始克成编。鸠工锓梓，以永其传。’末有万历二十年秋李学诗《新刊河洛真数后序》。《存目丛书》据以影印。”[1] 又

---

① 杜泽逊：《四库存目标注》（三），第1683页。

收入续修四库全书·子部·术数类。

《续文献通考》卷一百八十二“《河洛真数》二卷”：“旧题陈抟撰。抟字图南，事具《宋史·隐逸传》。按，是书盖术士伪托之书，其说以《易》之卦爻，配合人生年月日，以定休咎。”

四库《河洛真数》提要云：“《河洛真数》二卷，浙江范懋柱家天一阁藏本。旧本题宋陈抟撰，抟事迹具《宋史·隐逸传》。其说以《易》之卦爻配合人生年月日时八字，以定休咎。前有抟自序，又有邵子序，词皆鄙倍，殆术士不学者所为。下卷载晋管辂《述洛书》篇首曰‘夫河龙负图者，非龙也，乃大龟也。’又曰‘羲皇画八卦，后有大挠明之。’尤极谬陋，不足与之辨也。”①

易龙图　《五代艺文考》：“《易龙图》一卷，陈抟撰。《宋史》卷二〇二《艺文志》一‘易类’载陈抟《易龙图》一卷。清赵士炜《中兴馆阁书目辑考》卷一列《易龙图》一卷，释云：‘陈抟撰。序曰：龙马始负图出，于羲皇之代，在太古之先，今存已合之位。或疑之以陈其未合之数耶？……大矣哉，龙图之变！今述其梗概焉。’宋《志》不载卷数。”② 南宋吕祖谦编《皇朝文鉴》，收入其《龙图序》。元张理《易象图说内篇》并收《易龙图》之序及数图式，可考见其易学象数思想。

坐功图　《丛书综录》：“陈希夷坐功图一卷。（宋）陈抟撰，（明）茅一相补阅。重订欣赏编。”③

《中医古籍珍本提要》之“二十四气坐功导引治病图”内容提要云：“又名《案节坐功图》《陈希夷坐功图》《元人导引图》《景钞瓶园旧藏本导引图》。成书于989年。全书共包括24势，与一年之24个节气相配，分别在每一节气中锻炼一势。各势均以节气名称命名。其内容首列运主何气与何脏相配，次述坐功方法，末载所治病证。坐功内容主要包括按膝、捶背、伸展四肢、转身扭颈等多种导引动作，同时还结合叩齿、漱津、吐纳等方式。每式主治病证，均与所配脏腑经络、‘是动病’和‘所生病’有关。由于本功法结合脏腑、经络、运气等传统中医学理论，因此，易为人们接受，并对后世影响颇

① （清）永瑢等：《四库全书总目》，北京：中华书局，1965年，第943页。
② 张兴武：《五代艺文考》，第17页。
③ 《丛书综录》，第844页。

大。主要版本：抄本，中国中培研究院图书馆（北京）藏。”[1]

正易心法　《丛书综录》：“麻衣道者正易心法一卷。（宋）陈抟受併消息。范氏奇书、津逮秘书（汲古阁本、景汲古阁本）第二集。○（宋希夷先生受併消息）学津讨原（嘉庆本、景嘉庆本）第一集、丛书集成初编·哲学类。○正易心法一卷。艺海珠尘木集（辛集）。”[2]

按，宋释志磐《佛祖统记》卷四十三记载，陈抟得受麻衣道者《正易心法》，为之注释。此书原载《道藏缺经目录》，今收入《藏外道书》第五册[3]。

玉尺经附原经图式　《丛书综录》：“玉尺经四卷，附原经图式一卷。（宋）陈抟撰，（元）刘秉忠集。地理大全二集。”[4]

心相编　《丛书综录》：“心相编一卷。（宋）陈抟撰。拜梅山房几上书。○陈希夷心相编一卷。惟慎堂五种。”[5]

阴真君还丹歌注　《丛书综录》：“阴真君还丹歌注一卷。陈抟撰。道藏（正统本、景正统本）·洞真部玉诀类。”[6]

指玄篇　《宋史·陈抟传》载：“抟好读《易》，手不释卷。常自号扶摇子。著《指玄篇》八十一章，主导养及还丹之事。宰相王薄亦著八十一章以笺其旨。”又《宋史》卷二百五：“陈抟《九室指玄篇》一卷。”郑樵《通志·艺文略》道家吐纳类“《指玄篇》一卷”[7]。

三峰寓言　见《宋史·陈抟传》。

高阳集　见《宋史·陈抟传》。

钓潭集　见《宋史·陈抟传》。

赤松子八诫录　宋郑樵《通志·艺文略》道家书类著录有陈抟著《赤松子八诫录》一卷。[8]

人伦风鉴　《通志·艺文略》五行相法类“《人伦风鉴》，又称《龟

---

① 余瀛鳌、傅景华：《中医古籍珍本提要》，第433页。
② 《丛书综录》，第896页。
③ 《藏外道书》（全36册），成都：巴蜀书社，1994年。
④ 《丛书综录》，第90页。
⑤ 《丛书综录》，第1031页。
⑥ 《丛书综录》，第1139页。
⑦ （宋）郑樵：《通志二十略》，王树民点校，北京：中华书局，1992年，第1626页。
⑧ 同上，第1619页。

鉴》，一卷”①。

张耒

(1054—1114) 字文潜，号柯山，人称宛丘先生。祖籍亳州谯县，生长于楚州淮阴（今属江苏），晚年居陈（今河南淮阳，陈古名宛丘）。幼颖悟能文，游学陈州，苏辙时为陈州学官，器重之，遂得从苏轼游。熙宁六年进士及第，授临淮主簿。元丰元年，为寿安尉，迁咸平丞。哲宗继位，入为太学录。范纯仁荐试馆阁，迁秘书省正字、秘书丞、著作郎、史馆检讨。八年，迁起居舍人。绍圣元年，出知润州，入党籍，徙宣州。四年，谪监黄州酒税矾务。元符二年，徙复州。徽宗即位，起为黄州通判，知兖州。建中靖国元年，召为太常少卿，旋出知颍、汝二州。崇宁元年，复坐党籍落职，管勾亳州明道宫。在颍州时闻苏轼讣讯，为苏轼举哀行服，至是言者论劾之，复贬房州别驾，黄州安置。五年，得自便。大观二年，居于陈州。政和四年卒，年六十一。为苏门四学士之一。

柯山张文潜集　张耒诗文集，或称宛邱集、柯山集、张右史集、谯郡先生文集、张龙阁集等。《丛书综录》：“宛邱集七十六卷。张耒撰。四库全书·集部别集类。○柯山集五十卷。张耒撰。武英殿聚珍版书（武英殿木活字本）·集部。○柯山集五十卷拾遗十二卷续拾遗一卷。张耒撰。拾遗，（清）陆心源辑。续拾遗，（清）□□辑。武英殿聚珍版书（福建本、广雅书局本）·集部、丛书集成初编·文学类。○张右史文集六十卷。张耒撰。四部丛刊（初次印本、二次印本、缩印二次印本）·集部。○柯山集补十二卷。张耒撰，（清）陆心源辑。潜园总集·群书校补。○宛丘题跋一卷。张耒撰。津逮秘书（汲古阁本、景汲古阁本）第十二集、丛书集成初编·总类。○宛丘先生文粹二十二卷。张耒撰。苏门六君子文粹。○宛丘诗钞一卷。张耒撰。宋诗钞初集（康熙本、景康熙本）。○宛丘诗集一卷。宋代五十六家诗集。○宛丘集补钞一卷。张耒撰。宋诗钞补。”②

李逸安、孙通海、傅信点校，中华书局1990年版《张耒集》，65卷，另

① （宋）郑樵：《通志二十略》，王树民点校，北京：中华书局，1992年，第1696页。
② 《丛书综录》，第1257页。

有佚文辑存，附录年谱（邵祖寿撰）、传记资料、序跋题记，足称完备。

宋汪藻《柯山张文潜集书后》："右文潜诗千一百六十有四，序、记、论、志、文、赞等又百八十有四，第为三十卷。余尝患世传文潜诗人人殊，屏居毗陵，因得从士大夫借其所藏，聚而校之，去其复重，定为此书，皆可缮写。文潜，名耒，谯郡人。仕至起居舍人，尝为宣、润、汝、颍、兖五州太守。又尝谪居黄州、复州，最后居陈以殁。其集以《鸿轩》《柯山》为名者，居复、黄时所作也。元祐中，两苏公以文倡天下，从之游者，公与黄鲁直、秦少游、晁无咎，号四学士，而文潜之年为最少。公于诗文兼长，虽当时鲜复公比。两苏公诸学士既相继以殁，公岿然独存，故诗文传于世者尤多。若其体制敷腴，音节疏亮，则后之学公者，皆莫能仿佛。公诗晚更效白乐天体，而世之浅易者往往以此乱真，皆弃而不取。其采获之遗者，自如别录云。"①

明徐惟起跋《张文潜文集》云："张文潜有集名《柯山》，兰溪胡元瑞素称积书，然未之见也，曾于临安一见钞本，旋遭祝融之祸，语详《笔丛》中。此集仅十三卷，非全集也。偶读陆放翁《老学庵笔记》，云'文潜三子秬、秸、和，皆中进士。秬、秸在陈死于兵，和为陕西教官，归葬二兄，复遇盗见杀。文潜遂无后。'噫，文潜何不幸之若甚也！虽然，即此八十余篇可以不朽，岂世无孙支鼎盛，陈言累牍，令人厌观者？竟与草木渐腐耳，文潜又不幸中之幸也。万历丁未夏至日徐惟起题。"②

清莫伯骥跋《张文潜文集十三卷》（明嘉靖仿宋本，毛子晋方柳桥旧藏）："前题起居舍人张耒著。耒字文潜，楚州淮阴人。举进士，为临淮簿，寿安尉，咸平丞，召为太学录。元祐初为正字，迁著作郎兼史院检讨，擢起居舍人，知润州，徙宣州，责监黄州酒税。徙复州，起为通判黄州，移知兖州，复知汝颍两州。坐元祐党落职，主管明道宫。又贬房州别驾，黄州安置，寻得自便，居陈州，主管崇福宫，年六十卒。《曲洧旧闻》称，东坡尝语子过曰：'秦少游、张文潜，才识学问为当世第一，无优劣，二人者，少游下笔精悍，心所默识口不能传者，能以笔传之；而气韵雄拔，疏通秀朗，当推文潜。'此文潜文字之定评也。前有嘉靖甲申汇都马骈序，略云：'文潜文雄健

① 钱钟联：《历代别集序跋综录》（汉—宋卷），南京：江苏教育出版社，2005 年，第 338 页。
② 徐𤊹撰，缪荃孙辑：《重编红雨楼题跋》，《国家图书馆藏古籍题跋丛刊》(1)，第 363 页。

秀杰类子由，视长公浑涵光芒虽若不及，而谨严持正自其所长。梅溪尝以谨严病长公，是其文正自不可少也。龙渠子尝得宋集本，取而刻置山房，驸从观于龙渠子。是集盖昔人选本，有文无诗。文潜慷慨豪隽，其论有取于汉武，盖惩本朝兵弱，受侮二虏，它文盖三致意焉。《礼论》扩新意于古意，《用大》纯正简切，超然敏妙。论退之，则全为东坡发也。其当在湖州被逮、齐安放置之际乎？龙渠子清敏好古，博藏能用，刻成，属识数语于首。’目录前题‘张文潜文集’，目录次行题‘起居舍人张耒文潜’，末有识语云‘予刻《文潜集》，爱其文也，而紫泉之论主于意，噫，予岂有是心哉？古人有云：文以意为主。若紫泉则得之矣。龙渠山人郝梁识。’梁，江都人，曾刊《扬子太玄经》者也。护页有巴陵方氏墨笔题记，云‘谨按《钦定四库全书总目提要》，张宛丘集载南宋初已有四本，一本十卷，一本三十卷，一本七十卷，一本一百卷。此外胡应麟有十三卷本。此本明人所刻，适十三卷，殆与胡氏所见之本同。前有毛子晋图记，虽与四库所收之七十六卷本不同，然亦稀有之册。’伯骥按，此十三卷本内，《虑远》《择将》《审战》诸篇，七十卷之《宛丘集》中无此文，此可证文潜遗稿散佚者不少。方氏所云，仅就卷数而数之，未及其内容也。半页十行，行十八字，有毛子晋方柳桥藏章。”①

清邵懿辰撰，邵章续录《增订四库简明目录标注》，有《宛丘集》版本叙录。②

柯山诗余　　《丛书综录》：“柯山诗余一卷，（宋）张耒撰。校辑宋金元人词。”③

续修四库《柯山诗余》一卷（校辑宋金元人词本）提要云：“宋张耒撰。耒字文潜，楚州淮阴人，第进士。元祐初，仕至起居舍人。绍圣中，谪监黄州酒税。徽宗召为太常少卿，坐元祐党，复贬房州别驾，黄州安置，寻得自便，居陈州，主管崇福宫，卒。《张右史集》不附词，此从《乐府雅词》《梅苑》《能改斋漫录》诸书辑得《减字木兰花》《秋蕊香》《少年游》《鹧鸪天》《满庭芳》《风流子》六首、断句十一，至《词统》卷一所引《阿那曲》《荷花词》皆七言绝句，故未收入。耒从东坡游，又与无咎、少游相切磋，故文学

① 《五十万卷楼群书跋文》，《国家图书馆藏古籍题跋丛刊》（28），第 446 页。
② 《增订四库简明目录标注》，上海：上海古籍出版社，2000 年，第 706 页。
③ 《丛书综录》，第 1595 页。

深邃，其词虽流传甚少，然如《风流子》云‘芳草有情，夕阳无语，雁横南浦，人倚西楼’，又云‘向风前懊恼，芳心一点，寸眉两叶，禁甚闲愁’，融旧如新，似淡而腴，工力不易至也。”①

明道杂志　《丛书综录》：“明道杂志一卷。张耒撰。续百川学海丙集、顾氏文房小说（嘉靖本、景嘉靖本）、唐宋丛书·载籍、丛书集成初编·文学类。○明道杂志一卷续一卷。说郛（宛委山堂本）卷四十三、学海类编（道光本、景道光本）集馀四。○明道杂志。说郛（商务印书馆本）卷八。”②

陈升《明道杂志》跋：“右史张公凡三至黄，诗文载诸郡志多矣。及观《明道杂志》，其间纪黄事尤详细。刻板道院，亦以补郡志之阙。庆元庚申三月既望，郡守东嘉陈升识。”③

竹夫人传　《丛书综录》：“竹夫人传一卷，（宋）张耒撰。香艳丛书第六集。”④

诗说　《丛书综录》：“张宛邱诗说一卷。（宋）张耒撰。格致丛书。○诗说一卷。说郛（宛委山堂本）卷四、通志堂经解（康熙本、同治本）·诗、艺海珠尘革集（庚集）、养素轩丛录第一集、丛书集成初编·文学类。”⑤

四库《诗说》提要云：“《诗说》一卷，内府藏本。宋张耒撰。……是书本载《柯山集》中，纳兰性德以其集不甚传，因刻之《通志堂经解》中，凡十二条，如《抑篇》‘慎尔出话’一条，盖为苏轼乌台诗案而发；《卷阿篇》‘尔土宇昄’章一条，盖为熙河之役而发，余亦多借抒熙宁时事，不必尽与经义比附也。”⑥

清代余集《诗说》提要稿曰：“《诗说》一卷，宋张耒撰。书凡十二条，原载宛丘本集中，无序文篇目，非单行之本也。通志堂刻入《经解》，以备一家之说。成德称其有感于熙宁开边斥境之举而为之，亦只就其一篇之说而意之也。耒字文潜，楚州淮阴人，与黄庭坚、晁补之、秦观俱游苏轼之门，天

---

① 中国科学院图书馆整理：《续修四库全书总目提要（稿本）》（16），济南：齐鲁书社，1996年，第582页。

② 《丛书综录》，第1057页。

③ 学海类编本，庚申六月上海涵芬楼据六安晁氏聚珍版本影印，第六十九、七十册。

④ 《丛书综录》，第1057页。

⑤ 《丛书综录》，第52页。

⑥ （清）永瑢等：《四库全书总目》，北京：中华书局，1965年，第137页。

下称‘四学士’，以党籍未致大用云。”①

按，杜泽逊撰《四库存目标注》，对《诗说》的版本源流进行了梳理，可参阅。②

宛丘题跋一卷　续修四库全书《宛丘题跋》（一卷，津逮秘书本）提要：“宋张耒撰。耒字文潜，淮阴人。弱冠第进士，知润州，坐党摘官。徽宗时起复，知颍汝二州，复坐党籍落职。长于骚词，有《两汉决疑》《诗说》《宛丘集》等书。其《宛丘题跋》一卷，目曰：《读唐书》《读韩信传》《读南越传》《读楚甘公说》《题贾长卿续高彦休》《读白乐天事》《书宋齐丘化书后》《老子义》《书韩退之传后》《书五代郭崇韬卷后》《书吐蕃传后》《读邹阳传》。编中除《书宋齐丘化书后》《老子义》两篇外，皆读史时偶书所见。其《读唐书》一篇，第就唐太宗从谏一事为立论之基。按，《唐书》乃记一朝大政，决非太宗一人所可包括，而太宗之君德，又非从谏一事所能推见，故此篇标题，仅可称曰‘唐太宗从谏论’，即名之‘读唐太宗纪’亦有未可，而竟以‘读唐书’命名，多见其命名过大、立论过狭，名实未能相符耳。此外各篇，尚称有见。按，宋元祐间，苏子瞻方为翰林，豫〔章〕黄鲁直、高邮秦少游、济北晁无咎，与先生俱在馆中，趋学苏门，世称四学士。嗣后三子相继云亡，先生岿然独存，士人就学者众，分日载酒肴饮食之。晚年，诗效白乐天，乐府效张文昌。陆放翁云：‘自文潜下世，乐府遂绝。’士林称为知言。是先生盖一诗人，论太（疑当为“史”字）本非所长。卷末附毛晋跋，称‘论史胸有成竹，绝无殿最诗文、补亡析疑之语’。按，补亡析疑，为论史之要道，此编无之，益见其无史识矣。”③

柯山诗传一卷　续修四库全书《柯山诗传》（一卷，旧钞本）提要：“宋张耒撰，耒有《柯山集》，四库已著录。按著录本《柯山集》卷三十九，有《诗杂说》十四首，而无《诗传》。蒋光煦《东湖丛记》载，宋绍兴刊本《张右史集序》，为单父张表臣作，其序目亦未及此。是本有《抑》传、《桑柔》传、《云汉》传、《嵩高》传、《江汉》传、《常武》传、《文王》传，凡七

---

① 《四库提要分纂稿·余集稿》，上海：上海书店出版社，2006 年，第 505 页。

② 杜泽逊：《四库存目标注》（一），第 161 页。

③ 中国科学院图书馆整理：《续修四库全书总目提要（稿本）》（8），济南：齐鲁书社，1996 年，第 109 页。

篇，皆在《大雅》卷中，《抑》至《嵩高》皆相连，《江汉》与《嵩高》止隔《韩奕》一篇，《常武》与《江汉》亦相连。按《韩奕》已于《嵩高》中并论之，不宜再有传，实未尝隔也。惟《文王》篇本在《抑》前，今反列《常武》后，为不可解。窃意耒所为《传》，定不止此，特存者止此耳。《抑》与《桑柔》，《诗杂说》中亦有之，而与《传》不同。窥耒作传之意，当是讽切时政，故篇中惟阐大义，不释全诗。如《抑》传中，反复于'哲人之愚，亦惟斯戾'。盖为君者至于使哲人皆愚，人才尽矣。而其原自不知修己，将使'无競维人'者，乃在于'有觉德行'，而'四国顺之'，下无违德，则人才从上而作。《桑柔》传以为是书大要，止于'告尔忧恤、悔尔序爵'，而'忧恤'与不能'序爵'，亦非两端，王不能使贤者在上，不肖者在下，各治其职事，故国至于可忧可恤，将使忧恤无至乎前，在及其本，本即序爵也。《云汉》传，就诗言'胡不相畏，先祖于摧。'又言'天降丧乱，饥馑荐臻。'又言'昊天上帝，宁俾我遯。'知宣王虑患深、责己重，序所以言'内有拨乱之志'也。《嵩高》传兼及《韩奕》，以为宣王之所能，乃止于褒赏申伯、锡命韩侯，盖周室至厉王而乱极，宣王始能行天下之职，故诗人乐其始治而美之，不计其善之大小也。《江汉》《常武》二传，论命将用兵。《文王》传，论养士。诸篇讬义既正，说亦修达，宜取集中《诗杂说》附载于此，以完成一家之作。又按《宛丘文粹》所收，与是本同，盖即周紫芝所云网罗之未尽者矣。"①

鲁宗道

(966—1029)，字贯之，亳州谯人。少孤，鞠于外家。奋厉读书。袖所著文谒戚纶，纶器重之。举进士，为濠州定远尉，再调海盐令。改歙州军事判官，再迁秘书丞。陈尧叟辟通判河阳。天禧元年，始诏两省置谏官六员，首擢宗道与刘烨为右正言。真宗曾书殿壁曰："鲁直"。除户部员外郎兼右谕德。逾年，迁左谕德、直龙图阁。仁宗即位，迁户部郎中、龙图阁直学士兼侍讲、判吏部流内铨。神宗即位，拜右谏议大夫、参知政事。章献太后临朝，贵戚用事者皆惮之，目为"鱼头参政"。因其

① 中国科学院图书馆整理：《续修四库全书总目提要（稿本）》(14)，济南：齐鲁书社，1996年，第571页。

姓，且言骨鲠如鱼头也。再迁尚书礼部侍郎。在政府七年，务抑侥幸，不以名器私人。既卒，皇太后临奠之，赠兵部尚书。谥“肃简”。《宋史》卷二百八十六有传。

《全宋文》第 10 册收文 8 篇。文《请重亲民之官疏》一篇，存于康熙《御制文》第三集卷三十八并徐乾学等奉敕编注《御选古文渊鉴》卷四十三，评曰“斥言吏弊详确无伦”。诗存二首（《登黄山》和《莲花源》），见于清代厉鹗撰《宋诗纪事》卷九（转录自《黄山志》）[①]。另外，《平湖文系》录有鲁宗道《家诫》，《平湖县志》有载录。

鲁氏世谱 详见本书第一章。

鲁有开

字元翰，恩授韦城令。仁宗时，知确山县。皇祐（1049—1053）年间，知万州。英宗治平（1064—1067）初年，知陕西金州。神宗时，知南康军。被贬，通判杭州。后鲁有开以司农少卿衔知卫州，徙任冀州。元丰甲子（1084）八月，有开罢膳部郎中，为提举亳州明道宫，通判延州。哲宗元佑（1086—1093）中，先后知信阳军、洺州、滑州、冀州。官至中大夫，七十五岁时去世。其事迹见《宋史》第一百八十五《循吏传》、《东都事略》卷一百十二、《文昌杂录》等。

三礼通义 明朱睦㮮撰《授经图义例》卷二十“《三礼通义》五卷，鲁有开。”清朱彝尊撰《经义考》卷一百七十九“鲁氏有开《三礼通义》，《宋志》五卷，佚。”

春秋指微 明朱睦㮮撰《授经图义例》卷十六“《春秋指微》十卷，鲁有开。”清朱彝尊撰《经义考》卷一百六十三“鲁氏有开《春秋指微》，《宋志》十卷，佚。”

国语音义 明朱睦㮮撰《授经图义例》卷十六“《国语音义》一卷，鲁有开。”清朱彝尊撰《经义考》卷二百九“鲁氏有开《国语音义》，《宋志》一卷，佚。”

---

① （清）厉鹗辑撰：《宋诗纪事》（上下），上海：上海古籍出版社，1981 年，第 212 页。

诗集十卷　《宋史》卷二百二《艺文志》载。《皖人书录》“诗集十卷，安徽艺文考诗（3：2），已佚。”[①] 清代厉鹗撰《宋诗纪事》卷二十六录其《游大涤山》诗一首。

秦醇

字子复（一作子履），北宋亳州人，传奇作家。今存4篇，见于北宋刘斧编《青锁高议前集》及《别集》。

赵后遗事　《丛书综录》：“赵后遗事一卷。（宋）秦醇撰。续百川学海乙集、绿窗女史·宫闱部蛊惑、说郛（宛委山堂本）卷一百十一、龙威秘书四集、香艳丛书第四集、晋唐小说畅观。○赵氏二美遗踪一卷。稗乘。○赵飞燕别传一卷。唐宋传奇集（北新书局本、人民文学出版社本、文学古籍刊行社本）卷八。○赵飞燕别传。说郛（商务印书馆本）卷三十二。”[②]

明梅鼎祚曰：“《赵飞燕别传》，宋谯川人秦醇所撰，远不及《外传》，而成帝答辞犹浅稚。”[③]（按，成帝答赵皇后：“因阅来奏，喜庆交集。夫妻之私，义均一体，社稷之重。嗣续其先，妊体方初，保绥宜厚。药，有性者勿举食，无毒者可亲。有恳求上，无烦牋奏，口授宫使可矣。”“庆”一作“气”，“有恳求上”一作“傥有欲言”）

袁闾琨、薛洪勣主编《唐宋传奇总集》校录说明云：“本篇据今本《青琐高议》前集、陶宗仪《说郛》卷三十二、《艳异编》卷七校录。这是一篇以《汉书·外戚传》《赵飞燕外传》等为素材重新创作的小说。其主体情节和人物形象较接近《外戚传》，特别是赵合德（昭仪）这一形象，与《赵飞燕外传》差异较大。又，汉哀帝刘欣即位（前6年—1年在位），尊赵飞燕为太后。哀帝死，王莽上言傅太后，废赵飞燕为庶人。赵飞燕随即自杀。这一结局，《外传》和本篇均未写出。至于本篇的立意，与《外传》大体相同，都是揭露帝王荒淫和皇家内部的权力之争的。而就笔力说，本篇似远逊于《外戚传》和《外传》，但也有一些推陈出新的细节描写，别有思致。如‘兰汤滟滟’数

① 蒋元卿：《皖人书录》，第453页。
② 《丛书综录》，第1115页。
③ （明）梅鼎祚编：《西汉文纪》，《景印文渊阁四库全书》第1396册，台北：商务印书馆，第278页。

语等，便得到明人胡应麟的赞赏。”[1]

谭意歌传　《丛书综录》：“谭意歌传一卷，（宋）秦醇撰。唐宋传奇集（北新书局本、人民文学出版社本、文学古籍刊行社本）卷八。”[2]

《谭意歌传》“说明”曰：“本篇据今本《青琐高议》别集、《类说》本《青琐高议》、《绿窗新话》卷下、鲁迅《唐宋传奇集》校录。意哥或作意歌，今从《类说》等本。谭意哥这一人物形象，较唐人传奇中的霍小玉、崔莺莺等，更富平民色彩。这主要表现在，她在争取自身解放和婚姻自主等方面，更有主动性和自觉性，这是一；二是，她在遭受沉重打击、走投无路的情况下，并没有陷入绝望的境地或自甘沦落，而是选择了自力更生、自撑家事的道路。这些都反映出，到了宋代，平民女子的人格自觉精神有了进一步提高。据历史记载，出任潭州长官的先后次序是：张沆－魏瓘－张沆－周沆，而据本篇的描写则是：周沆－魏瓘－张沆。次序恰好相反。这足以说明本篇不是传记，而是小说。本篇的情节安排似不够周严。比如，一方面说谭意哥买田百亩以自给（信众又说她自己要参加劳动），另一方面又说她闭门不出，门庭清净。那么，她的家庭生活究竟是如何维持的，颇令人费解。这大约同作者既理解这个平民女子的遭遇和作为，又要求她不违背封建礼法有关。也就是说，由于作者的思想局限，致使这篇小说在艺术上不够完美。从篇中的纪年推算，本篇当写成于神宗熙宁年间（1068－1077），故而原收在《青琐》内。”[3]

骊山记　袁闾琨、薛洪勣《骊山记》说明：“秦醇，字子复（又作子履），约为北宋中期亳州（今安徽亳县）人。生平不详。今仅知有小说四篇传世，为《骊山记》《温泉记》《赵飞燕别传》《谭意歌传》，俱收于今本《青琐高议》，写史言情，各具特色，也较有文采，在宋代传奇小说史上占有重要地位。《骊山记》载于今本《青琐高议》前集卷六，题下注：‘张俞游骊山作记’，未署作者姓名。按本篇与同卷《温泉记》，均写张俞访古奇遇，叙杨贵妃事，意相连属，语言风格亦近似，应为上下篇。《温泉记》既署秦醇作，此篇也当为秦醇所作。《骊山记》通过宋人张俞骊山访古所闻，记述了唐代骊山行宫的规模、气势与宫苑景物，而以主要的笔墨描写当年活动于骊山行宫的

① 袁闾琨、薛洪勣：《唐宋传奇总集·南北宋》，郑州：河南人民出版社，2001年，第240页。

② 《丛书综录》，第1115页。

③ 袁闾琨、薛洪勣：《唐宋传奇总集·南北宋》，郑州：河南人民出版社，2001年，第230页。

唐玄宗、杨贵妃与安禄山之间的感情纠葛，揭示安史之乱的起因。着意刻画了杨贵妃的美丽和聪敏，那‘一捻红’牡丹和开元钱甲痕的故事，想象奇特，极其优美动人。对于杨贵妃与安禄山的私通，作者始则持存疑的态度，继则强调杨贵妃的悔与恨，并由杨贵妃多次提醒玄宗防备安禄山为患作乱。而玄宗妄自尊大，迷信天命，全不理睬，才终于养虎遗患。小说中的安禄山既痴情又无赖，也被刻画得入木三分。与其他同题材小说、戏曲相比较，《骊山记》中的杨贵妃，不再只是个迷人的尤物，而是一个有感情、有见识、有责任心的女子，作者通过小说表达了安史之乱不应归罪于杨贵妃的观点，与《外传》‘唐明皇之一误，贻天下之羞’的观点一脉相承。小说以访古记闻的形式写史事，显得更有真实感，全篇采用对话方式，避免了平铺直叙，减少了枝蔓，且便于加议论。小说的某些细节为《隋唐演义》等小说、戏曲所采撷，《类说》《绿窗新话》也从本篇截取了某些段落。骊山，在陕西临潼县东南，东北麓为秦始皇陵，西北麓为唐代皇帝行宫华清宫，有温泉华清池。此篇据《青琐高议》《类说》《绿窗新话》校录。”①

温泉记　　（宋）亳州秦醇子复撰。《温泉记》说明：“《温泉记》载于今本《青琐高议》前集卷六，署名‘亳州秦醇子复撰’，题下小字注‘西蜀张俞遇太真’。此篇承《骊山记》，叙张俞在骊山访古后，再游骊山题诗二首，回川后，在温汤驿夜宿，梦中为杨贵妃召至仙宫叙话，但是，同食而无饮仙酒之福，同浴而不得共用一池之水，共寝而未能同榻相亲，可谓‘有缘无分’。这样的情节，想像奇特，构思精巧，实记梦之佳作。由此反证安禄山与杨贵妃私通，乃天运劫数，非杨贵妃之罪。《类说》《诗话总龟》均作节录，明《才鬼记》收全文，兹以今本《青琐高议》参照《类说》《诗话总龟》《绿窗新话》及《才鬼记》校录。”②

鲁迅在《唐宋传奇集稗边小缀》中评曰：“《赵飞燕别传》出前集卷七，亦见于原本《说郛》三十二，今参校录之。胡应麟（《笔丛》二十九）云：‘戊辰之岁，余偶过燕中书肆，得残刻十数纸，题《赵飞燕别集》。阅之，乃知即《说郛》中陶氏删本。其文颇类东京，而未载梁武答昭仪化鼋事。盖六朝人作，而

① 袁闾琨、薛洪勣：《唐宋传奇总集·南北宋》，郑州：河南人民出版社，2001年，第211页。
② 袁闾琨、薛洪勣：《唐宋传奇总集·南北宋》，郑州：河南人民出版社，2001年，第223页。

宋秦醇子复补缀以传者也。第端临《通考》渔仲《通志》并无此目。而文非宋所能。其间叙才数事，多俊语，出伶玄右，而淳质古健弗如。惜全帙不可见。’又特赏其‘兰汤滟滟’等三语，以为‘百世之下读之，犹勃然兴。’然今所见本皆作别传，不作集；《说郛》本亦无删节，但较《高议》少五十余字，则或写生所遗耳。《高议》中录秦醇作特多，此篇及《谭意歌传》外，尚有《骊山记》及《温泉记》。其文芜杂，亦间有俊语。倘精心作之，如此篇者，尚亦能为。元瑞虽精鉴，能作《四部正讹》，而时伤嗜奇，爱其动魄，使勃然兴，则辄冀其为真古书以增声价。犹今人闻伶玄《飞燕别传》及《汉杂事秘辛》为伪书，亦尚有怫然不悦者。《谭意歌传》出别集卷二，本无‘传’字，今加。有注云：‘记英奴才华秀色’，今削。意歌，文中作意哥，未知孰是。唐有谭意哥，盖薛涛、李冶之流，辛文房《唐才子传》曾举其名，然无事迹。秦醇此传，亦不似别有所本，殆窃取《莺莺传》《霍小玉传》等为前半，而以团圆结之尔。”①

鲁迅《中国小说史略》评道：“其后有亳州谯人秦醇字子复（一作子履），亦撰传奇，今存四篇，见于北宋刘斧所编之《青锁高议前集》及《别集》。其文颇欲规抚唐人，然辞意皆芜劣，惟偶见一二好语，点缀其间。又大抵托之古事，不敢及近，则仍由士习拘谨之所致矣，故乐史亦如此。一曰《赵飞燕别传》，序云得之李家墙角破筐中，记赵后入宫至自缢，复以冥报化为大鼋事，文中有‘兰汤滟滟，昭仪坐其中，若三尺寒泉浸明玉’语，明人遂或击节诧为真古籍，与今人为杨慎伪造之汉《杂事秘辛》所惑正同。所谓汉伶玄撰之《飞燕外传》亦此类，但文辞殊胜而已。二曰《骊山记》，三曰《温泉记》，言张俞不第还蜀，于骊山下就故老问杨妃逸事，故老为具道；他日俞再经骊山，遇杨妃遣使相召，问人间事，且赐浴，明日勅吏引还，则惊起如梦觉，乃题诗于驿，后步野外，有牧童送酬和诗，云是前日一妇人之所托也。四曰《谭意歌传》，则为当时故事：意歌本良家子，流落长沙为倡，与汝州民张正字者相悦，婚约甚坚，而正字迫于母命，竟别娶；越三年妻殁，适有客来自长沙，责正字负义，且述意歌之贤，遂迎以归。后其子成进士，意歌‘终身为命妇，夫妻偕老，子孙繁茂’，盖袭蒋防之《霍小玉传》，而结以‘团圆’者也。”②

---

① 鲁迅：《古籍序跋集》，《鲁迅全集》(10)，北京：人民文学出版社，2005年，第151页。

② 鲁迅：《中国小说史略》，《鲁迅全集》(09)，北京：人民文学出版社，2005年，第109页。

高士谈

（？—1146）字子文，又字季默。北宋蒙城人。高琼四世孙。宣和末（1125）任忻州户曹参军。入金后，官至翰林直学士。后金廷怀疑其与“国师”宇文虚中谋反，皇统初遭杀害。

蒙城集　元好问《中州集》卷一“高内翰士谈”：“有《蒙城集》行于世。如云‘寒花贪晚日，瘦竹强秋霜。’又《题禹庙》云‘可怜风雨胼胝苦，后世山河属外人。’时人悲之。子公振，字特夫，亦有诗名。”[①]《中州集》收诗 30 首。

高元之（南宋）

（1142—1198）字端叔，武烈王高琼六世孙，祖籍蒙城，其父始著籍于鄞。少贫，借书以读，凡天文地理、稗官小说、阴阳方技之书，靡不究极，佛氏大藏经五千卷读再过。专务明经，自三传而下，不尽可。事亲孝，浣濯炊爨必躬。教授乡里，置田不半顷，割十亩遗亲党，轻财如此。父葬奉化之察廉，结庐墓侧，在万竹间，著《万竹先生传》。五上春官，特恩不就，年五十六，庆元三年卒。宣献公楼钥铭之。[②]

春秋义宗　宋罗濬撰《宝庆四明志》：“尤邃于春秋，采诸儒所长，凡三百余家，删会为一书，间出己意，号《义宗》。……有《义宗》一百五十卷。”元袁桷撰《延祐四明志》卷一“高元之字端叔，著《春秋义宗》。”宋楼钥撰《高端叔墓志铭》云：“少读襄陵许公翰书，及从沙随程公迥，故尤邃于《春秋》。博采诸儒所长，搜抉无遗。闻人有书，曾不惮远，裹粮徒步而求之。前后凡三百余家，订其指归，删其不合者，会稡为一书，间出己意，号《义宗》。盖十余年而后成。晚多所更定。”（《攻媿集》卷一百三）

易解　朱彝尊撰《经义考》卷三十四：“高氏元之《易解》，一卷，佚。《宁波府志》：高元之，字端叔，鄞人，受《易》《春秋》于程迥，五上礼部不第。尝集春秋说三百家，号《义宗》，凡百五十卷；《易》《诗》《论语》解各一卷。人号万竹先生。”按，罗濬撰《宝庆四明志》著录有“《易论》”，或为同一书。

---

① （金）元好问：《中州集》，北京：中华书局，1962 年，第 41—42 页。

② （宋）罗濬：《宝庆四明志》（文渊阁四库全书本），卷九。

变离骚 罗濬撰《宝庆四明志》谓元之："工文苦吟，尝谓《离骚》之学几亡，为九篇，曰愍畸志、曰臣薄才、曰惜来日、曰感回波、曰力暾、曰危衷、曰悲婵娟、曰古诵、曰绎思。读者叹其精深，悲其志。"有自序（存于明代叶盛撰《水东日记》卷二十四）、宋代曾丰《变骚后序》（存于《缘督集》卷十八）。

周必大撰《高端叔变离骚序》云："《诗·国风》及秦不及楚，已而屈原《离骚》出焉，衍风雅于《诗》亡之后，发乎情主乎忠直，殆先王之遗泽也，谓之文章之祖宜矣。厥后宋玉之《九辩》、王褒之《九怀》、刘向之《九叹》、王逸之《九思》、曹植之《九愁》《九咏》、陆云之《九愍》，皆《九章》《九歌》之苗裔。自扬雄至刘勰，则或反或广，或为之辩，祖述摹仿，不可胜数。迄今本朝晁太史补之，始重编《楚辞》十六卷《续楚辞》二十卷，又上起荀卿下逮王令，集《变离骚》二十卷，每篇之首各述其意，本根枝叶备于是矣。今高君元之复著《变离骚》九篇，其友南康周令大受刻而传之，属予一言。予观晁氏所谓变者，言历代每有所作其则愈远，如唐兵三变之变也。君盖泝流求其源，由终复于初，如齐鲁一变之变也。二者文同而旨殊，君之上下序，议论尤平正，既不溢美，亦不失实。《愍奇志》等，既缵其词，复循其义，非深于斯道，能如是乎？故为推明之，以俟知者。元之，字端叔，武烈王琼六世孙，生以绍兴壬戌，苦学笃志，假寐绝床不就枕者累年，尤嗜春秋学。尝从科举，两荐于四明。有诗千篇，大抵学广而辞畅，自号荼甘集。死已二年，席珍如此，埋光不耀，重可叹也。庆元庚申四月旦。"[①]

荼甘甲乙稿 罗濬撰《宝庆四明志》："诗三千，杂著五百，号《荼甘甲乙稿》，藏于家。"蒙城县志亦著录。

注杜工部诗 宋蔡梦弼《集千家注杜工部诗集序》曰："少陵先生博极群书，驰骋今古，周行万里，观览讴谣，发为歌诗，奋乎《国风》《雅》《颂》不作之后，比兴相侔，哀乐交贯，揄扬叙述，妙达乎真机，美刺箴规，该具乎众体。自唐迄今余，五百年为诗学之宗师，家传而人诵之，故元微之志其墓曰'诗人以来，未有如子美者'，信斯言矣。况我国家祖宗肇造以来，设科取士，词赋之余继之以诗。诗之命题，主司多取是诗，惜乎世本讹舛，训释纰

① （宋）周必大：《文忠集》，《文渊阁四库全书》第1147册，台北：商务印书馆，1986年，第562—563页。

缪，有识恨焉。梦弼因博求唐宋诸本杜诗十门，聚而阅之，重复参校，仍用嘉兴鲁氏编次先生作诗岁月之先后以为定本，每于逐句本文之下，先正其字之异同，次审其音之反切，方作诗之义以释之，复引经子史传记以证其用事之所从出，离为若干卷，目曰《草堂诗笺》。凡校雠之例，题曰樊者，唐润州外史樊晃小集本也；题曰晋者，晋开运二年官书本也；曰欧者，欧阳永叔本也；曰宋者，宋子京本也；王者，乃介甫也；苏者，乃子瞻也；陈者，乃无已也；黄者，乃鲁直也。刊云，一作某字者，系王原叔、张文潜、蔡君谟、晁以道及唐之顾陶本也。又如宋次道、崔德符、鲍钦止暨太原王禹玉、王深父、薛梦符、薛苍舒、蔡天启、蔡致远、蔡伯世，皆为义说。其次如徐居仁、谢任伯、吕祖谦、高元之暨天水赵子栎、赵次翁、杜修可、杜立之、师古、师民瞻亦为训解。……大宋嘉泰天开甲子正月谷旦，建安三峰东塾蔡梦弼傅卿谨识。"

注昌黎文集　四库《五百家注音辨昌黎文集》提要："五百家注昌黎文集，四十卷，宋魏仲举编。仲举，建安人。书前题庆元六年刻于家塾，实当时坊本也。首列评论、诂训、音释诸儒名氏一篇，自唐燕山刘氏迄颍人王氏，共一百四十八家。又附以新添集注五十家，补注五十家，广注五十家，释事二十家，补音二十家，协音十家，正误二十家，考异十家，统计只三百六十八家，不足五百之数。而所云新添诸家，皆不著名氏，大抵虚构其目，务以炫博，非实有其书，即所列一百四十八家，如皇甫湜、孟郊、张籍等，皆同时倡和之人，刘昫、宋祁、范祖禹等，亦仅撰述唐史，均未尝诠释文集，乃引其片语，即列为一家，亦殊牵合。盖与所刊《五百家注柳集》，均书肆之习气，然其间如洪兴祖、朱子、程敦厚、朱廷玉、樊汝霖、蒋璨、任渊、孙汝听、韩醇、刘崧、祝充、张敦颐、严有翼、方崧卿、李樗、郑耕老、陈汝义、刘安世、谢无逸、李朴、周行已、蔡梦弼、高元之、陆九渊、陆九龄、郭忠孝、郭雍、程至道、许开、周必大、史深大等，有考证音训者凡数十家，原书世多失传，犹赖此以获见一二，亦不可谓非仲举之功也。……"[①]

罗濬撰《宝庆四明志》载高元之尚有"《诗说》《论语》《后汉历志解》各一卷，《扬子发挥》三卷。"

---

① （清）永瑢等：《四库全书总目》，北京：中华书局，1965 年，第 1288 页。

金　元

刘瞻

字嵓老，亳州人，天德三年南榜登科，大定初召为史馆编修，卒官。党承旨世杰、郦著作元舆、魏内翰飞卿，皆尝从之学。嵓老自号撄宁居士，有集行于世。作诗工于野逸，如“厨香炊豆角，井臭落椿花”之类为多。《中州集》中存诗3首。

撄宁居士集　清黄虞稷《千顷堂书目》卷二十九：“刘瞻《撄宁居士集》，字嵓老，亳州人，天德三年，南榜登科。大定初，史馆编修。”孙德谦《金史艺文略》：“《撄宁居士集》，史馆编修亳州刘瞻嵓老撰。自号撄宁居士。天德三年，南榜登科，党世杰、郦元舆、魏飞卿皆从之学。《金史》无传，《中州集》有诗三首。”光绪《亳州志·艺文志》：“婴宁集二卷，郑《志》作‘婴’，刘《志》、华《志》、任《志》皆作‘撄’，未知孰是，金刘瞻撰。”《皖人书录》：“刘瞻，金，字嵓老，自号婴宁居士，亳州人。天德三年（1151）选举人，官史馆编修。婴宁集二卷，安徽艺文考别集五（25：1）。”[①]

① 蒋元卿：《皖人书录》，第824页。

王宾

（？—1233）字德卿，亳社人。为人诙谐轻脱，嗜酒无威仪。贞祐二年（1214）第进士，有才略，由虹县令入为尚书省令史，坐事罢归。哀宗时，以复亳州功，诏行六部尚书事。后数日，为乱军崔复哥等所害。宾工于诗，所作甚多，人颇称之。生平事迹见《金史》卷一一七、《中州集》卷七、《归潜志》卷三。《中州集》卷七录其诗三首。

孟汉卿

名不详，字汉卿，亳州人。生卒年及生平事迹均不详，约元世祖至元中前后在世（约1279年前后）。工作曲，著有《磨合罗》杂剧（录鬼簿）今尚存。散曲未见。①

张鼎智勘魔合罗　《皖人书录》："张孔目智勘魔合罗一卷，《录鬼簿》著录。元曲选本、古今杂剧本、四部备要本、古今戏曲丛刊第四集本。○孟汉卿杂剧，中国文学珍本丛书第一集本。"②

傅惜华著《元代杂剧全目》录《张鼎智勘魔合罗》云："贾本《录鬼簿》著录，题目作：'曹司屈推货郎汉'，正名作'张鼎智勘魔合罗'，简名'魔合罗'。曹本《录鬼簿》、《宝文堂书目》（'鼎'字误'昇"，'合'字作'盒'）、《今乐考证》《曲录》，亦著录此剧正名。孟本《录鬼簿》《太和正音谱》《元曲选目》《徐氏家藏书目》《曲海目》《曲海总目提要》，俱作简名'魔合罗'。《也是园书目》别作'张孔目智勘魔合罗'。此剧现传版本有：（一）《元刻古今杂剧三十种》本，题目作：'小叔图财欺嫂嫂，故将毒药摆哥哥'，正名作：'高山屈下河南府，张鼎智勘魔合罗'。（二）明万历四十五年（一六一七）脉望馆校《古名家杂剧》本，北京图书馆藏，题目正名并同上本。（三）《续古名家杂剧》本。（四）《元曲选》辛集本，题目作：'李文道毒药摆哥哥，萧令史暗里得钱多'，正名作：'高老儿屈下河南府，张平叔（卷首正文总题作张孔目）智勘魔合罗'。（五）《酹江集》本，第十七种，题目正名与《元曲选》

---

① 谭正壁：《中国文学家大辞典》，第853页。

② 蒋元卿：《皖人书录》，第273页。

本相同。（六）《元人杂剧全集》本，第七册，据《元曲选》重印者。按：《永乐大典》卷二〇七四九‘杂剧十三’，及‘今乐府选’，原收此剧，惟今不见。”①

续修四库《魔合罗一卷》（元曲选本）提要曰：“元孟汉卿撰。钟嗣成《录鬼簿》上载汉卿，亳州人，其始末不详。此剧《录鬼簿》《正音谱》《宝文堂目》《述古堂》及《也是园目》俱著录。演河南府孔目张鼎勘刘玉娘一案。略称河南府人李德昌、妻刘玉娘、子佛留儿，德昌营绒线铺。卜云，百日内有灾，须远出以避之，因辞妻之南昌贸易。妻送德昌行，言从弟文道（元刊本作文铎）屡相调戏，其意叵测。德昌以妇平日与文道不合，且言甚突兀，告诫之而去。其后贸易大得利，归。将进家，憩于城外五道庙中，冒雨得病，有货郎高山亦以避雨来庙中，因告以居址，嘱转告其妇来视疾。山入城，适逢德昌（编者按：误，应作‘文道’），问路，具述其事，德昌（编者按：误，应作‘文道’）故谬指之，迂折久之，始得刘氏之居，达德昌之言，间以魔合罗一赠其子佛留。盖时节适为七夕也。文道知兄病，先趋至庙中，以毒药进于兄。刘氏至，则病已深。扶至家，七窍流血而死。文道因挟制其妇，欲逼娶之。不从，则诬以因奸杀夫，讼于官。县令受贿，锻炼成狱，业呈完颜府尹，已判斩矣。六案都孔目张鼎知案可疑，言于尹，谓送信人未到案、奸夫无名，证据不足，请复审。尹以其言戆，限鼎三日内究出本末。鼎即出玉娘于狱，询送信人年貌生理，玉娘忽忆为货郎，曾赠魔合罗与小儿，命取魔合罗，而底有‘高山’二字。访得其人，拘问之，乃言送信时，先遇一药肆主人，即文道也。更收文道鞫之，事乃白。释玉娘，置文道于法，鼎亦坐是迁官云。汉卿，亳人，此所演即河南府事，耳目接近，疑必有据也。天一阁抄本《录鬼簿》上载汉卿是剧，注题目正名，作‘曹司屈推货郎汉，张鼎智勘磨合罗’，此本目作‘李文道毒药摆哥哥，萧令暗里得钱多，高老儿屈下河南府，张平叔智勘磨合罗’，标目与天一阁本《录鬼簿》已不同。又元刊杂剧三十种亦收《磨合罗》，勘其文字，与《新续古家杂剧》《总剧子》《杂剧选》《元曲选》以及孟称舜《酹江集》所收，皆大致不殊，其与元刊本异者，自以

① 傅惜华：《元代杂剧全目》，北京：作家出版社，1957年，第191页。

元刊本为是，惟元刊本宾白太略，事迹不显，今姑以《元曲选》本著录焉。”①

卢冀野跋云：“孟汉卿，亳州人。所作剧仅此《魔合罗》一种，亦张鼎故事。与孙仲章之《勘头巾》结构及白词多相同。案平叔虽官案目，而理法如此，直不亚于龙图，宜其事流传道路间也。冀野记。”②

《录鬼簿》校勘记曰：“天一阁本著录简名‘魔合罗’，题目‘曹司屈推货郎汉’，正名‘张鼎智勘魔合罗’；《说集》本、孟称舜本，仅作简名‘魔合罗’”。“天一阁本于略传后有贾仲明补挽词云：‘己斋老叟播声名，表字相同亦汉卿。魔合罗，一段题张鼎，运节意脉精。有黄钟商调新声，喧燕赵，响玉音，广做多行。’”③ 明代朱权撰《太和正音谱》尝评其词曲，以为“词势非笔舌可能拟，真词林之英杰!”④

① 中国科学院图书馆整理：《续修四库全书总目提要（稿本）》(13)，济南：齐鲁书社，1996年，第291页。

② 蔡毅：《中国古典戏曲序跋汇编》(全四册)，济南：齐鲁书社，1989年，第790页。

③ 《中国古典戏曲论著集成》(二)，第199页。

④ 《中国古典戏曲论著集成》(三)，第20页。

明

薛蕙

(1489—1541) 字君采，号西原，别号大宁居士，亳州人。正德甲戌(1514) 进士，累官吏部考功司郎中，以忤旨获罪，解仕归。嘉靖二十年(1541) 卒，崇祯中赠太常寺少卿。七岁能属文，十二能诗，王廷相判亳，称为何李之流，学者称西原先生。

薛蕙著述丰富，详见本书第一章考述。此处仅对版本作补充。

考功集　《丛书综录》："考功集十卷。(明) 薛蕙撰。四库全书·集部别集类。〇薛考功集十卷。(明) 薛蕙撰。盛明百家诗前编。"[①]《皖人书录》："考功集十卷，四库总目别集二五 (3663)。明嘉靖十四年 (1535) 李宗枢刊本，题薛西原集二卷 (北京图书馆藏)；明嘉靖刊本题薛考功集十卷附一卷，江苏国学图书馆藏；明万历十九年 (1591) 薛道行刊本，题薛考功集十卷，北京图书馆藏；明崇祯薛邦瑞刊本，题西原全集十卷遗集一卷，北京图书馆藏；清道光何氏刊本，题考功集十卷西原遗书二卷；明刊盛明百家诗前编本，题薛考功集一卷；明五湖书屋抄本，题薛吏部诗六卷；民国安徽通志馆抄本，题薛考功集十卷，安庆市图书馆藏。"[②]

① 《丛书综录》，第 1341 页。
② 蒋元卿：《皖人书录》，第 676 页。

约言　《丛书综录》："约言一卷，（明）薛蕙撰。百陵学山。景印元明善本丛书十种·百陵学山、丛书集成初编·哲学类。〇西原约言一卷。说郛续卷四。"[①] 杜泽逊《四库存目标注》："约言。无卷数，明薛惠撰。南京图书馆藏明嘉靖刻本一卷，题'西原薛惠著'，《存目丛书》据以影印。天一阁文管所另藏是刻一部。〇明嘉靖三十三年郑梓刻《明世学山》本，北图藏。〇明隆庆刻《丘陵学山》本，台湾'中央图书馆'藏。〇明万历刻《百陵学山》本，北图、上图等藏。民国二十七年，商务印书馆影印万历刻《百陵学山》本。民国二十八年商务印书馆《丛书集成初编》本亦据是刻影印。〇明刻清顺治三年宛委山堂印《说郛续》本，收入《说郛三种》。"[②]

四库《约言》提要："《约言》，无卷数，浙江巡抚采进本。明薛蕙撰。是编乃其退居西原时，学养生家言，后读《中庸》'喜怒哀乐之未发'句，自谓有得，因此作书分为九篇，曰天道、性情、潜龙、时习、君道、学问、君子、立言、春秋。其学以复性为宗，故《性情》篇云，静者性之本，主静者复性之学也。又云，静者，自然之本体；动者，后来之客感。夫自有阴阳，即不能有静而无动。以动为客感，是二氏元寂之旨也。又曰，理即此心，此心即理。夫理具于吾心，不可谓心之虚灵不昧者即理也。即心即理，是姚江良知之宗也。其去濂、洛、关、闽之学，固已远矣。"[③]

老子集解　《丛书综录》："老子集解二卷考异一卷。（明）薛蕙撰。惜阴轩丛书（道光本、光绪本）第十四函、丛书集成初编·哲学类。"[④]

续修四库《老子集解》（二卷，惜阴轩丛书本）提要云："明薛蕙撰。蕙字君采，亳州人，正德进士，累官吏部考功司郎中。是编撰于嘉靖庚寅，其后屡有修改，丙申冬复加删定。自谓有补于道德之万分，虽为矜炫之语，而其间确有精义。谓老子之道，惟导人及其天性，而非异端之流，方士之言养生，往往穿凿于性命之外，不知长生之道，不越乎养性，此其旨也。从吴幼清之说，道德各以篇首一字为名，非老子自名其书。又谓老子大抵用韵，故其遗辞多变，文以叶韵，非取义于一字之间，最为通达之论。注解亦体玩经

---

① 《丛书综录》，第733页。
② 杜泽逊：《四库存目标注》（三），第1825页。
③ （清）永瑢等：《四库全书总目》，北京：中华书局，1965年，第1069页。
④ 《丛书综录》，第690页。

文，明白晓畅，所引有管子、庄子、列子、荀子、楚辞、吕览、淮南、汉书、文选诸书，依托古谊，极有准绳。第三十八章，论晋人之失，识见超卓。末附考异，亦备参稽。明人注老子者，此最精审者已。惟五十八章，论刑名不缘于道德，遂谓太史公以老庄与申韩同传，为失之大者，则未免拘于成见矣。"①

西原遗书　《四库存目标注》："《西原遗书》二卷，明薛蕙撰。浙江巡抚采进本（总目）。〇《浙江省第七次呈送书目》：《西原遗书》二卷，明薛蕙著，二本。〇《浙江採集遗书总录》：《薛考功集》十卷《西原遗书》二卷，刊本，明考功司郎中亳州薛蕙撰。〇《直隶省呈送书目》：《西原遗书》二本。〇南京图书馆藏明嘉靖四十二年王廷刻本，题'亳郡薛蕙君采著'，半页九行，行十八字，白口，四周双边。前有嘉靖四十二年癸亥南充王廷《刻西原先生遗书序》云：'余犹收藏《遗书》一卷，至维扬，因出与友人艾陵沈子商之。艾陵以为不可无传也，因属校正且付之梓。'后有嘉靖四十三年扬州府江都县知县孝义赵讷《刻西原薛先生遗书后叙》云：'王公以少司徒督抚江淮，以《西原薛先生遗书》下之江都梓之。刻既成，公不弃讷之俗贱，命叙于末简，以纪岁月。'盖付梓于嘉靖四十二年，刊成于四十三年。江都开版，颇为工致。钤'八千卷楼'等印记。《存目丛书》据以影印。北图、中国社科院历史所、南大、台湾'中央图书馆'亦有是刻。按：此书集部别集类存目重出。"②

王寰洽

寰洽，字仁子，别号渔泽，又号龙潭，亳州人，年十五饩于庠，九试不第，天启元年辛酉（1621）以恩贡起吏部试，拟授知县，未补官而卒。七岁能诗，为婺源詹轸光所器，谓当踵其乡薛蕙。

嬾园漫稿　《四库存目标注》："《嬾园漫稿》五卷，明王寰洽撰。浙江巡抚采进本（总目）。〇《浙江省第四次孙仰曾家呈送书目》：《嬾园漫稿》五

① 中国科学院图书馆整理：《续修四库全书总目提要（稿本）》（14），济南：齐鲁书社，1996年，第23页。

② 杜泽逊：《四库存目标注》（三），第1826页。

卷，明王寰洽著，六本。〇《浙江採集遗书总录》：《嬾园漫稿》五卷，刊本，明贡生亳州王寰洽撰。〇《安徽省呈送书目》：《王嬾园集》四本。〇明崇祯元年王玄枢刻本六册，中科院图书馆藏。题‘谯国王寰洽仁子甫著’。前有崇祯元年季秋日顾起元序云：‘因少为论次，属文学使板而行之。’次严有容序，顾起元撰墓志，张鼐撰墓表。末有孙养粹跋，男玄枢纪略。正文半页九行，行十八字，白口，四周单边。〇清初刻本，作《重刻王仁子先生嬾园遗稿》六卷。半页八行，行十九字，白口，左右双边。前四卷诗，后二卷文。福建师大藏。”[①]《安徽文献书目》：“嬾园遗稿六卷，清王垣重刊本，四册。”[②]《皖人书录》：“嬾园漫稿六卷，四库总目别集存目七（3973）。明崇祯子玄枢刊本（明季版毁于兵）、清顺治十一年（1655）曾孙垣重刊本。”[③] 四库存目丛书补编收入（第53册）。

四库《嬾园漫稿》提要曰：“《嬾园漫稿》五卷，明王寰洽撰。寰洽字仁子，亳州人，年十五饩于庠，九试不第，天启元年以恩贡起吏部试，拟授知县，未补官而卒。此集诗二卷，文三卷，率多应酬之作，诗以纤丽为工，文亦平弱。浙江巡抚采进本。”[④]

王玄枢《嬾园漫稿纪略》云：“嗟嗟，此予先君遗稿也。先君性敏静，平生口无剧言，门无杂屦，偶见俗客谈俗事，辄扣清磬一声谢绝之。独喜读书，嗜古文词，风晨灯夕，每手一编不释。尝私语不肖曰，‘士君子之有诗书，如田父之有锸畚，吾非此无以卒岁，若富贵功名，岂吾志哉！’兴会所到，摅为诗文，往往匠意独造，顾影自喜，未尝持以语世也。丁卯岁不禄，竟抱终天之恸。不肖既收泪，以遗文散逸、先美弗彰是惧，急取笥中稿诠次之。顾先君雅有隐德，虽著作日富，不欲以朴示人，以故遗墨盈箱，大都真草错陈，半难解认、半饲蠹鱼。不肖检其可辨识者，汇集成帙，为《嬾园稿》若干卷，仅十之五耳。亟携走南都，谒顾、张二太史，二太史阅而异之，以为菰芦中乃有此士，且以读其文不得见其人为恨。不肖乃授之殺青氏。顾不肖负性颛愚，不解读父书，是以挂一漏万，且鱼鲁帝虎之讹，不肖负教之罪，擢发难

① 杜泽逊：《四库存目标注》（五），第3051页。
② 《安徽文献书目》，第36页。
③ 蒋元卿：《皖人书录》，第181页。
④ （清）永瑢等：《四库全书总目》，北京：中华书局，1965年，第1627页。

尽。惟祈世之博雅君子，悯泉石之幽光，锡一日之千秋，先君死且不朽，而小子亦藉手谢不敏焉。不肖男玄枢薰沐扣纪。”[1]

薛凤翔

字公仪，一作来仪，亳州人。隆庆间由例贡仕至鸿胪寺少卿。

牡丹史　《皖人书录》：“牡丹史四卷，四库总目谱录存目（2443）。明万历刊本，题‘亳州牡丹史’（江苏国学图书馆藏）。”杜泽逊标注曰：“《牡丹史》四卷，明薛凤翔撰。内府藏本（总目）。○《武英殿第一次书目》：《牡丹史》四本。○《两江第一次书目》：《牡丹史》，明薛凤翔著，二本。《两淮盐政李续呈送书目》：《牡丹史》四卷，明薛凤翔，二本。○《浙江省第六次呈送书目》：《牡丹史》四卷，明薛凤翔著，二本。○《浙江採集遗书总录》：《牡丹史》四卷，刊本，明亳州薛凤翔撰。○苏州图书馆藏明万历刻本，作《亳州牡丹史》四卷，题‘郡人薛凤翔著，同郡李文帜、李文友校。’半页九行，行十八字，白口，四周单边。前有焦竑序、袁中道序，万历四十一年癸丑邓汝舟序，丁巳李胤华序，凡例。卷内钤‘四明卢氏抱经楼藏书记’‘杨瓒’‘在中’‘杨瓒私印’等印记。《存目丛书》据以影印。南图、宁夏图亦有是刻。”[2] 续修四库全书收入（第 1116 册）、安徽人民出版社 1983 年版李冬生点注《牡丹史》。

《牡丹史》提要云：“《牡丹史》四卷，明薛凤翔撰。凤翔，字公仪，亳州人，由例贡仕至鸿胪寺少卿。明时亳中牡丹最盛，凤翔家园种艺尤多，因著是编，盖本欧阳修《谱》而推广之。然记一花木之微，至于规仿史例，为纪、表、书、传、外传、别传、花考、神异、方术、艺文等目，则明人粉饰之习，不及修《谱》之简质有体矣。”[3]

李胤华《牡丹史序》云：“公仪兄兰心茝质，于古今载籍图书，无所不综博；于海内名硕彦俊，无所不结纳。英年挂冠，葺先人之旧庐，啸傲其中。庋书万架，栽花万万本，而牡丹为最盛。公仪之于牡丹，其培之最良，而嗜

① （明）王寰洽：《嬾园漫稿》，《四库存目丛书补编》（53），济南：齐鲁书社，1996 年，第 342 页。
② 杜泽逊：《四库存目标注》（三），第 1784 页。
③ （清）永瑢等：《四库全书总目》，北京：中华书局，1965 年，第 1002 页。

之也，亦最笃。惟培之良而种类繁焉，惟嗜之笃而擬议成焉。一曰纪，二曰表，三曰书，四曰传，五曰外传，六曰别传，七曰花考，八曰神异，九曰方术，十曰艺文志，总曰《牡丹史》。而李子得而观之曰：呜呼盛哉！朱紫绿黄，其色备矣；寒燠晴雨，其候详矣；神名逸能，其品审矣。今人不能见洛阳牡丹，止侈言永叔《牡丹记》。后人见公仪《牡丹史》，不又侈言亳州有牡丹耶！况亳州为我朝钟灵毓秀地，地灵则花名，花名由人英，人愈英花愈名，呜呼盛哉！丁巳秋日瓠菴李胤华题于长安之银杏道宫。”①

邓汝舟《牡丹史序》：“凡花可盆、可盎、可蓬篱、可土牖，随贮随宜，韵致俱胜。牡丹独不尔，盆之盎之则亵，置于蓬篱土牖则陋。故惟芳园胜地，玉砌雕阑；临以画阁琼楼，瑶台碧榭；映以珠帘锦箔，绣户云廊；幄以绮幕罗帷，华棚彩障，始足壮此花之大观，炀此花之神色。而对之者，非王公钜人，即鸿生豪俊；若也寒骨诗人，酸风墨士，第可容为花宾，而为花主，则非其伦矣。侍之者，亦必名姝佳媛，妖娥贵姬；若也村姑市女，粗姿薄态之妆，弗与矣。及其赏会，亦必金筝宝瑟，艳舞娇歌；筵穷仙膳之珍，酒极琼浆之侈；若也贫厨荒酌，澹寂盘餐，弗与矣。昔人谓‘牡丹，花之富贵者也。’讵不信然！公仪兄，海内名家子，有史才，石渠中秘、天藻国华不及史也，而史此花。鉴赏雌黄，工摩肖写，更复绮语靡靡，精裁有法，其是花之董狐耶。十万芳葩，霞蒸云斓，尽公仪笔花哉，何词之丽也。每一展阅，不绘而色态宛然，不圃而品伦错植，虽赤暑玄霜，群芳凋后，亦复香艳袭人，不春而春也。分名别类，鱼次雁行，若汉宫粉黛三千，按图可覩。神荡魂迷，心醉天香府矣。亳守欧公，昔叙牡丹，以洛阳为天下第一。夫洛阳比屋皆栽，故花事之富亦比屋成之耳。公仪家园数十亩，花品以千百计，而二三名流相翼，是数区而收比屋之华，且神异之品不一而足。今洛阳在诸君家园，则天下第一今不归之亳耶？唐人诗有‘看到子孙能几家’者，公仪簪绅奕暎，家园世守，此花盖亦故家乔木，顾其所以培之者，多馨德茂义焉。然则阅若《史》者，从华返质，因葩遡本可也。然此史岂徒以一花侈观宇内哉，厥旨微矣。品花王而第之，是寓王伯之辨也；而珍重之，是寓尊君意也；而植之灌

① （明）薛凤翔：《牡丹史》，续修四库全书第 1116 册，上海：上海古籍出版社，1995 年，第 284 页。

之而养之，诸法毕备，是寓保傅君德义也。圣人作史，讬天王之权；公仪作史，亦讬东皇之权。而王章国色，均于造化不朽者乎！世尝有谱芍药、谱海棠、谱梅、谱菊者，非不贞标逸藻，增韵艺林，较之此史，不星渊迥耶？

不佞舟学圃江干，寒老而才尽，品作花奴，辱公仪数十年之爱，敢用一言弁之！顾以草莽賸夫，而命序富贵名花，公仪黜华崇素之谊，亦于是乎在。万历岁次癸丑桂月之朔，延陵友弟邓汝舟撰、张嘉孺书。"①

明李犹龙《牡丹史跋》曰："夫盈天下皆史之物也，则盈天下物不可无史也。圣作明述，非史不彰；嘉言懿行，非史不著；以至草木虫鱼，亦皆有史。《山经》《本草》，其滥觞矣。然《诗》《书》亦史也，不曰'左史记言，右史记事'乎？《书》历叙九州山川、草木。仲尼之说《诗》，曰'多识于鸟兽草木之名'。且《诗》咏草木之状，则曰：'参差荇菜，左右流之。''棠棣之花，鄂不韡韡'。咏所生，则曰'于以采蘩，于沼于沚。'咏其时，则曰'春日迟迟，卉草萋萋。'咏其变，则曰：'棠棠者华，芸其黄矣。'抑何委宛多致尔。故曰：《诗》亦史也。亳都薛公仪典客，文而能诗，其大父西原公，径以正始之音与李何相颉颃。于牡丹有深嗜，博访名种，植之家园，流传延蔓，迄今百年来，亳以牡丹著名。昔灵均遭时穷窘，欲滋兰之九畹，以寓言见志耳。公生当文明之会，屏居而来，莳花种树，以歌咏太平，甚盛事也，何必曰君子惟国香之嗜，不王花之爱哉？典客又能创为之史，文词瑰丽，较之著牡丹旧谱，详而有法，一开卷间，居然跻一国于春台矣。又《禹贡》'扬州，厥草惟夭'，《诗》曰'赠之以芍药'。余广陵人也，才不能为扬州芍药史。花时对酒，手典客《史》读之，不犹之昔人读《离骚》之快耶。或曰：唐人谓木芍药即牡丹也。然芍药自有金、木二种，《本草》诸书辨之甚详。故谓兹史也，出补《诗》《书》所不载也，可与《山经》诸史并传也可。广陵友弟李犹龙识。"②

亳州牡丹表、牡丹八书、牡丹说　《丛书综录》："亳州牡丹表一卷。（明）薛凤翔撰。说郛续卷四十。○牡丹八书一卷。（明）薛凤翔撰。说郛续

① （明）薛凤翔：《牡丹史》，续修四库全书第1116册，上海：上海古籍出版社，1995年，第285页。

② 同上，第346页。

卷四十。〇亳州牡丹说一卷。花近楼丛书。”[1] 杜泽逊曰：“明刻清顺治三年宛委山堂印《说郛续》内有薛凤翔《亳州牡丹表》一卷、《牡丹八书》一卷，皆《牡丹史》之一部。〇北京图书馆藏清管庭芬辑钞《花近楼丛书》内有薛凤翔《亳州牡丹说》一卷，亦《牡丹史》之一部。”[2]

孙养粹

由贡生任通判，性行倜傥，学有本源。好吟咏，发为诗歌，多愤时伤世之作。旧志载《五难》诸诗，缘生当明季，苕华鱼罶，憔悴矢歌，存之以悲其遇。[3]

江上越吟集 诗集，《明伦汇编·人事典·感叹部》“艺文一”有《弁江上越吟集》一文，属“明孙养粹”。光绪《亳州志》卷十六“艺文志·著述”：“江上越吟一卷，孙养粹撰。”并录“自序”。[4]

秦时雍

字尧化，号复菴，南直隶亳州（今安徽亳县）人，一说永城人（今河南永城）。嘉靖十三年甲午（1534），下第村居；嘉靖二十一年壬寅（1542），县学生员，与县学教谕郑礼创修《永城县志》。嘉靖二十三年甲辰（1544）仲春书成，今存。曾叩阙自言，特拔入国子监，中顺天乡试，嘉靖二十五年丙午（1546）科举人。嘉靖三十年辛亥（1551），官宿松知县。嘉靖三十年辛亥至嘉靖四十年间，尝官宪副。嘉靖四十年（1561），《秦词正讹》刊成。隆庆间（1567—1572）重修永城县志，今不传。约万历初（1573）前后在世。有子秦祉，号次菴。著有《复菴文集》，今佚。存诗两首。

复菴文集 光绪《永城志》卷二十三[5]。

秦词正讹 版本情况详见本书第一章。

① 《丛书综录》，第791页。
② 杜泽逊：《四库存目标注》（三），第1784页。
③ 《光绪亳州志》，第350页。
④ 《光绪亳州志》，第446页。
⑤ （清）岳廷楷修、胡赞采等纂：《永城县志》，光绪二十九（1903）刻，卷23第1页。

王浩

〔明〕亳州人，正德丙寅（1506）岁贡生。

亳州志十卷　《皖人书录》："亳州志十卷（纂），安徽艺文考地理二上（12：6）。"①

夏之臣

字一无，以进士任河间知县，有治行，县人祠之。擢御史，出巡湖广，因掛议旋里，再征不起。辟园南郊，花木自娱，多吟咏，如"黄屋于今谁稷契，清风时至自羲皇。醉客有时觅路人，园丁逐日报花开。"具有超然物外之意。居乡检饬庚从，周旋戚里间，仍若寒素。有醉犯之者，曰："彼为酒困耳，何足较。"人多服其雅量。至地方利害，常向上台力持之，桑梓多蒙其泽。②

评亳州牡丹　一篇，今存。

李梓

蒙城人，附贡生，天资颖异，究心理学，著《教子言》二十卷，世皆称为西桥先生，书今行于世。③

西翁教子言　《西翁教子言》，8卷，李梓撰，李惟一编。哈佛燕京图书馆藏。有天启五年新安余懋衡撰《西翁李先生教子言序》、潘之祥撰《刻教子言叙》、汪元功撰《西翁教子言序》；七世孙武安县知县李朴撰述《西翁祖训》，星源宗人李鍪元书《西翁谱略》，李梓次子李惟一书《西翁集叙》；目录页题"西翁教子言全集"，分"上卷"21篇、"上副"33篇、"正卷"7篇、"正副"9篇，及"广一三教篇""广二""广三""八遗纪"，附128门生题名。缺卷上第二十七页、正编四卷第十六页。

又有青岛市图书馆藏本，题"西翁教子言二卷正篇六卷副篇一卷广篇三

---

① 蒋元卿：《皖人书录》，第183页。

② 《光绪亳州志》，第349页。

③ 《重修蒙城县志书》，第484页。

卷遗记一卷”，《青岛市图书馆藏珍贵古籍叙录》有载[①]。《安徽文献书目》：“李梓，蒙城人，西翁教子言八卷，传抄本。”[②]

李惟一

字君守，蒙城世族，世修学行，自少有志圣贤之道，践履以人伦日用为实，读书以穷理尽性为要，于孔孟心法，日夜勤思，一旦豁然悟太极之礼，洞见天地人物，果无隔碍，遂通圣门一贯之旨，著书数万余言，无所不包，而冠以《太极一贯诸解》，使学者由博之约，下学上达，终始咸备焉。官婺源司训。年八十六卒于家。[③]

太极一贯诸解　《皖人书录》：“太极一贯诸解，安徽艺文考儒家一（17：40），光绪《安徽通志》作李淮撰。”[④] 按，光绪《亳州志·艺文志》作“太极一贯解，明李淮撰。”《江南通志》卷一百九十“艺文志”作“太极一贯解，亳州李惟一。”

杨墀

字丹轩，明代蒙城增生，为人端方廉介，严正不阿。潜心理学，会朱陆之书，得其条贯，著经书疏义、忠孝家规授子侄与惟中，诸弟子多所成就，江淮间咸以为师表。[⑤]

忠孝家规　见蒙城县志。

李东生

字属春，蒙城人，李惟一之孙。崇祯十五年壬午科举人（《江南通志》卷一百三十选举志）。精明聪慧，7岁能文，弱冠丰姿修伟，负经济之略，名动一时。沉潜理学，事母极孝。《民国重修蒙城县志书》卷九有小传[⑥]。

---

① 于婧、张旭丽等：《青岛市图书馆藏珍贵古籍叙录》，济南：齐鲁书社，2014年。

② 《安徽文献书目》，第44页。

③ 《重修蒙城县志书》，第472页。

④ 蒋元卿：《皖人书录》，第621页。

⑤ 《民国重修蒙城县志书》，第473页。

⑥ 《民国重修蒙城县志书》，第475页。

退修庵集 《皖人书录》：“李东生，〔明〕字属春，蒙城人，惟一孙，崇祯壬午（1642）举人。七岁能文，倪元璐奇其才。《蒙城县志》录诗十一首。退修庵集，安徽艺文考别集十（28：38）。”[①]

田鳌

〔明〕字蒙泉，蒙城人。嘉靖癸卯（1543）河南籍举人，官汝宁府教授。王守仁门人。

倦吟集 《皖人书录》：“倦吟集，安徽艺文考别集八（27：11）。”[②]

戴日强

蒙城人，万历戊子（1588）举人，官余杭知县，终天陲同知。《余杭县新志》：“号兆台，蒙城人，由举人万历三十八年任余杭邑。南湖自嘉靖后，塘堰渐圮，为奸民盗决，涨塞为平陆，占佃者蟠结种植其中，天目诸山水骤发，湖不能受，南乡十八里之民漂溺几半，而钱塘延被其害。日强至，悉置豪猾以重法，厘旧疆，躬率民尽辟湖址，纵横十字，培原堤各五里亘湖中。既令土之出有所容，而亦藉堤之力以暂缓洪波冲激之势，于是陡门函堰之制毕，周各设坝夫守之，而湖复故。”（《浙江通志》卷一百四十九名宦四）

万历余杭县志十卷 《皖人书录》：“戴日强，余杭县志十卷（撰），明万历四十四年（1616）刊本。”[③]《四库存目标注》曰：“万历余杭县志十卷，明戴日强撰。两淮盐政采进本（总目）。〇《两淮盐政李续呈进书目》：《万历余杭县志》十卷八本。〇北京图书馆藏明万历刻本，存卷二至卷六、卷九、卷十共七卷。其中卷四又缺第一至九页，卷五缺第五页以下，卷九缺第九十一页以下，卷十缺第九十三页、九十五页、一百页、一百三页、一百五页。卷二首题‘余杭县志卷之二’，次题‘令蒙城戴日强纂修’。半页九行，行十九字，白口，四周单边。记事至万历四十六年，有补版。《四库提要》云‘成

① 蒋元卿：《皖人书录》，第617页。
② 蒋元卿：《皖人书录》，第775页。
③ 蒋元卿：《皖人书录》，第657页。

于万历丙辰’，即四十四年。盖续有增刻也。包背装，四册。《存目丛书》据以影印。”[①]

四库《万历余杭县志》（十卷，两淮盐政采进本）提要云：“明戴日强撰，日强，蒙城人，官余杭县知县。是编成于万历丙辰。分十门，子目六十有二。中间纪载多舛误，如‘沿革门’云汉高帝时属荆吴国，不知汉时余杭为西部都尉治，仍属会稽郡；‘城墉门’云古城在今县溪南，莫详所始，不知《咸淳临安志》载汉熹平二年所改，经两次迁移，至后唐时号为清平军，殊为疏于考订。至第一卷既立山川一门，而九卷又别立径山志，既有古迹一门，又别立洞霄志，更为冗复矣。”[②]

陈光熙《万历余杭县志十卷》提要云：“明戴日强纂修。日强，字兆台，安徽蒙城人，举人，万历三十八年（1610）任余杭知县，以强治有能名。《四库全书总目提要》云：‘（全志）分十门，子目六十有二。中间纪载多舛误，如‘沿革门’云汉高帝时属荆吴国。不知汉时余杭为西部都尉治，仍属会稽郡。‘城墉门’云古城在今县溪南，莫详所始。不知《咸淳临安志》载汉熹平二年（173）所改，经两次迁徙，至后唐时号为清平军。殊为疏于考订。至第一卷既立山川一门，而九卷又别立径山志；既有古迹一门，又别立洞霄志，更为冗复矣。’但作为余杭现存最早的一部志书，仍有相当的价值。有万历四十四年（1616）刊本。”[③]

---

① 杜泽逊：《四库存目标注》（二），第 1063 页。

② （清）永瑢等：《四库全书总目》，北京：中华书局，1965 年，第 647 页。

③ 陈光熙：《中国地方志总目提要》，第 11—14 页。

清至民国

吴楚奇

字南英，号鸿皋，亳州人，康熙壬午（1702）江南乡试解元。性好游，工诗善画，云鹤嵌顶，潇洒尘表。所游名山，辄自绘图赋诗。《亳州志》录诗一首。

吴楚奇著述版本情况，详见本书第一章。

吴灏

字梁溪，号远亭，亳州人。乾隆廪贡生。分发训导，历署太湖、望江、合肥、南陵、英山等县教谕，乞假归。归里后绝意仕进，于宅后隙地筑园亭，颜其室曰半远，盖慕梅之洁、兰之幽、菊之逸，各有一段高远淡远之趣，已欲得其半也。日与李石帆（廷仪）刺史、张竹轩（葆光）、孙吟秋、凌谦斋及潘瑛（兰如）诸诗人相唱和。著有《半远山房诗集》一卷，石帆刺史为之刻行于世。[1] 潘瑛录其诗入《诗萃》，《亳州志》录诗八首。

半远山房诗集　《安徽文献书目》："半远山房诗集一卷，清吴灏撰。

① 《光绪亳州志》，第351页。

嘉庆二年李廷仪刻本。”①

柯愈春《清人诗文总目提要》：“《半远山房诗集》一卷。吴灏撰。灏字梁溪，号远亭，安徽亳州人。乾隆间廪贡生。官太湖、望江、合肥等县教谕。此集嘉庆二年梁州李廷仪刻，安徽省图书馆藏。前有李廷仪及怀宁潘瑛序。潘序称诗共二百余篇，今存仅一百三十五首。其诗冲和闲雅，时有悲壮淋漓之作。《亳州志》载，其集名‘半远’，指‘梅之洁，兰之幽，菊之逸，各有高远之趣，而已欲得其半。’”②

续修四库《半远山房诗集》（一卷，嘉庆二年刻本）提要曰：“国朝吴灏撰。灏字梁溪，号远亭，亳州人，乾隆廪贡，分发训导，历署太湖、望江、合肥、颍上、巢、南陵、建平、英山教谕，乞假归。事迹具《州志·文苑传》。是集一卷，嘉庆二年，知州梁州李廷仪刻。前有廷仪及怀宁潘瑛二序。据瑛序，诗凡二百余篇。此仅百三十五首，疑非完帙。然州志本传及艺文皆作一卷，又似所刻止此也。灏与孙吟秋、凌谦斋、张葆光及廷仪、瑛唱和，瑛称其‘冲和闲雅，不务为苟难而翛然尘外之致，有不可抗者’，并录入《诗萃》。半远者，谓‘梅之洁、兰之幽、菊之逸，各有高远淡远之趣，己欲得其半也。’”③

刘慧

字宿颍，恩贡生，善诗文。少有才名，老而不第，因作《美人愁》十六首以记感慨，如“钟得痴情长惹恨，得来愁骨本无欢。”其佳句也，人争传诵焉。④

随安山馆诗草　《清人诗文总目提要》：“随安山馆诗草，不分卷，刘慧撰。光绪二十三年刻，上海图书馆藏。”⑤

① 《安徽文献书目》，第 172 页。

② 《清人诗文总目提要》（上），第 784 页。

③ 中国科学院图书馆整理：《续修四库全书总目提要（稿本）》（36），济南：齐鲁书社，1996 年，第 486 页。

④ 《光绪亳州志》，第 351 页。

⑤ 《清人诗文总目提要》（中），第 1724 页。

刘兴诗

清末，亳州人，州学生员。光绪《亳州志》跋，属“光绪二十有一年岁在旃蒙协洽孟秋之月既望亳州学生员刘兴诗谨跋”①。

东皋诗存、文存　《安徽文献书目》：“东皋诗存一卷，文存一卷。清刘兴诗撰。民国石印本，一册。”②《清人别集总目》：“东皋诗存四卷补遗一卷文存一卷。清刘兴诗撰，云峰编。民国二十三年石印本（南图）。”③《皖人书录》：“东皋诗存一卷文存一卷，《安徽文献书目》著录，民国二十三年（1934）石印本。”④

孙元炘

字赓虞，亳州人，孙国柱次子，乾隆乙酉（1765）拔贡生。以州判分发四川，改发河南，署永城县丞。以治河功，题补陕州判。事迹具光绪《亳州志》卷十二“人物志·宦绩”。⑤

伺渡纪略　《皖人书录》：“伺渡纪略，安徽艺文考传记三（11：5）。”⑥续修四库《伺渡纪略》（无卷数，钞本）提要云：“清孙元炘撰。元炘字赓虞，亳州拔贡。乾隆初以州判职分发河南，委署永城县丞。值河决，调办南岸新河，以功题补陕州判。当安南来朝时，委办迎泽渡，撰有《伺渡纪略》。”⑦

孙元煌

字剩篛，号云壑，亳州人。乾隆附贡生，性孝友，工诗文。父国柱，官云南马龙州知府，婴疾往迎，跋涉万里，凡山川景物之异，骨肉离合

① 《光绪亳州志》，第555页。
② 《安徽文献书目》，第373页。
③ 王欲祥、李灵年等：《清人别集总目》(1)，合肥：安徽教育出版社，2000年，第529页。
④ 《皖人书录》，第827页。
⑤ 《光绪亳州志》，第332页。
⑥ 《皖人书录》，第261页
⑦ 中国科学院图书馆整理：《续修四库全书总目提要（稿本）》(16)，济南：齐鲁书社，1996年，第133页。

之情，咸寓于诗。《亳州志》录诗十四首。

滇游日记　《光绪亳州志》："《滇游日记》四卷"。《安徽通志》卷二二八"《滇行日记》二卷"①。

剩篘诗钞　《光绪亳州志》"《剩篘诗钞》十六卷"。《清人诗文总目提要》"剩篘诗钞十六卷"提要曰："孙元煌撰。元煌字剩篘，号云壑，安徽亳州人。国柱子。乾隆间附贡生。殁后怀宁潘瑛得其子之堉手录稿，编为《剩篘诗钞》十六卷，嘉庆二年刻，《续修四库提要》及《安徽艺文考》著录。选诗百余篇，多省其父任官马龙时所作，写云南山水景物。滦州李廷仪序，谓其'气清词丽，缠绵悱恻'。"②

续修四库全书《剩篘诗钞》（十六卷，嘉庆二年刻本）提要曰："国朝孙元煌撰。元煌字剩篘，号云壑，亳州人，乾隆附贡生，事迹具州志文苑传。元煌殁后，怀宁潘瑛得其子之堉手录稿，以告知州滦州李廷仪，廷仪嘱瑛选订，得百篇刻之。卷数篇目则仍其旧。有嘉庆二年廷仪、瑛二序。元煌性孝友，尝迎父云南马龙州，跋涉万里，凡山川景物之异、骨肉离合之情，咸寓于诗。廷仪谓其'气清词丽，缠绵悱恻，至性过人，发于不自知。'州志录七古、五律各一首，七律八首、七绝四首，均见集中。"③

按，乌程严海珊评其诗曰："云间裘马"。后试北闱，以文谒大学士杨公椿，评其文曰："云墟月圃，古涧苍厓。"父官云南马龙州知州，因病往迎，著《滇游日记》二卷，有句云："路近时催马，心虚数问人。"其孝行可想见也。④

孙之堉

字蕴伯，号雨亭，元煌之子。家贫好学，与人交，心无城府，人皆亲就之。每晏饮，必邀之，曰："坐无武子不欢"。家贫资修脯以养亲。有姊适韩姓而寡，接与同居，且为请旌，曰"以慰我父母之心也。"遗孤

① 《（光绪）安徽通志》，续修四库全书第 654 册，上海：上海古籍出版社，1995 年，第 51 页。

② 《清人诗文总目提要》（上），第 779 页。

③ 中国科学院图书馆整理：《续修四库全书总目提要（稿本）》（36），济南：齐鲁书社，1996 年，第 486 页。

④ 《光绪亳州志》，第 351 页。

未婚，又为授室，人皆称之。

硕父吟草　藏于家[1]

梁巘

(1710—1785)，字闻山，号松斋。终年七十五岁。乾隆二十七年壬午（1762）举人，由教习授巴东知县，以艰归。念母老，遂绝意仕进，惟肆力于书。初得笔法于宣城梅釴，后以功力精专，苍健遒劲，釴与弟鈖皆自叹为不及。楷宗晋唐，草法二王，于李邕、张从申摹仿尤久，几于神似。碑版遍天下，真迹人尤宝之。与钱塘梁同书，会稽梁国志，有“三梁”之目。诗亦古雅，而为书名所掩，故不传。子伟业，拔贡，官于潜，知县，亦善书。

评书帖　《丛书综录》：“梁闻山先生评书帖一卷。（清）梁巘撰。啖蔗全集附。〇评书帖一卷。念劬庐丛刊初编、美术丛书初编第十集。”[2]

承晋斋积闻录　《安徽文献书目》：“《承晋斋积闻录》一卷，民国三年安庆排印本，一册。”[3]《皖人书录》：“承晋斋积闻录，安徽艺文考艺术（22：6），民国三年（1914）安徽官纸印刷局排印本。”[4]

续修四库《承晋斋积闻录》（一卷，安庆活字本）提要云：“清梁巘著。巘字闻山，工书，与梁同书齐名。此其笔札。一古今法帖论，二名人书法论，三自书论跋，四学书论，五执笔论，六砚论，七印章论，八杂论。闻山于书学致力甚深，论书有心得而语亦切实，与蹈袭前人旧说及好发空论者迥不相同。其生平所嗜惟唐碑，评骘大都允当。所谓古今法帖，兼历朝碑板而言，非专论帖也。论学书则首重执笔，评近代书，以执笔得法与否为断。自言受法于梅釴，釴得之何国宗。国宗得之张照，照得之王鸿绪。鸿绪得之沈荃，荃得之董其昌。授受渊源，确有可据。于张得天书，最所钦服，以为清代第一。次则汪士鋐。于不合唐法者，则多贬辞。其书得力于北海，以气力雄健

---

① 《光绪亳州志》，第 362 页。
② 《丛书综录》，第 922 页。
③ 《安徽文献书目》，第 231 页。
④ 《皖人书录》，第 565 页。

为主。此录分类未尽适当，似非其所自定。论法帖、论书法，往往无甚区别；论书学一门，寥寥数则；论执笔者，亦多不关执笔之语，则排比未善，若重加编次，各以类从，不使重沓散漫，于学书者甚有裨益。书无刊本，美术丛书有《评书帖》一种，乃就此录选钞，非其全帙。自来论书之作，每多浮词，闻山作书，趋重实力，故其论著，亦复简要。评书帖中有执笔歌，而此无之，其以大要已具于执笔论，故删之欤。"①

宝晋斋帖跋　梁巘书于《宝晋斋帖》后。上海书画出版社于2005年影印出版。

张庆

字虔勅，先世宛平人，以父游幕至亳，遂为亳州人。幼好学，于书无所不读，尤嗜史家言。乾隆辛卯，会郑公交泰修辑志乘，延柳湖书院山长王云万纂修，云万素闻庆名，往叩之，一见大悦，遂与参订，期年书成，云万欲其列名于次，庆力辞。②

春秋三礼疏　《光绪亳州志》《安徽通志》卷二二八载。

半癖山房诗文　《光绪亳州志》《安徽通志》卷二二八载。《皖人书录》："半癖山房诗文集，安徽艺文志稿别集十九（32：27）。"③

陈文杰

原名肇迁，字香仙，嘉庆廪生。十一岁咏《金针菜诗》，为知州裴振所器，长益力学，以羸疾卒。

芦花馆诗稿　《光绪亳州志》《安徽通志》卷二二八载。《皖人书录》："芦花馆诗稿，安徽艺文考别集二三（34：26）。"④

马平和

字坦若，亳州布衣，著《淡仙诗草》，有陶韦风致。

① 《续修四库全书总目提要（稿本）》（18），第412页。
② 《光绪亳州志》，第351页。
③ 《皖人书录》，第226页。
④ 《皖人书录》，第830页。

淡仙诗草　《皖人书录》："淡仙诗草，安徽艺文考别集二三（34：31)。光绪《安徽通志》作'淡山仙诗草'，误。"[①]

张允嘉

字宪只，先世自扬迁亳。少颖敏，以咯血辍举业。课诸子特严。长子善佐，积学能文。先是以病究心于医，谓是亦有济于世也。

经验方　集方成册，未梓。[②]

张善佐

字榕仙，乾隆戊子（1768）亳州岁贡，官金匮县训导。幼聪颖，读书手自抄写，尝手钞经传史子及古今文百余卷，著有《六吉堂诗稿》。《亳州志》录诗一首。

六吉堂诗稿　《皖人书录》："六吉堂诗稿，安徽艺文考别集十九（32：21)。"[③] 未梓[④]。

蒋旭

字孟昭，号暗庵，亳县人，康熙时官云南蒙化掌印同知。

蒙化府志　《皖人书录》："蒙化府志六卷首一卷（纂修），安徽艺文考地理二下（13：9)，清康熙刊本。"[⑤]

《（康熙）蒙化府志六卷首一卷》提要云："（清）蒋旭修，陈金珏纂。蒋旭，字孟昭，号暗庵，江南谯郡人，贡生，官蒙化同知。金珏，爵里不详。内厘十五则凡例，分六志，系子目四十二，约六万字，正文分地理、建设、赋役、秩官、人物、艺文。蒙化山川秀丽，又乃南诏故地，有悠久的历史。是志于名胜古迹，古代建筑，寺宇庙坛记述颇多。志中《南诏始末》一篇，

---

① 《皖人书录》，第 798 页。
② 《光绪亳州志》，第 365 页。
③ 《皖人书录》，第 256 页。
④ 《光绪亳州志》，第 351 页。
⑤ 《皖人书录》，第 668 页。

记事详明，追溯原委，足资考证。北京图书馆藏康熙三十七年（1698）原刊本，又有光绪七年（1881）重刊本，云南省图书馆藏光绪七年重刊本。”①

高抟九

亳州人，副贡生。

亳州志四卷 《皖人书录》：“亳州志四卷（纂），安徽艺文考地理二下（13：5），清顺治十三年（1656）刊本。”②

郭钦

字敬庵，亳州人。以岁贡官宿松训导。重道义，能文章，尤长于医，施药济人，全活甚众。

本草补注十卷 《皖人书录》：“本草补注十卷，安徽艺文考医家（20：57）。”③ 未及刊行④。

胡天佑

字硕夫，布衣。筑抱残斋，吟啸其中。尝往来吴越间，遇名山水辄赋诗纪之。著有《谯陵诗钞》行世。⑤

谯陵诗钞 《光绪亳州志》。

孙得伟

字仿山，廪贡生。历署合肥、宿州学官。慕渊明之为人，著《不著一字斋菊花诗》二十四首，意境超旷，有潇洒出尘之致。刊刻行世，亳州学正汪昌善为之序。⑥

---

① 陈光熙：《中国地方志总目提要》，第 23—60 页。
② 《皖人书录》，第 130 页。
③ 《皖人书录》，第 152 页。
④ 《光绪亳州志》，第 372 页。
⑤ 《光绪亳州志》，第 352 页。
⑥ 《光绪亳州志》，第 352 页。

不著一字斋菊花　诗二十四首。

黄崇立

字芦乡。天才不羁，初慕渊明之为人，后乃低首太白，时人有谪仙之目。善书法，兼工篆刻。[①]

独往斋诗稿　恐已佚。

王士雍

清代亳州人，事迹不可考。

等韵筌蹄一卷。　恐已佚。[②]

黄陛

字子纳，顺治初以拔贡知项城县，廉干有声，升茂州知州。建学宫，清粮饷，减税课，致麦秀七歧之异，圣祖仁皇帝有"实心抚爱百姓，感召天和"之褒，赐文锦旌之。以老归。[③]

北上吟一卷、柳砦集一卷　俱黄陛撰。疑已佚。[④]

李长桂

字汉宫，康熙戊子科武举。生母朱氏早亡，抚于继母魏氏，长桂事之如实出己。继母亡，庐墓三年，朝夕饮泣，著有《鸟吟集》，《雪中诗》云："纵然食品罗方丈，那及生前酒一卮。"《庐次漫成》诗云："三载苟全如隔世，一身暂寄已忘家。"语出至性，读者咸为酸楚。墓侧谷秀两歧，白鹤翔舞，桐城张相国（廷玉）为作《来鹤亭记》。乾隆元年举孝廉方正，旋卒。四年，旌表孝子，建坊入祠。尝集古孝行作《孝经纲目》，

---

① 《光绪亳州志》，第352页。
② 《光绪亳州志》，第447页。
③ 《光绪亳州志》，第331页。
④ 《光绪亳州志》，第447页。

并注释。[1]

孝经纲目 卷数佚。

鸟吟集一卷。[2] 疑已佚。

何天衢

亳州人，号缓斋，字在山，乾隆五十二年因分校《四库全书》以廪生钦赐举人（《纂修四库全书档案》[3]）。任广东廉州知府，任上“清积案、劝农桑、葺学宫、立社学、置学田、修养济院”，“善政不可枚举”。道光五年（1825）“捐存柳湖书院育才堂经史子集二百种，以资后学诵习，又捐钱二百五十千文存典生息，每年息钱三千文作为书院管书晒书之费”。与方东树交往甚密，方曾主持廉州海门书院，常随何天衢游，后主持亳州柳湖书院。

（御纂）七经序录 《皖人书录》：“（御纂）七经序录七卷，清刊本。”又《书目答问补正》：“《御纂七经序录》，何天衢录，道光五年刻本。”[4]

十三经注疏序录二卷（辑） 《皖人书录》：“十三经注疏序录二卷（辑），贩书偶记续编著录，清嘉庆间刊本。”[5]

郭玉珍

清末亳州人。

读史摭馀 《安徽文献书目》“读史摭馀二卷。清郭玉珍撰。民国刊本，二册。”[6]

闻见璅录 《安徽文献书目》“闻见璅录一卷。清郭玉珍撰。民国七年

---

① 《光绪亳州志》，第 342 页。

② 《光绪亳州志》，第 447 页。

③ 中国第一历史档案馆编：《纂修四库全书档案》，上海：上海古籍出版社，1997 年，第 1987 页。

④ 张之洞撰，范希增补正：《书目答问补注》，高明路点校，北京：燕山出版社，1999 年，第 261 页。

⑤ 《皖人书录》，第 286 页。

⑥ 安徽省图书馆编：《安徽文献书目》，合肥：安徽人民出版社，1961 年，第 238 页。

刊本，一册。”①

莹山示儿语　　清光绪三十年（1904）刻本。② 又有“民国”七年（1918）刻本，一卷，1册，藏国家图书馆。

黄基

字遂耕，桐城人，寓居亳州。少爱读书论古，学为诗，奔放不可羁，兼精法家言。年二十余游京师，及阮亭王司寇之门，听受有悟，辄焚旧稿，自谓得所依归。故其诗安雅而瞻丽，津逮于渔洋者为多。初应聘威宁，值东川犷酋数反覆，遂耕为当事设谋，擒厥渠魁，安反侧，兵革不顿而夷疆永隶版图。大府咸服其才，争延辟之。北辕南柁间，吟哦不辍，更得江山之助，足迹所至，辄成一帙。始于《水西草》，继有《南游草》，《浙东吟》，《瀔游草》，《摩燕集》，《劫余草》，《棲颍草》，《细阳集》，《谯郡集》，《豫游集》，《大梁怀古诗》，《真源集》。晚依亳牧苏灏，尤称至契，然两俱暮齿矣。苏既卒于官，而遂耕亦寄亳以老，故以《居谯集》终焉。方少壮时，踔厉风发，遇知己辄倾肝沥血。事所待济，当路靡不膝席听剸决。充其深识达才，岂不足以卓然自竖立？乃卒老于捉刀，自伤不遇，手定诸集以付其子承志，思讬诗歌以自见，知之者尤惜其才干焉。③

谯郡集、居谯集　　疑已佚。

何明隽

〔清〕蒙城人。字紫韦，恩贡。

蒙城县志十八卷　　《皖人书录》：“蒙城县志十八卷（纂），安徽艺文考地理二附（14：11），清康熙十五年（1676）刊本。”④ 该志详细情况见本书第三编第二节。

---

① 安徽省图书馆编：《安徽文献书目》，合肥：安徽人民出版社，1961年，第362页。

② 古籍图书网 http：//www.gujibook.com/gujide_67177/

③ 《光绪亳州志》，第375页。

④ 《皖人书录》，第288页。

张确

字介石，号秀三。清代人，蒙城岁贡，事继母以孝闻，著述甚富，举优行不应。尤善岐黄，应手而痊。闻名苏皖，有“张半仙”之称。后又筹集资金，于乡里建“如心桥”，方便乡人。子以谦，诸生，能世其业。

观物篇医说　《安徽文献书目》：“张确，《观物篇医说》四卷，传抄本，四册。”[①]《皖人书录》：“张确，〔清〕字介石，蒙城人，岁贡生。观物篇医说四卷，安徽艺文考医家（20：42），传抄本（安徽省图书馆藏）。”[②]

“成书于清康熙六十年（1721）。本书旨在观自然之物而言医。卷一推阴阳五行生克制化升降，以及脏腑精神血气，以七言韵律述五脏之形态功能；卷二言调摄治未病，治未病须知寒暑、安神、悦乐、导引、吐故纳新、定神、意成等；卷三记录各类病证，有痰、牙疼、痰火、中风、小产等，以及部分医论，如‘勿受补’‘阴阳虚实’等。病证记载的原则为‘已剂效必求其所以’，‘不应亦必深察冥思’；卷四论药性，阐发己见。现存稿本及清雍正十年（1732）观物堂刻本等。”[③]

另外尚有《钟山书院课艺》《夏晓堂太史鉴定》等[④]。

张卓然

〔清〕蒙城人。

补益集　《安徽文献书目》：“张卓然，补益集一卷，传抄本，一册。”[⑤]《皖人书录》：“补益集一卷，安徽艺文考医家（20：54），抄本，安徽省图书馆藏。”[⑥]

---

① 《安徽文献书目》，第255页。

② 《皖人书录》，第233页。

③ 《中国医籍大辞典》，上海：上海科学技术出版社，2002年，第1324页。

④ 《民国重修蒙城县志书》，第488页。

⑤ 《安徽文献书目》，第250页。

⑥ 《皖人书录》，第236页。

陆凤翔

(1777—1824)少习武，清嘉庆二十五年(1820)中武探花，任御前侍卫。一日，嘉庆帝于宫中观赏猛虎，虎野性发作，众将士莫敢降。凤翔跃上虎背，重拳击昏猛虎，为嘉庆赞赏。先后任广东朝阳营游击、三品封典、中军参将及潮州总兵。

兵马韬略　二卷，《蒙城县志》载。①

苏廷煜

(1756—1843)字文晖，号虚谷。清代蒙城人。出身宦门，先后任巢县教谕，江宁府教授。善书法，画梅、兰、竹、菊无不精妙。后习指画，以指竹造诣殊深。其竹分晴、雨、风、雪，尤为人喜爱。晚年居县城马道街，与高龄老人熊体仁、姚修野为友，人称"三寿星"，后此街改为"三星街"。《重修蒙城县志书》卷十一"艺文志"左辅撰《三寿里碑记》记其事。

鸠居集　《皖人书录》："字虚谷，蒙城人。乾隆丁酉(1777)拔贡生，任巢县教谕，升江宁府教授，未赴。鸠居诗集，安徽艺文考别集二十(32：3)。"②《重修蒙城县志书》卷九著录。③

张襄

(1821—1850)字云裳，又字兰卿，蒙城人，殿华女，南丰汤椿室。幼读书极聪慧，十岁能文，兼工诗词。善书画，所绘人物花草昆虫，尽态极妍。旁及韬钤骑射，亦无不精。年十八于归，随夫客京师，未几病卒。《国朝闺秀诗钞》录诗十二首，《碧城仙馆女弟子诗》录十六首，《安徽名媛诗词征略》录诗五首，词一阕。

织云仙馆遗稿　正始续集著录。

---

① 蒙城县地方志编纂委员会编：《蒙城县志》，合肥：黄山书社，1994年，第491页。

② 《皖人书录》，第668页。

③ 《民国重修蒙城县志书》，第480页。

支机石诗 蒙城县志著录。

锦槎轩集 正始续集著录。[①]

按，梁淑安主编《中国文学家大辞典·近代卷》有传，张襄诗词辑见本书第一章。

李迎甲

字春亭，清末庠生。蒙城人学问品行兼而有之，尤长于诗词，名重一时。

娱情诗草 未刊。[②]

李汝为

字逊亭。清末恩贡生。蒙城人孤贫力学，授徒自给，治家严厉。馆邑中士大夫半皆成就。

启蒙字略 藏于家。[③]

陆熙

字际皞，清廪生，隐居在家，工诗，自成一家。

雪巘诗集 《皖人书录》：“字际皞，蒙城人。与兄勋同隐西里唱和，汪雨若赠诗云：‘白昔云间推二陆，于今龙凤又成双。’雪巘诗集，安徽艺文考别集二五（36：26）。”[④] 县志云：“陆熙，字际皞，廪生，元公胞弟，与兄同隐西里，工诗，自成一家。司铎杨朝栻时造其庐，赠有‘陆子隐此不计年’之句，著有《雪巘诗集》《雪庵吟草》。”[⑤]

葛润蘅

字丰泽，号兰渚。道光甲午（1834）举人。好读书，博经史，为养

① 《皖人书录》，第227页。
② 《民国重修蒙城县志书》，第496页。
③ 《民国重修蒙城县志书》，第496页。
④ 《皖人书录》，第830页。
⑤ 《民国重修蒙城县志书》，第487页。

正书院主讲。事迹、著述见《重修蒙城县志书》卷九[①]。《重修蒙城县志书》卷十一“艺文志”录《中丞英公存蒙碑记》一篇。

本性斋诗稿　《皖人书录》：“本性斋诗稿，安徽艺文考别集二四（35：21）。”

蒙城葛丰泽等七人诗集　《安徽文献书目》：“蒙城葛丰泽等七人诗集七卷，民国传抄本，一册，安徽通志馆蒙城采访处编。”[②]《皖人书录》：“蒙城葛丰泽等七人诗集（辑），抄本。”

史论待商　《皖人书录》：“史论待商，安徽艺文考史评（12：14）。”[③]

兰渚杂撰　光绪《重修安徽通志》卷二百六十三上：“葛润蘅，字丰泽，蒙城举人，著有《四书待商》《史论待商》《兰渚杂撰》《本性斋诗稿》。蒙城县志。”

按，《重修蒙城县志书》云：“四书惜付兵燹，诗稿亦颇散佚，惟《试帖集》尚全，《史论》《杂撰》俱存。未刻，子贡生文琴藏其稿。”[④]

戴华光

字丽亭。清代监生，授州同知。博诗书，好歧黄。凡有病症所求，即前往。故邑里人多赖以生。[⑤]

十二经补泻温凉药　《中国医籍大辞典》：“十二经补泻温凉药，一册。清戴华光（字丽亭）撰。成书年代及内容未详。见民国四年《重修蒙城县志》。”[⑥] 亡佚。

六十四门药性分类　《中国医籍大辞典》：“六十四门药性分类，一册。清戴华光（字丽亭）撰。成书年代及内容未详。见民国四年《重修蒙城县志》。”[⑦] 亡佚。

---

① 《民国重修蒙城县志书》，第 489 页。
② 《安徽文献书目》，第 335 页。
③ 《皖人书录》，第 674 页。
④ 《民国重修蒙城县志书》，第 489 页。
⑤ 《民国重修蒙城县志书》，第 582 页。
⑥ 《中国医籍大辞典》，第 1601 页。
⑦ 《中国医籍大辞典》，第 1618 页。

本草述要　《中国医籍大辞典》："本草述要，四卷。清戴华光（字丽亭）撰。成书年代及内容未详。见民国四年《重修蒙城县志》。"①

戴天锡

字方伯，清代太学生，戴日强五世孙。通岐黄，善痘疹。每于未见痘之先预定生死，所言皆应，故远近显名，呼其神医。

痘疹心传　草本②，"民国"四年（1915）《重修蒙城县志》载。虽云传世，然今未见。

戴文炳

字芝所，号呰窳子。清代蒙城人。好读书，精岐黄。有兵科督练王之晋奉命江淮，路中寒疾，至寿春病作，偶得《呰窳子伤寒权法》一书，按方治之，一服而愈。王以数金购其书，载京师。时畿内大疫，以方治之，全活甚众，因作《呰窳子传》。

伤寒权　《皖人书录》："伤寒权，安徽艺文考医家（20：48）。"光绪重修《安徽通志》卷二百六十三上作"伤寒权"，《安徽人物大辞典》作"伤寒权法，全书3卷"。③《重修蒙城县志书》云："蒙邑令傅公振铎，服其方妙，为序其书焉。"④

脉决约言　《皖人书录》："脉诀约言，安徽艺文考医家（20：48）。"⑤《安徽人物大辞典》录作"伤寒权脉决约言"，恐误。

戴乔龄

字寿山，号痴叟，蒙城人，县学附生。咸丰三年（1853）冬，与同邑冯瑞章、武硕夫，晤于翠竹山房，赋诗唱和，因录为集。

---

① 《中国医籍大辞典》，第1626页。

② 《民国重修蒙城县志书》，第582页。

③ 戎毓明主编：《安徽人物大辞典》，第1034页。

④ 《民国重修蒙城县志书》，第581—582页。

⑤ 《皖人书录》，第659页。

三寿诗集　《皖人书录》："三寿诗集，安徽艺文考总录三（39：14），钞本未刊。"①

武顽夫

〔清〕蒙城人。

三寿诗集　《皖人书录》："三寿诗集（与戴乔龄、冯瑞章同编），安徽艺文考总录三（39：14）。"②

冯瑞章

〔清〕号拙翁，蒙城人。

三寿诗集　《皖人书录》："三寿诗集（与戴乔龄、武顽夫同编），安徽艺文考总集三（39：14）。"③

丁漱谷

（1826—1891）名曾艺，字树嗀，号漱谷、半弓园居士。少随伯父丁椿茂读书，书房遍贴王、颜、柳、苏、赵诸家字帖，朝夕揣摩。常在沙盘上练字。后受宿县书法家刘天赐指教，又苦练十载，终成名家。书法属山林派，字体苍劲，潇洒自如，传入京师，颇受赞誉。同治十二年（1873）被录为正贡。安徽学政祁世长深爱其才，光绪六年（1880），祁升任礼部侍郎，邀他进京，被婉言谢绝。

仰止斋诗集　收录他的诗作300余首。④

黄与绶

字超青。清末廪贡生，十余岁能为文章，工诗赋，通经史，性尤孝。历任凤阳府教授，太平、庐州府训导，怀远教谕。1913年与于文斗等组

① 《皖人书录》，第652页。
② 《皖人书录》，第272页。
③ 《皖人书录》，第551页。
④ 蒙城县地方志编纂委员会编：《蒙城县志》，合肥：黄山书社，1994年，第493页。

织孔教会，任副会长。著有《七乐篇》《戒烟诗》等。①

蒙城县志十二卷　　《安徽文献书目》："黄與绶，蒙城人，蒙城县志一二卷，民国四年排印本，八册。"②《皖人书录》："黄与绶〔民〕字超青，蒙城人。曾官庐州府学训导。蒙城县志十二卷（纂），《安徽文献书目》著录，民国四年（1915）排印本。"③ 另见本书第三编第二节。

陆品三

（1885—1962）名悦欣，号隐仙。清末监生。工诗文，喜金石，尤精书画，所作《百蝶欢》图栩栩如生。著有《棠棣吟》诗集，《陆氏族谱》和《陆氏古今名人绘画》。④

陆氏古今名人图绘　　《安徽文献书目》："陆悦欣，蒙城人，陆氏古今名人图绘，不分卷，民国三三年绘本，一册。"⑤《皖人书录》："陆氏古今名人图绘不分卷，《安徽文献书目》著录。民国三十三年（1944）绘本，安徽省图书馆藏。"⑥

邓鉴堂

（1860—1938）字子莹，号淡仙。清末贡生，1908 年与张桂萼等组织"劝学所"，后任安徽省通志馆采访员。民国初与杨景松、张子杨等创办"漆园诗社"，为重修蒙城县志主要编纂人之一。后以行医、教书为业。著有《邓子嘉言》《淡仙文集》《金石考》《性理补》等，今县志存有《艾河辩》及部分诗稿。⑦

管见随笔四卷　　《皖人书录》："邓鉴堂，清，字子莹，蒙城人。管见

① 戎毓明主编：《安徽人物大辞典》，第 1035 页。
② 《安徽文献书目》，第 366 页。
③ 《皖人书录》，第 936 页。
④ 戎毓明主编：《安徽人物大辞典》，第 1038 页。
⑤ 《安徽文献书目》，第 362 页。
⑥ 《皖人书录》，第 944 页。
⑦ 戎毓明主编：《安徽人物大辞典》，第 1036 页。

随笔四卷，安庆图书馆古籍书目著录。抄本，安庆市图书馆藏。”①

杨景崧

(1872—1942) 原名春峰，25 岁中秀才，迫于生计，入城经营药业，创办“存仁堂药号”。经商之余学诗，后于“民国”十年（1921）召集成立“漆园诗社”，于 1935 年在其后院兴建“卧云楼”作为藏书楼，并在卧云楼上建“风月亭”作为诗社活动场所。二十余年得诗文 700 余篇（首）。汇集编纂成《卧云楼诗存》《风月亭集》和《旧雨集》，石印发行。

卧云楼诗　存上、下两卷，杨景崧著，“民国”二十六年，蒙城文化书局。现存蒙城县志办公室。

风月亭集　上、下两卷，杨景崧等，“民国”二十六年，亳县翰记石印馆。杨景崧汇集漆园诗社诗作而成，现存蒙城县志办公室。②

张桂萼

(1867—1940) 字梦楼。秀才。诗文皆佳。1909 年任县议会副会长。1913 年任孔教会副会长。后致力于办学育人，为安徽通志馆采访员。③《漆园古今》第八辑陶明山撰《张桂萼和他的〈集俗语劝人诗〉》一文对其生平事迹有介绍。

集俗语劝人诗　集诗 42 首，存魏殿兴手抄本。有自序和邓鉴堂跋，并自序作诗缘起 5 首、和诗。四十二首诗依次是：开宗明义、劝孝一首、劝友爱一首、劝睦族一首、劝善处亲邻一首、劝人放开眼界一首、劝人取友一首、劝信一首、劝俭一首、劝立志一首、劝人要自立不可存观望之心一首、劝人勇进不可畏难一首、劝人要有主张不可性急一首、劝人进取莫灰心一首、劝人养晦一首、劝人做事要做到归宿处一首、劝人莫要妄想一首、劝人知足一首、劝人破除迷信一首、劝人谋生计免致日后作难一首、劝人习手工一首、劝人勿懒惰一首、劝人莫赌博一首、劝人莫吸食鸦片一首、劝人守业二首、

---

① 《皖人书录》，第 275 页。

② 蒙城县地方志编纂委员会编：《蒙城县志》，合肥：黄山书社，1994 年，第 415 页。

③ 戎毓明主编：《安徽人物大辞典》，第 1036 页。

劝人莫望人援助一首、劝炎凉一首、劝人行方便一首、劝人勿剥削一首、劝人莫欺压乡邻一首、劝人化除意见一首、劝人息讼一首、劝人冷静四首、劝安遇三首。[1]

冯简斋

(1885—1958) 原名居敬，17 岁考中案首。20 岁入安徽优级师范，23 岁起历任蒙城县高等小学校长、安徽省立第三师范教员、淮西中学教员。1933 年去山东济南，任警备司令部教官。1938 年回蒙城创办育德小学。1940 年后历任涡阳中学、双涧简师、阜阳师范、宿县中学文史教员。中华人民共和国成立后在蒙城联中任教。1954 年被选为蒙城县人民代表，同时被聘为安徽省文史研究馆馆员。[2] 另外《漆园古今》第二辑载白和顺撰《蒙城教育家冯简斋》文，分生平传略、治学成就、生活作风三部分介绍冯简斋。

念四史识小录　（疑“念”或当作“廿”）

经传释词补　四本十二卷，“民国”二十三年成，现存完整手稿。

各经地理简释

毛诗草木鸟兽虫鱼集释　未脱稿

国学门径　“民国”三十年后

俗字典　“民国”三十年后

帚金室经诂　“民国”三十年后

左传地理简释　皆“民国”三十年后[3]

王呈祥

〔清〕字瑞臣，蒙城人。光绪间任芜湖教谕。

王瑞臣诗稿　《皖人书录》：“王瑞臣诗稿，安庆图书馆古籍书目著录，

① 陶明山：《张桂萼和他的〈集俗语劝人诗〉》，《漆园古今》第八辑，1990 年，第 242 页。
② 戎毓明主编：《安徽人物大辞典》，第 1037 页。
③ 白和顺：《蒙城教育家冯简斋》，《漆园古今》第二辑，1984 年，第 40 页。

抄本，安庆市图书馆藏。”[①]

李锡斌

〔清〕字文甫，蒙城人。光绪增生。

退守轩诗草　《皖人书录》：“退守轩诗草，安徽艺文考别集二八（37：23）。抄本，安庆市图书馆藏。”[②]

陈芷馨

芷馨字湘亭，蒙城人。同治岁贡，光绪六年卒，年五十八。事迹具《县志·儒林传》。

湘亭诗稿　《皖人书录》：“湘亭诗稿（从孙鸣杰辑），安徽艺文考别集二七（37：1），藏稿未刊，安庆市图书馆藏传抄本，题陈芷馨诗稿。”[③]

续修四库《湘亭诗稿》（一卷，钞本）提要云：“国朝陈芷馨撰。芷馨字湘亭，蒙城人。同治岁贡，光绪六年卒，年五十八。事迹具县志儒林传。诗一卷，都百余首，乃从孙鸣杰所辑，前有民国二十四年甥张桂尊《序》及鸣杰撰《行述》，抄本未刻。芷馨有《闻写》句云‘诗学渊涵，味有酸咸，未历其境，愿无多谈’，又云‘境外有境，如透重关，自矜峻岭，忘却高山’，又云‘学浅浮靡，何足为才，杜老诗圣，万卷得来’，又云‘好毁寡，卑人自尊，公甗持平，实获我心’，又云‘好言性灵，岂无典型，仓山一老，字字经营’。公甗谓刘体仁，仓山谓袁枚。观其所论，盖虽重学殖，而亦不废性灵者也。”[④]

陈□□

字式度，芷馨子，恩贡生，喜栽花竹，吟赏其间。尤好登山临水，感怀古今。

---

① 《皖人书录》，第193页。
② 《皖人书录》，第620页。
③ 《皖人书录》，第842页。
④ 《续修四库全书总目提要（稿本）》（36），第485页。

三梧诗草　未梓。①

马一斋

（1902—？）名成源，字漪斋。以教书为业，抗日战争爆发后，著有章回小说《神州奇侠传》《可怜的家庭》等，并钻研医术。中华人民共和国成立后边教学边行医。

伤寒论透析、伤寒论精义②

叚克忠

字心传，少失怙，业儒，因母多病，弃儒就医。著有《济世宝囊》二卷，后人用其方，辄效验入神。

济世宝囊③　二卷，疑已佚。

李中孚

清代蒙城人，岁贡生，年十三入邑庠，青年食饩，试辄优等。出贡，候选训导，与诸生熊体仁、姚显相以学行兼优、寿至百岁，前雷琼道左公建三寿坊。

四书条解　《重修蒙城县志书》卷九，疑已佚。④

葛鸿奕

字骏卿，号小湖，嘉庆庚申科副榜。事亲极孝，虽严寒盛暑，终日侍立无倦容。事继母无异。所生子孙列黉宫食饩，诣岁贡登贤书者继继绳绳，甲于一邑。年七十岁课子授徒，犹好学不倦。

教子琐言　被兵燹销失，《重修蒙城县志书》卷九。⑤

① 《民国重修蒙城县志书》，第494页。
② 戎毓明主编：《安徽人物大辞典》，第1039页。
③ 《民国重修蒙城县志书》，第581页。
④ 《民国重修蒙城县志书》，第487页。
⑤ 《民国重修蒙城县志书》，第488页。

马敦仁

〔清〕字朴仙，涡阳人，恩贡生。

涡阳县志十八卷首一卷　《皖人书录》："涡阳县志十八卷首一卷（纂），安徽艺文考地理二附（14：44），民国十五年（1926）排印本。"① 今存。另见本书第三编第三节所录马敦仁《涡阳县志跋》。

箓竹轩文集　《皖人书录》："箓竹轩文集四卷，民国二十三年（1934）排印本。"又，国家图书馆藏，四卷二册，1934年铅印本，王大球辑。

箓竹轩诗钞　《皖人书录》："箓竹轩诗钞十二卷，民国二十三年安庆排印本。"

箓竹轩游记四种　《皖人书录》："箓竹轩游记四种，四卷，民国十六年（1927）石印本。按：是书子目有《北游日记》《南游日记》《梦中西湖游记》《西湖游吟草》。"② "民国"《涡阳县志》卷十六有《梦中西湖游记序》。③

王佩箴

涡阳人。

涡阳县志　《安徽文献书目》："王佩箴，涡阳人，涡阳县志一八卷，民国一三年排印本，七册。"④《皖人书录》："王佩箴，〔清〕涡阳人，涡阳县志十八卷（纂），民国十三年（1924）排印本。"⑤

陆怀古

陆怀古〔清〕字薪传，涡阳人，岁贡生。

学庸讲录　《皖人书录》："学庸讲录四卷，安徽艺文考四书二（6：

---

① 《皖人书录》，第797页。
② 《皖人书录》，第797页。
③ （民国）黄佩兰修：《涡阳县志》，台北：成文出版社，1970年，第698页。
④ 《安徽文献书目》，第332页。
⑤ 《皖人书录》，第179页。

18)。”[①]

袁大化

(1851—1935)字行南,涡阳人。幼时进学入廪,1891年去关东,受李鸿章赏识,派充漠河采金总办。经营8年,每年盈余万计,升二品衔道员,戴花翎。1898年回涡阳省亲,与徐州总兵刘青熙谋划,镇压刘朝栋起义。1900年暂署清河道,镇压义和团。《辛丑条约》后,俄国欲盘踞东北,与匪首田七、田立本等勾结,四处侵扰,袁设伏尽歼匪徒。1911年任新疆巡抚,捕杀新疆革命党首领刘仙俊等人。革命军进攻迪化时逃离新疆,蛰居天津。“民国”初年,张勋复辟,授予袁议政大臣。吴梅《霜崖戏曲集》有《袁大化杀贼》一出[②],演袁大化东北拒俄事。

抚新纪程 《安徽文献书目》:“袁大化,涡阳人,抚新纪程二卷,商务排印本,二册。”[③]《皖人书录》:“抚新纪程二卷,《安徽文献书目》著录,又名辛亥抚新纪程。清宣统三年(1911)天津商务印书馆排印本;民国上海商务印书馆排印本,附《壬子回程记》一卷。”[④]

新疆图志一百十六卷首一卷 《皖人书录》:“袁大化〔清〕字杏村,涡阳人,光绪初进士,官终新疆巡抚。新疆图志一百十六卷首一卷(修),清宣统三年(1911)排印本,民国十二年(1923)东方学会排印本。”[⑤]

袁大化著述详见本书第一章。

田振邦

字治臣。清亳州田楼(今属涡阳县)人。1862年应募参加淮军,因功升桂锡桢部第一骑兵管带。后随张曜在嵩武军任左路右营营官,攻下甘肃河州,升千总。1886年随左宗棠军平定新疆,升参将,赏戴花翎,驻防喀什。1889年豫抚倪文蔚成立威靖营,任统领。1894年兼任河北镇

① 《皖人书录》,第830页。
② 吴梅:《吴梅全集·创作卷》,王卫民校注,石家庄:河北教育出版社,2002年。
③ 《安徽文献书目》,第212页。
④ 《皖人书录》,第624页。
⑤ 《皖人书录》,第624页

总兵。1909 年任荆子关副将，次年任四川道昌镇总兵，后任四川提督。曾在甲午之战中进驻安东九连城抗击日军。先后参加镇压哥老会、嵖岈山义军、四川大凉山彝族人民抗清斗争。

平蛮始末记　“民国”《涡阳县志》卷十六“艺文”节录。[①]

① （民国）黄佩兰修：《涡阳县志》，台北：成文出版社，1970 年，第 677 页。

第三编　亳州市方志录要

亳州市现辖谯城区、蒙城县、涡阳县、利辛县。以谯城（原亳县）、蒙城为古，涡阳县设于清同治三年（1864），利辛县设于1964年。本编所录志书止于“民国”所修，录提要、序跋，以为概览。

第一节 亳州（谯城）志录要

据考，称《亳州志》者有9种，存6种，其中明成化十八年（1482）贺思聪修《亳州志》未刊，明弘治十七年（1504）王浩修《亳州志》已佚失，清乾隆五十五年（1790）章学诚修《亳州志》未刊。光绪《亳州志》卷二十著录有此前的州志。另存民国《亳县志略》1种，清代《亳州金石志》1种。程立中撰《亳州旧志研究》一文对亳州旧志编纂源流、编纂理论、体例结构、文献价值等进行了分析，请参看[①]。

〔嘉靖〕亳州志四卷 刘尚恒《〔嘉靖〕亳州志四卷》提要："（明）李先芳纂修。先芳，字符卿，山东濮州（今鄄城）人，嘉靖末任州同知。考亳州志创修于明成化，正德续修，今均不存，是志为现存最早州志。是书据正德初年石墬修、王浩纂的十卷本州志删益而成，记事止于嘉靖四十四年（1565）。全书分作纪、图、表、考、传五纲，二十三目。体例庞杂冗滥，与史书多有相混，如因殷帝、曹魏事而作商纪、魏纪，图表列帝系，人物有后妃纪，皆不合志例。所录资料，既未广征，又不暇考订。如老子列为州人，绝系无据，甚而'秩官表'中一人而两见，草率可知。有嘉靖四十四年（1565）刻本。"[②]

明苏祐序曰："亳州，高辛氏之所都也。迨成汤居亳，表正万邦。至周，李耳生濑乡，为柱下史，潜德犹龙，而亳遂为望地。往岁乙未，尝按其地。西原薛考功养疴于家，会晤各有赠言，因阅所著《老子集解》，益信地灵钟毓。不偶别来，几三十载矣。悬车林薮，衰老相寻，卜筑郊野，禁足一室，若为静摄之计。符卿李君伯承，谪贰亳州，偶以使事还，过濮上，出所撰《亳都志》见示。而郡守孙君克廉，载以书币来请序。盖二君皆同乡，符卿氏，复里人。词翰亲暱，尤难力辞。纵读数过，恍如按郡时。而章往阐幽，

① 程立中：《亳州旧志研究》，合肥：安徽大学硕士论文，2010年。

② 陈光熙：《中国地方志总目提要》，第12—26页。

上探下述，追宗史氏之体，翩翩称作者。且抚台南岷王公，巡台肃庵朱公，臬台河汀王公，皆属意斯文，风猷宏树；孙侯赞襄兴起，符卿氏展布藻思，为一方信史。使郡人小惩而大诫，得以寡过，何其际也。且予菲薄，发种种，偃仰一邱，颐养谷神，窥柱下史门墙，莫知底定。今读郡志，而流览表传，所谓不出户庭知通塞也，其禁足之义益宣鬯矣。是故览商、魏‘表纪’，则三风十愆、欺天虐民者，知所禁矣；览‘秩官’‘人物’诸表传，则贪墨见褫、雄据而肆欺隐者，知所禁矣；览‘建置’‘田赋’‘学校’‘兵卫’‘材胥’‘古迹’诸考，则曲防厚敛，青衿在城阙，尾大不掉，舞文法、老死无称述者，知所禁矣；览‘忠义’‘孝友’‘隐逸’‘烈女’‘方外’诸传，则悖天常，琐尾声利，贰心闺阃，藉苦空而弋愉乐者，知所禁矣。之数者，咸有所禁而不敢为，则理财正词，禁民为非者，莫辨乎志矣。文献不有足征已夫！兵部尚书苏祐撰。”①

〔顺治〕亳州志四卷　宫为之《〔顺治〕亳州志四卷》提要：“（清）刘泽溥修，高抟九纂。泽溥，陕西华州（今华县）人，进士，顺治十一年（1654）任。抟九，州人，明经。是书奉檄于顺治十二年修，‘竟岁，获睹成书’，顺治十三年付梓。记事止于顺治十二年。正文分四卷二十五目，约十三万字。是志归类不当，有碍志体。但艺文较详，收入两篇《汤陵碑记》，实是商汤故都考，碑文云：‘西亳在偃师，皇谧辨其非汤所都明矣’。但 1959 年河南偃师（西亳）二里头考古发掘证实了是文的结论是错误的。然其资料翔实，为后来乾隆五年（1740）《亳州志》的‘亳都考’及乾隆三十九年《亳州志》的‘亳都考’提供了线索。有顺治十三年（1656）刻本。”②

刘泽溥序曰：“不佞束发受书，每阅《商书》及《商颂》六篇，则三复者久之，喜其气醇风穆，敬天慕祖，制作简严明肃，而风愆之训，六事自责，俨然若闻其声息焉。作而叹曰：是虞夏之遗乎！幸而筮仕，得典亳郡。驱车至郊，目其土俗风物，殊觉有异。及接绅衿耆老，悉朴诚愿谨，无多谬巧。视事近二载，又见案无嚣讼，士鲜屈节，婚丧鲜逾越之文，鄭鄙安服食之素，先王之遗俗善政，迄今殆存焉者乎？予喜逢善地，得抚嘉师，惟恐表正不力，

① 《光绪亳州志》，第 545 页。

② 陈光熙：《中国地方志总目提要》，第 12—26 页。

有负所学。于是厚自濯磨，与士民共厉古处。但虑亳经兵火之余，害气方除，瘠颜未展，图之，未易为力耳！会督学李公校士江南，首奉部议，崇文修献，遍下所部，征求志书。予乃诣泽宫、集绅衿，择博洽者数人，俾网罗旧文，刻期副命。然而旧志湮没阙略殊多，近事荒唐，考稽未详。延至竟岁，获睹成书。世系、分野如指诸掌。其间如桑林之祷，解网之仁，桐宫之迹，伊训所藏，悉皆闻符所见，无一不确。其余若星园之道德，华山之高隐，魏武之雄图，陈思之掞藻。近而如考功之文章气节，方伯侍御之勋伐吟咏，以及素士敦行，韦带蹇修，匹夫匹妇蒙难履霜，英魂义骨崚嶒霄汉，皆于寸颖墨渍中，全盘托出。且钱粮徭役，因时繁简，勒之成书，以俟后贤。惟公惟慎，罔敢恣臆，庶可谓不负纂修者矣。然而尤可喜者，弁志之言，出自宗公，发皇卓厉，古穆风高，则亳志得公言而愈光，较他郡乘似为过之。余鞅掌簿书，而分无文采，拙守一方，惟思踵圣教之遗徽，安温恭之雅则，与郡士人乐观终始。庶初学一念，不以当官渝之，此夙夜勤思而惟恐不逮者也。若谓笔削之事，修明自我，非所敢任也。知亳州事关中刘泽溥撰。"①

李来泰序："亳，在明尝为县，更长官为令，已复为州，然卒无属，属凤阳。予顷来江南，始入自亳。见其城壮，多宽乡，道滨河。经寇马后，犹为四方辏集，疑不可以小国寡民之治治者。盖亳之为亳，古矣。非独汉为谯郡豫刺史治处，与夫唐宋名臣迭居，列在紧望已耳。而成汤之国、高辛氏之墟皆在焉。会予视事，下所部各理志乘，而州守同年刘君遂先报成书。所参预撰属者，则亳人高明经搏九也。其立例简约而不陋，褒称而不侈，'人物志'颇得其实。然亦叹旧志芜没难考、近事稀阔不传，而以科第寥寥为歉。予则谓：《书》之缺遗，亡害也。《商颂》初得十二篇，俄亡其七，然而《伊训》《说命》万古言性、言学之祖。其先契，司徒，敷虞教，卒之。少而逢掖、长而章甫于宋者，非汤孙哉？则商人之文献可知。姑举亳近代，如薛考功之直节也而文，李方伯之宦业也而文，一不为少，二犹不足。而至远引五千言，下逮陈王藻思为张楚耶？吾见亳且日起，而刘君能以文采饰伧荒而振德之，不为无功也巳。予所助志垂成者有二，崇祯中州守叶公景先生，年友也，有《公斋纪事》，知其守亳事尤真，特丧乱后佚弗传耳，然今志固云民思公，久

① 《光绪亳州志》，第546页。

而不忘矣。而《魏武帐殿记》在亳言亳，不得不以穆伯长，故存之。盖亦正考父、周太师之遗意乎？顺治丙申八月朔，督学使者临川李来泰撰。”①

〔乾隆五年〕亳州志十六卷 宫为之《〔乾隆五年〕亳州志十六卷》提要：“（清）华度修，蔡必达纂。度，字可含，号研斋，浙江余姚人，以荐授金檀知县，移亳州知州，历官至江西抚州府知府。必达，爵里待考。是志倡修于乾隆二年（1737）初，‘逾年志告竣’（刘恩沛序），至乾隆五年付梓。《亳州志》王浩首创于正德初年，共十卷，李先芳知州二修于嘉靖中，知州刘泽溥三修于清顺治十三年（1656），是志属四修。在此之前，知州尤拔世、卢见曾具议纂修，皆旋即升迁而未竟。是志以顺治刘志为蓝本，然较刘志稍繁。是志无蠲赈，另建置沿革为志乘纲领，是志于其分合及季世纷争，时属南属北，俱不详晰，此皆为是志不足之处。嵇康原上虞人，因避乱家于铚（今安徽宿县），列入乡贤，有为乡里争贤之疑。人物中有曹冲、曹植、华佗等不少三国时人物传，为三国史的研究保存了重要资料。有乾隆五年（1740）刻本。”②

华度序：“亳志自顺治辛丑岁修辑以来，于今七十余载。百年之事实，除赋役外，一无可征，亦一邑之缺事也。我国家列圣相承，重熙累洽，虽山陬海澨，皆一道同风。亳地属在一隅，实淮豫之交壤，南北通衢，中州锁钥。其间名贤之所布政，人物之所钟生，稽之前史，彰彰犹在。则此百年中，岂无有宣化之良牧，政绩可观；修行之乡人，品谊足述，以副至治之隆者乎？乃待载既已有年，传闻亦将奄息。至有问各守吏之姓名，且不能尽数者，他可知矣。夫莫为之纪，虽美而弗传；莫为之文，虽传而弗著，上无以表圣朝一方之雅化，下无以扬邦人潜德之幽光。而且使一郡之志典，徒有此残编断简，仅载前朝之数事而止，任斯土者，亦安得而不为之惄然也。乙卯冬杪，余自金邑承乏于亳，见旧本零落错乱，残缺不堪，当时即思订修，以鞅掌伊始，次第未遑。丙辰秋，郡绅士公请兹事，已知众志相符，当即据详上宪，择任宿士，细谘邑人。旧有者，各归各项，分清眉目，浮伪则去之，遗漏则增之；新入者，核之共闻，本诸确见，既屏伪以存真，亦求简而可括。至于年远人遥、沧桑迁变，耳目之所难及、考证之所无从，或仍其旧，或阙其疑，

① 《光绪亳州志》，第545页。

② 陈光熙：《中国地方志总目提要》，第12—27页。

虽至人亦有所不知，诚无可如何之事也。盖志犹史也，例有一定，笔贵精严，是非不失其实，褒称惟当其宜，含糊固属未协，穿凿亦所无庸。试观列朝文史，其规模之整饬，字义之精覈，有不容差之毫厘者。笔墨之事，诚不得苟焉者也。志中有史无明文，两存其说，如木兰女，系元魏朝人，又以为隋末事是也；有功勳性理，不得例以方外，如陈希夷，学启周、邵，应列之人物考中是也。他之或因或革，不可枚举，无非悉心斟酌，以为信志。凭臆而出，任我作议，非所取矣。阅有八月而告成。复质之同学，补其不逮。一郡之事，付之一郡之公评，使由此而无滋后人之议焉，则幸甚矣。若夫亳为江南胜地，而科第寥寥数人，都人士每以为歉。窃意治化之隆，以渐而遍及，当此文明日盛之时，将来应有如薛考功之品谊、李方伯之勳猷，以续增此志之光者。惟在有志之君子，深自奋励，承菁莪之化育，著不朽之规为，而为桑梓增色于靡涯也。是又不佞之所厚望焉尔。乾隆三年岁次戊午孟冬知亳州事华度撰。”①

刘恩沛《亳州志跋后》：“余家世居山右，自先世宦游中州，始居于亳，遂为亳人，迄今将百载矣。凡亳之前贤往哲，懿行嘉言，每读旧志，辄低徊慕之，而不能置粤稽。顺治辛丑，虽经修辑，其中考核未当、缺略尤多。且相沿日久，陈编就蠹，往迹将湮，居斯地者能不目击而心惊乎？余自癸卯解组归里，自分衰朽不能有为，杜门课子，外事不敢过问，独辑志书则耿耿于衷而不忘也。顾勷其成者在邦人，主其事者在守牧。而迩来之官是土者，或鞅掌之未遑，或迁调之无定，如前太守尤公拔世、卢公见曾俱议纂修，旋即升迁，未竟所志。岁丙辰，华公度，下车伊始，即欲修之，诸绅士无不勇往从事。踰年，志告竣。正订前书，续增后事。未当者，考核而精详；缺略者，搜罗而补辑。纂言纪事、纲举目张，披阅之下，明如指掌矣。夫亳与中州接壤，民人质直，风气淳厚，钟灵毓秀，贤哲代生，秦汉以前无论，已魏晋而下，若夏侯氏之孝友、陈图南之性理、鲁参政之忠直、薛考功之谏礼、李方伯之勳猷，皆古今所稀少，桑梓之典型。今一展卷，其风穆然，其人如在。睹遗文而思振兴，景前贤而勤则傚。则亳之伟人杰士，将济济其日出矣。是华公之修辑，为功于亳者甚巨，而余以衰老之年，幸从诸同人后，共襄盛举，

① 《光绪亳州志》，第 547—548 页。

质之素心，其亦差堪自慰也。夫时乾隆戊午孟冬行人司行人里人刘恩沛撰。”①

〔乾隆三十九年〕亳州志十二卷首一卷 宫为之《〔乾隆三十九年〕亳州志十二卷首一卷》提要：“（清）郑交泰修，王云万纂。交泰，广东香山（今中山）人，贡生，乾隆三十五年（1770）任知州。云万，江苏无锡人，原任湖南芷江知县。是志倡修于乾隆三十七年，乾隆三十九年付梓。记事止于乾隆三十七年秋。正文分为十二类三十一目，约二十四万字。内容翔实。亳县是全国四大药地之一，古迹中记载了‘唐武德中析城父置药城’，为中国医药史提供了重要资料。订讹中收有‘木兰’，其中云：‘奏请省视还谯’，为花木兰是亳县之说提供了依据。是志考据确凿，如《左传》：‘帅师伐陈，取焦夷’，人们认为谯、夷两县，纂者通过杜预注考证出：‘焦’为‘谯县’，‘夷’实为‘城父’，汉以后才划为城父县。为历史地理的研究，提供了资料。艺文几占全志三分之一。收集了曹植《陈审举之义疏》，欧阳修的《亳州乞致仕第四表》及碑文四十三篇，汇集了一方之文献。为研究亳州市地方史保存了重要资料。有乾隆三十九年（1774）刻本。”②

郑交泰序：“朝廷重郡邑之寄，名其官曰‘知’。居是任者，非知古知今，知宜知俗，曷以称名而践实？故衷前善后，惟故籍是求。志乘之作，由来重矣！交泰以乾隆丙戌奉简来南，州邑所至，恒乐考其山川、土地、人物、风俗。前任望江，不揣固陋，有县志之葺，是非颇协于公。旋以庚寅自阜邑擢牧亳州。州上承雍豫，下达淮泗，夙推紧望，绥辑为难。急索旧志观之，不无缺略，爰有志修葺而未遑也。壬辰岁，获有秋，物诚人和。州中绅士，亦以旧志阔于修者有年，合词请达上宪，俯俞增纂。适锡山香尘王先生掌教柳湖，雅意编摩。因遴州士之端慤者，悉心採访，而交泰为之核实。簿书之暇，共相商确，为帙十二、为类二十有四。制必原其所自，事必求其有据。铅椠所存，故犊仅仍其半，迹似修而实创矣！因思作志周于作史，均为后日权舆；修书难于著书，惧袭前人讹谬。操觚之难，昔人亦屡言之。而所可自信者，此心之不厌其详且慎而已。兹编之成，采访者既共矢虚衷，而故典之讹者，复为订正二十余条。其大者，如焦、夷之非古亳、城父之一名两地，香尘皆引经据传而正之，所谓慎也。惜亳经兵燹，古碑亡佚，书籍一空，文献无征，

① 《光绪亳州志》，第548—549页。

② 陈光熙：《中国地方志总目提要》，第12—27页。

考据未易。如《水经注》载：濮水在夷西，而今无可指。《晋书》祖逖拒桃豹时，东西台俱在城内，而基址无稽，然犹曰年远地湮也。至近如永乐初，州人李给事恂殉难，事迹舛略难凭。知州何公燮之死，事因李自成之陷河南，遂躏及本州。按之《明史·忠义传》，载在十五年；而'庄烈帝纪'，载在十四年。质之州人，亦无有人能定之者，以是知确核之难也。乃凭一人之识，欲作千百年之考信，网罗虽勤，宁无挂漏！亦勉为讨论，以俟来者有所依据云尔。时乾隆三十九年岁次甲午四月，奉直大夫知亳州事香山郑交泰撰。"①

朱筠序曰："亳之名最古，而实非今之州所治。按《书》序：'汤始居亳，从先王居。'孔氏颖达疏曰：'郑元〔玄〕云，亳州今河南偃师县，有汤亭。'《汉书音义》：'臣瓒者云，汤居亳，今济阴亳县是也，今亳有汤塚。己氏有伊尹塚。'杜预云：'梁国蒙县北有亳城，城中有汤塚，其西又有伊尹塚。'皇甫谧云：'《孟子》称汤居亳，与葛为邻，葛伯不祀，汤使亳众为之耕。葛即今梁国宁陵之葛乡也。若汤居偃师，去宁陵八百余里，岂当使民为之耕乎？亳，今梁国谷熟县是也。'诸说不同，未知孰是。

《立政》'三亳阪尹'。疏云：郑元以三亳、阪、尹者共为一事。云，汤旧都之民，服文王者，分为三邑。其长居险，故言阪尹。盖东成皐、南轩辕、西降谷也。皇甫谧以为三亳，三处之地，皆名之为亳。蒙为北亳，谷熟为南亳，偃师为西亳。古书亡灭，既无要证，未知谁得旨矣。诸说于今之亳，偃师远而谷熟、蒙近，说虽不同，要之其地所在，今无涉也。

李吉甫《元和郡县志》：亳州，《禹贡》豫州之域，至周不改。春秋时，为陈国之焦邑。六国时属楚。在秦，为砀郡地。汉为谯县。初，后汉熹平五年，黄龙见谯。太平令单飏以为其国当有王者兴，不及五十年亦当复见，后如其言。魏文帝即位，黄初元年，以先人旧都立为谯国，与长安、许昌、邺、洛阳，号为五都。后魏，复置南兖州，周武帝改为亳州。隋乱，陷贼。武德四年讨平。王世充复为亳州。

乐史《太平寰宇记》：唐武德中复亳州，五年置总管府，管谯、亳、宋、北荆、颍、沈六县。七年，改为都督府。贞观元年，罢都督府，亳州不改。天宝元年，改为谯郡。乾元元年，复为亳州。梁开平二年，升为防御州。后

① 《光绪亳州志》，第550页。

唐为团练州。晋复为防御州。

顾祖禹《读史方舆纪要》：宋仍曰亳州，亦曰谯郡。大中祥符七年，升为集庆军节度。金亦曰亳州。元属归德府。明初以州治谯县省入，寻降为县，改属颍州。宏治九年，复曰亳州，属凤阳府。国初因之，雍正二年，改属颍州府。

夫亳，界南北之冲，亦古今用武之地也。昔者，秦楚之际，陈胜初起，攻谯，下之。魏武以先世本邑，治兵于谯，用图南侵，子丕遂建陪都，有事江淮，辄顿舍于此。晋祖逖志在中原，亦从事于谯。桓温伐燕，自谯而北。拓跋渐食江南，恒以谯为重镇。宇文氏与陈争江北之壤，实置军府于谯州。唐平辅公祏亦命自谯亳而南，一军取之。朱梁初得，宣武即屯据亳州，以次窥并东方诸镇。宋之南也，亳州为北守，而汴宋不复。元明相代，刘福通自砀山清河迎韩林儿为帝，据亳僭位，遗台尚存。由斯以谈，岂非地处必争，古而然欤？

方今天下一家矣，百有余年以来，圣圣相承，凿饮而耕食，而亳为中土菽粟布帛之州，其风朴焉，官斯土者，号为易治。而国家膏泽入人之深，久之而州之人或不能言其所以然也。筠奉使节来试颍州，亳之人来就试，既为拔其士之贤者，复书表其女子之节且孝者，刻之贞石，以风邑人，而申告之以太平之化，日久以长，俾知朴且知礼，以销镕其在昔好斗之余习。适会知州事郑君交泰有州志之辑也，书成请序，于是为略考据其地里风俗之可见者，用作是书之缘起，俾之刻焉。乾隆三十有八年，岁在癸巳秋七月二十七日，赐进士出身朝议大夫、日讲起居注官翰林院侍读学士兼办内阁批本事务提督安徽学政大兴朱筠撰。”①

〔道光〕亳州志四十三卷首一卷　宫为之《〔道光〕亳州志四十三卷首一卷》提要：“（清）任寿世修，刘开、陈恩德纂。寿世，字霁峰，浙江钱塘（今杭州）人，议叙，道光元年（1821）九月、道光五年二月两任知州。开，字孟涂，安徽桐城人，庠生。是志道光三年冬奉檄始修，道光五年八月全志告成付梓。记事止于道光二年十二月。正文分十类，子目八十七，约四十四万多字。凡例云：‘门类、卷数皆遵陶大中丞（陶澍，道光安徽巡抚——撰者注）颁发章程’。是志简而赅、详而有体，特别是舆地志有十六卷，十一万多

① 《光绪亳州志》，第549—550页。

字，占全志四分之一。‘亳都考’汇集历史上三家之说，诚是引经据典以证之，为历史地理的研究汇集了许多珍贵资料。水利志河工中记载了某年某月修了那些河，每次修河多长，每河段由谁负责，每一河段花去多少银两，是研究水利史的有用资料。有道光五年（1825）刻本。”①

又陈光贻《亳州志四十三卷首一卷》（清道光五年刊本）提要云：“清任寿世修，刘开纂。寿世字霁峰，浙江钱塘县人，道光元年任亳州知州。开字孟涂，一字明东，安徽桐城县人，庠生，自少工古文，为同邑姚鼐弟子，开初为文雄肆，绝类同郡刘大櫆，及师事姚鼐，而能兼之淳朴，且通考据之学。后聘修《亳州志》，稿未竟而卒，所著文有《孟涂集》。按此志，开纂辑至道光甲申七月，已成稿过半，而开遽病逝。寿世再延州士陈恩德继事，至乙酉八月纂成。其书体例，据凡例言，悉遵省颁修志章程，分十一类，凡八十二目。于建置沿革，多引证论辨，叙山川人物，则稽考精详；田赋物产学校选举，则采集博洽。舆地志，为出开手，文词雅朴，而考据极博洽精核。亳旧志，以高辛之墟，成汤之都，皆谓其与亳州无涉。开于舆地志，首列《都邑篇》，引经据典，谓帝喾初封诸侯，其国邑实在谷熟县之南亳，乃为此州境内。今其故址为谷熟集，去商丘县城四十里，由谷熟集而南三十里已入亳境；则汤所居之南亳，在今亳境无疑也。《都邑篇》后附《亳都考》，为开所撰，引证断论，尤为博洽。又此志《列女志》载《木兰传》，谓隋朝木兰，一名花弧，姓魏氏，亳州东魏村人。考亳之旧志皆未载木兰事，为此志始，而未举旁证引据。《古乐府》有《木兰篇》，未注木兰为何代人。程大昌《演繁露》，以《木兰篇》中有可汗点兵语，谓其生世非隋即唐。姚莹《康輶纪行》，以为北魏孝文帝、宣武帝时人。《完县志》引载元人刘廷直撰《木兰墓碑》为完县人。《商丘县志》载木兰魏姓商丘人，乃据唐人《独异志》语。此志之载木兰为亳州人，而无所据，使更难征信也。”②

张师诚序：“圣天子龙集道光之五年六月，余奉命自江苏移任再抚安徽，适前抚陶云汀中丞有奏修安徽通志之举，甫倡厥始，而余代之。窃意安徽八府五州，府州当各有志，府与州之属州属县又当各有志，综而辑之，自应无

① 陈光熙：《中国地方志总目提要》，第12—27页。
② 陈光贻：《稀见地方志提要》，济南：齐鲁书社，1987年，第599页。

难。不谓时逾半载，至六年正月，而府州县以志呈者仅十之五六，以致纂修之士无所依据，迁延时日，而余心忧之矣。略更章程，示期催督。而亳州牧任君，适以其所修州志呈，且请为文以弁其首，而余之心一慰。夫志之难，莫难于繁简之得宜与考据之得实。而繁简之不得其宜，实由于考据之不得其实。爰是开函披帙，于公余之暇，篝灯翫之。其为纲十，其为子目八十有七，其自都邑、沿革、山川、赋役以至职官、选举、学校、人物，无不较若列眉，简而赅、详而有体，而余之心又为之一慰焉。抑余更有慰者，则于任君修志之勤，而有以卜其治民之必勤也。夫州县之所以必有志，岂惟是备其掌故，侈为观美云乎？盖惟牧令与民至亲，必当有以知其户口之盈虚、风俗之美恶、人材之盛衰，则政事之得失系焉，而皆将于志乎徵之。为牧令者，使得皆如任君之勤，则因事而修志、因志而修政，上有以体圣天子涵濡乐育之仁，下有以慰赤子疾苦颠连之隐，而余亦得周知一省之户口、风俗、人材、政事，而一省之通志亦得藉手以告速成，则余之心岂不更大慰乎哉！至如征亳事以励亳士，则学使张小轩阁学之序详之，余不复赘云。赐进士出身、诰授荣禄大夫、兵部侍郎兼都察院右副都御使、巡抚安徽等处、提督军务兼提督衔张师诚序。"①

张鳞序："亳之名州，自宇文周武帝始，而其先为谯国、为谯县、为砀郡地，为楚之城父，为陈之焦邑，为成汤之国，为高辛氏之都，经史焯著，沿革瞭然。其人物则圣贤、神仙、忠孝、节行，与夫鸿儒、硕彦之赫赫载籍者，天下州县宜无若斯为备矣。独怪赵宋南徙，亳隶于金，地气无殊，所产渐少瑰伟特异之士。元明之交，韩林儿僭号龙凤，称帝兹土，扰攘至十二年，亳何不幸罹此耶。明初为州，寻降县，宏治中复为州，三百年来亦鲜著闻史传者。我国家涵濡休养，闿泽滋深，亳人士沐浴浸润，日久月长，宜乎奋兴蔚起，克自树立。修之家，则拜泣杖之祠而伦行克敦也；经之世，则参鱼头之政而风节自凛也。以立德见者，侍中之烈、考功之直；以立言闻者，犹龙之经，绣虎之文。凡皆可以感发继起、垂声不朽，安得谓地当冲衢、财货辐辏，而徒如旧志所称好贾近利已哉？使者职典衡文，亦期振兴风教。岁科两按颍郡，既见亳士，质胜于文矣。会太守任君以州志请叙，区区之意，愿与多士

① 《光绪亳州志》，第551页。

砥德立行，以追踪古之产亳者，则上不负朝廷广育之心，下足征长官经术之治。今亳犹古亳也，岂不懿欤！若夫志例谨严、考证详审、事增而文省，则亳人士实共见之，可无俟使者赘述云。时道光五年岁在乙酉五月既望，安徽督学使者张鳞撰并书。”①

胡调元序：“尝论志乘一书，人物之盛衰见之，风俗之淳浇征之，政治之因革损益系之。昔紫阳朱子守南康，甫下车即询郡志，诚以邑之有志，犹国之有史，其有关于治理者甚钜。乙酉冬，余守颍邑，属邑亳州州牧任君以重修州志请弁其首。按郑《志》修于乾隆三十八年，自沿革、疆域、职官、学校、户口、田赋，以及人物、艺文，亦称赅备。迄今又阅五十余载矣，户口之登下几何，物产之赢缩几何，祲祥水旱之徵验几何，人才辈出，时事迭更，非及时编辑，则废坠益甚。岁癸未，会大中丞陶公有创修省志之举，任君独能考证旧闻，博採近事，体例谨严，事增文省，不踰年而告成。苟非观风问俗、勤求民隐者有素，曷克臻此？公馀披览，凡人物盛衰、风俗淳浇、政事因革损益，纲举目张，斟酌尽善，皆任君之倡，率有以成之。而即于此征任君之识治体，审先后随所施而裕如，无不可于是书观其深也。是为序。诰授中宪大夫特调颍州府知府、前庐州府知府、户部江南司郎中、刑部直隶司员外郎、随带加二级纪录四次，汀州胡调元序。”②

任寿世序曰：“牧令何职乎？职在教养而已。然或刻意教养，而迄无成效。其故何欤？一因泥乎古，一因徇乎今；泥古则不知变通，徇今则不知匡救。二者交失之。故牧民者必究心于盛衰得失之故，人情风土之宜，而后偏者补之，弊者救之，所谓因其势而利导也。非详览志乘，何以窥其原哉？余于道光元年秋月来牧是邦，下车日即索旧志观之，于亳之盛衰得失略识一二焉。考郑《志》修于乾隆癸巳，迄今已五十余年，其风土不无异宜，人情不无异尚。于旧志所载或有未合者，时欲采辑而未遑。癸未冬，会大中丞陶长沙公有创修省志之举，因延桐城刘孟塗先生主其事。孟塗于学无所不窥，人知其辞章之巨丽，或未知其考据之精核也。余于公余，时参末议，其体例悉遵中丞定式。越甲申七月，纂辑已过半，而孟塗遽先朝露。复与州之贤士大

① 《光绪亳州志》，第552页。

② 《光绪亳州志》，第552页。

夫续加搜讨，至乙酉八月而全书告成。夫亳固江北一大都会也，在汉魏列为望国，迄今千六百余年矣。其间干戈相循，建置纷更，而欲考其沿革也难。地极平衍，每黄水猝至，无高山峻岭以间之，而欲捍其灾患也难。轮蹄辐辏，良萎不齐，民气之刚悍轻剽，往往不恤身家，而欲化其习尚也难。且务农桑，重稼穑，亳之旧俗也，然地杂沙卤，沟渠淤塞，雨暘愆期，即若有重困者，而欲其尽力疏通，高下咸宜，抑又难焉。故欲修辑亳志，必同条共贯，列眉指掌，然后牧民之吏始克审其宜，而异其施也。且夫志者，征信之书也，太繁不可，太简亦不可。兹就郑《志》之偏执者正之，缺略者补之，所因十之四，所增十之六。而於建置、沿革加以辨论；山川、沟渠加以精详；田赋、物产、学校、人物加以博洽。庶使后之览者，可以知古今之盛衰，究政治之得失，稽风土之盈虚，察人情之利弊；而又参之于古，证之以今，于以教焉养焉，庶可无旷厥职也已。余以非才，承乏大邑，每惴惴焉，素餐是惧。又况鉴戒在前，因革燦著，其遂能补偏救弊，以餍吾民待教待养之愿乎？非知之艰，行之维艰。余虽不敏，不敢不勉，亦愿与后之君子共勉之。诰授朝议大夫知府衔安徽颍州府亳州知州钱塘任寿世撰序。”[①]

〔光绪〕亳州志二十卷首一卷　宫为之《〔光绪〕亳州志二十卷首一卷》提要：“钟泰、宗能征纂修。泰，汉军正蓝旗（今内蒙古自治区锡林郭勒盟）人，举人，代理县事。能征，浙江会稽（今绍兴）人，光绪十八年（1892）任知州。是志同治八年（1869）初具规模，光绪十五年陈晋刺史根据钟泰稿，参照道光志于光绪十七年夏甫就，后王懋勳刺史重加纂校，由于意见不一而未成。宗能征光绪十九年据钟、陈、王三辑稿，阅两春秋始克成付梓。记事止于光绪二十一年五月。正文分十二类七十五目，约五十一万字。是志有志、表、传三体，各以类附。虽体承前志，但克服了前志分目过繁的弊端。体例完备，资料翔实，考据亦精。艺文志收二百二十六部著述，著有撰者，有序皆收，保存了地方文献。武备志兵事记事始于周襄王十五年（前637）秋伐陈取焦邑起，到清同治四年六月三日捻军雉河集失守，曾国藩十月驻亳查办民圩，‘亳境肃清’止。详近略远，有关僧格林沁、曾国藩镇压捻军尤详，是研

① 《光绪亳州志》，第553页。

究捻军史及苗沛霖集团兴亡史的重要资料。有光绪二十一年（1894）活字本。”①

宗能征序：“国有史，邑有志。志，史材也，亦治谱也。民镜于志以自治，吏即本于志以出治。察形势，稽户口，纪沿革，振愚顽，阐幽烛隐，考鉴得失，将于是乎在。非徒以夸名胜、摭佳谈也。亳为古商都，为魏陪都，平衍浩瀚之气，久钟于是矣。若道德之称犹龙，文章之属铜雀，孝烈竟有无双，希夷遂其高隐。自宋而明，而迄于我朝，代有闻人。惟习尚无华，民情朴而果，治亦素称繁剧。征于壬辰冬奉上命来牧兹土，方以未闻民事为虑。甫下车，得阅任霁峰刺史所纂州志，并钟、陈、王三刺史所辑志稿，蠹简鸿编，广搜靡缺。其于风土人情，山川图记，复罗列如指上纹，举而措之，吻相合焉。夫以征之拙于从政，得借助于志，而所虑为未闻者，一一以志治之。诚哉，志之有稗于吏治也！且亳志，自明迄今，删修各异，成编虽存，善本盖鲜。征获从诸君子后，终事纂修，不计冗烦，详加考核。繁者汰，略者增，疑者缺以待。阅两春秋，始克臻事。然睹是志，足以匡治体之不逮，而征固不敢居功于志，而志且大有功于征也。异日览是志者，有以自治，即有以出治，蒸蒸然上成圣朝至治之隆，则是志且与史册增光，一邑之谱云乎哉！是又征所厚望于来者。”②

陈晋序：“自来志乘与治术相表里，其大较也。凡表彰前贤、鼓励后学，胥于是乎在。余不敏，忝为司牧，所至辄勤求之，尝辑志于宣城，创始经营，未及告成，受代去。戊子夏奉命移刺于亳，自兵燹后，休养生息，元气稍复。余夙夜祗惧，谋所以治亳之道，而亳人亦无相訾议者。逾岁，合词请曰‘任志之作，阅寒暑六十于兹矣，中值发逆，驿骚，文献之存未获一，及今不辑，久益无征。同治八年，前州牧钟公，以修省志，故采集粗具，未竟也。公盍成之?’余闻之，忻然曰‘此余志也。’于是申详大府，己丑冬十月设局，延袁君升伯主其事，与夫都人士斟酌损益，补缀遗亡，而其体例大端，则仍以原书为主。原书者，孟塗刘先生之笔也。事将半，先生遽先朝露，代者不能通知大意，往往有泛滥无当、承讹袭谬而未及更正者。兹编纂辑，略加删汰，并校雠讹误数十事。辛卯初夏属稿甫就，而余亦将解组矣。视宣《志》之仅

① 陈光熙：《中国地方志总目提要》，第12—27页。

② 《光绪亳州志》，第5页。

谋其始者，不犹幸欤！余惟志书者，非徒考故实、述旧闻，将以激励人才，蔚为一邦之望也。我国家深仁厚泽，累洽重熙。咸丰中捻逆鸱张，亳东实为逋薮，仰赖庙谟指授，次第削平，其间杖策从戎，云蒸虎变，卓然为干城选者，颇不乏人。顾犹逊谢弗遑，歉然以文教未兴为憾。余以为此无害也，人才之兴废，不关科目之盛衰，古之人一言一行之遗，皆足以传世而不朽，况亳为自昔文物声明之地，苟由此日益加勉，良吏作于上，多士奋于下，则陈思之文藻、方伯之政绩、考功之气节、南英、闻山之才艺，岂无起而继后奋者乎？余将于斯志卜之矣。是为序。光绪十有七年夏四月知亳州事陈晋撰。”①

〔民国〕亳县志略　宫为之《〔民国〕亳县志略》提要：“刘治堂纂修。治堂，河南巩县人，清优附生，毕业于河南省法政专门学校，历任陕西延川等县知事，民国二十三年（1934）调任亳县县长。是志于民国二十五年付梓。正文分十三门三十九目，约一万七千字。亳县民国初属第七行政督察专员公署管辖。是志记载简略，分三部分。一是亳县概况：自然，山川，水陆交通等；二是社会概况：人口，政府组织结构，财政收支，风土民情，文化卫生等；三是施政方针：民政，财政，教育，建设等。有民国二十五年（1936）铅印本。”②

亳州金石志　《亳州金石志》，不分卷，清袁登庸撰。《石刻史料新编》第3辑第12册。另《石刻史料新编》第3辑第11册“民国”徐乃昌撰《安徽通志金石古物考稿》（十七卷）也录有不少亳州金石资料。

附：章学诚与《亳州志》　章学诚是清代史学大师，曾应亳州知州裴振之聘，于乾隆五十三年至五十五年编纂《亳州志》，惜未刻。《文史通义》中存《亳州志·人物表》例议（上、中、下）3篇、《亳州志·掌故》例议（上、中、下）3篇。章学诚在《又与永清论文》（《章氏遗书》卷九）中提及所撰《亳州志》，颇为自信。

但后世对章氏纂《亳州志》的具体情况有不同观点：晁文璧、宫为之《章学诚〈亳州志〉质疑》云：“章学诚的所谓《亳州志》，方志学界普遍认

① 《光绪亳州志》，第1—2页。
② 陈光熙：《中国地方志总目提要》，第12—27页。

为：撰成而失传。但是我们根据《章氏遗书》的记载以及在接触现存《亳州志》的过程中，对这个‘撰成而失传’的定论产生了怀疑。”① 王嘉炜《章学诚与〈亳州志〉》：“《亳州志》是一代史学大师章学诚继《和州志》《永清县志》之后所修的又一部重要的志书，同时也是章氏所修诸多志书中相对完善和全面的一种，对于完整准确地了解章学诚史学思想和方志学理论有重要意义。但由于各种原因，这部被章学诚视为平生最为得意的作品却因为没有及时刊印导致散佚。本文拟在前人研究的基础上，对《亳州志》的修纂过程、志书在体现章学诚方志思想方面的价值、志书在修志体例上的创新做进一步梳理。”②

重要的参考文献有《章氏遗书》；胡适撰《章实斋年谱》；张材菜纂辑、朱士嘉校订《章实斋方志论文集》；周生春、胡倩《章学诚遗书佚文补录》；王嘉炜《章实斋安徽方志的编纂理论与实践》文中的《章学诚和州志、亳州志、湖北通志篇目表》。

第二节　蒙城县志

〔万历〕蒙城县志八卷　宫为之《〔万历〕蒙城县志八卷》提要：“（明）吴一鸾纂修。一鸾，字文盛，浙江丽水人，由选贡万历七年（1579）任知县。是志万历十年春始修，冬十月付梓。记事止于万历九年。正文分八门四十三目，三万八千多字。现存一至七卷，第八卷不知失于何年。笔者所读是1982年抄本。抄本未标页码，从行文看有明显缺页，凡例亦无。门类设置完备，子目归属亦较当，行文简练，体例严谨，它对后世《蒙城县志》门类设置影响较大。《定远县志》云庄子是归德（今河南商丘东北）人，是志引王安石《题蒙清燕堂诗》：‘民有庄周后世风’句来否定《定远县志》的说法。是志纂修者吴一鸾为自己立传，标榜自己‘一尘不染’，‘彰善殚恶、革奸剔弊’，

① 晁文璧、宫为之：《章学诚〈亳州志〉质疑》，《中国地方志》1985年第2期，第66—70页。

② 王嘉炜：《章学诚与〈亳州志〉》，《安徽文献研究集刊》，2009年。

‘皆为国为民之计’，不足取。有万历十年（1582）刻本。”[①]

施尧臣序：“蒙城，于濠为属邑，山川灵淑，风气淳庞，盖高皇帝兴王发迹之近疆也。且自南畿视之，股肱之势，若汉之三辅。然夫地翼龙兴，由天地苞符之运，以制辖畿辅，则庙堂之意尤隆，系诚攸重矣，而以无志乎？无志，由凡邑之土风民俗，与夫官箴宦绩、黎献贞懿之故，果孰从而稽之？夫学奕者，必稽诸谱；业医者，必稽诸方。志，固从政者之谱与方也。无所稽，则弛张因革，凡绪百千，欲端默帷中，流览四境，俾穷阎僻谷之情状，森陈阶序，可按而睹焉，亦恒难矣。此志之作，所以不容已也。然志之义，取裁于史，其为体也尚严，其修辞也尚核。如是非微谬于舆评、繁简不准于中道，均之舛焉尔已，志其可以苟作乎！今观吴侯之为《蒙志》也，举百年久旷之典，于三年政成之后，诚研精殚神，而罄展夫经济黼黻之洪谟矣。谨自其所纂集者，而遍阅之。志首‘舆地’，谓邑之置牧绥猷，必先于经邦土而画封畛也；疆域既奠，营作斯肇，故次‘规建’；止基乃理，惟正是供，故次‘食货’；民利阜而善念以生，礼义可措矣，故以‘章训’次之；民知礼而上下以和，神人可谐矣，故以‘典秩’次之；民修祀而风俗以同，天心照应矣，故以‘观省’次之；占几布政，系于识官，列其名而贤否之迹可考也；官师得人，则贤材兴起，‘人物’不可以不详也；有人斯有文，取其炳蔚而裨世教者载之，故以‘艺文’终焉。既提其纲，复演其目，勒之为卷者八，厘之为条者四十有三，理明而事核，义正而辞严，郁郁乎文哉！斯役也，博咨访、摭遗逸，以备诠次者，县丞王子东，教谕余大中，训导马荧、施亲臣；崇典雅、黜芜秽，以辨义例者，生员戴九韶等；至玄览洞识，以总其大成，而垂不朽者，侯之力居多也。志成，适亲臣弟司训蒙庠，走使文阳山中，属不佞为之序。右所云，皆亲臣详述以示予者也。予惟志者，记也，匪直记其事已也，盖使后之从政者于是求其故，以尽夫更化善治之道也。侯以平易为心，以仁爱为政，而一毫无所负于民，闻蒙之民已列侯之政目而类咏循良之绩矣。如观舆地，即得夫申明疆域，编设保甲之政；观规建，即得夫义仓赈恤，建库易坛之政；观食货，即得夫丈地均粮，审户清徭之政；观章训，即得夫作养士类，整理黉宫之政。诸凡弛张因革，纤悉曲折，成法具在，率而由之，存

---

① 陈光熙：《中国地方志总目提要》，第12—25页。

乎人耳。譬诸奕谱，俟其秋乎？譬诸医方，俟其秦越人乎？使继侯为政者，循轨守辙，化而裁之，真可以不下阶序而流览四境矣。岂惟蒙之民永赖其泽？进之而培护丰芑之基，巩固邦畿之势，不将恒在于斯也耶？虽然，志，可得而记者，区画之迹也；志，不可得而记者，经纶之心也。有《关雎》麟趾之意，以行周官法，是在后之人，非侯之所能必也。侯名一鸾，字文盛，世家括苍，白岩，其别号云。大明万历壬午岁冬十月吉日，赐进士第、通议大夫顺天府尹、前吏部验封司郎中、青阳华江施尧臣谨撰。”①

〔顺治〕蒙城县志十二卷　宫为之《〔顺治〕蒙城县志十二卷》提要：“（清）田本沛纂修。本沛，字华石，陕西富平人，进士，顺治七年（1650）任知县。是志顺治十二年夏付梓。记事止于顺治十一年。正文分九门四十四目，约八万字。是志体例较完备，但仍依旧志，只是先后次序作些调整，如教谕、训导属教官，按常规应入‘秩官’中，是志归入‘学校’。资料不够详实，如‘名贤’中没有元初率兵渡海东征日本的楚鼎。‘舆地志’‘食货志’相对较详。把传统的‘建置志’改为‘规建志’、‘学校志’改为‘章训志’，实使人费解。有顺治十二年（1655）刻本。”②

田本沛序云：“邑之有志，犹国之有史，匪细故也。余每于参谒之役，途次车中，展蒙之邑志而览之。见夫志之成也，距今七十余年矣。无论后此之人之事非所及载，即当日之炳炳枣梨者，亦半存半湮、鱼鲁豕亥之不可稽矣。夫志，犹火也，不传则熄，熄之既久，虽有薪焉，不可传矣。此志之修举，所以不容一日缓也。大蒙之废坠而我未能修举者，宁止一志乎？野有石田，未能辟也；郊有飞鸿，未能集也；罶有三星，不能去也；轮蹄尽千家之血，不能理也；鼠雀残万户之烟，不能戢也。且才短不堪逢世，政拙难以悦人，浑忘士绅之非我。戚交曲徙虽殷，而烂焦之不能也；不识编户之弗同毛里，樽惜虽力，而解推之不能也。既兢兢焉，地瘠而盛之以俭，情纷而齐之以诚，才不足而补之以勤，明不足而掩之以公，亦拮据而不足，救过之不暇也，奚敢以寡陋之识，轻尝试于邑乘乎？虽然，有官守者，一事未举，即曰旷官，况明知夫志之岁久而荒，渐将不可考焉，而犹怡然听之，谓有司何？是以谋

① 《万历蒙城县志》，钞本。
② 陈光熙：《中国地方志总目提要》，第12—25页。

之秉教铎者汪雨若、汤宗武两先生，与夫邑之贤士大夫，为增修之举。夫风云月露非吾才也，恢张博诞非吾意也，编年发明非吾能也，第踵故牍而整缉之，缺者补焉，断者续焉，讹者正焉，未有者增入焉，反覆搜核，务期于详而有征，开卷了然，而后止焉。非敢曰志自我新也，聊以舆已往之故实而置后来云尔。顺治乙未夏，赐进士第，知蒙城县事，频阳田本沛撰。”①

〔康熙〕蒙城县志十八卷 宫为之《〔康熙〕蒙城县志十八卷》提要：“（清）赵裔昌修，何名隽、吴道伟纂。裔昌，字汉符，河北大兴（今北京）人，举人，康熙十二年（1673）任知县。名隽，字紫韦，邑人，恩贡。是志奉檄修于康熙十一年，康熙十五年赵裔昌重做修订而付梓。记事止于康熙十三年秋。正文分十三门五十三目，约十一万字。是志虽设为十三门类，但每一门类中有几个并列门类，其实共有二十九门，门类分得过多，显得结构不紧凑。艺文首篇‘御制’，和蒙城无关。人物、前贤中云：‘按史，庄子产于蒙，马迁之传，东坡之记，荆公之诗，皆历历可见’。纂者误以此处之‘蒙’为蒙城县（即汉时之山桑县），其实这个‘蒙县’原为宋邑，因蒙泽而得名，其地在今之商丘东北，东晋时侨置过山桑县城。唐天宝元年（742）因山桑县城侨置过蒙县而改山桑县为蒙城县。有康熙十五年（1776）刻本。”②

又，续修四库《康熙蒙城县志十八卷》（清康熙十五年刊本）提要：“清蒙城县知县赵裔昌等修，邑人恩贡生何名隽等纂。裔昌字汉符，顺天大兴县人，戊子举人，康熙十三年来任邑令。考蒙之有志，创于明李邑侯、吴一鸾，至于年月则不可知。然稽之职官志，吴任县令，在万历之七年，志书之修当去此不远。入清，顺治十二年乙未，再修之，及康熙十一年壬子，陈邑侯民怀，以币请吴君道伟、何君名隽设局续修，无何，陈侯解组去，未观厥成，因之中止。阅三载，赵侯仍聘名隽等，赓续为之，始得成书。共十八卷，卷一曰考，卷二曰建置沿革、曰星野、曰疆域，卷三曰山，卷四曰风俗、曰城池、曰封建，卷五曰户口、曰田赋、曰物产，卷六曰职官，卷七曰学校，卷八曰选举，卷九曰祠祀、曰古迹、曰陵墓、曰皇后，卷十曰名宦、曰公署，卷十一曰人物、曰前贤、曰儒行、曰节行、曰孝义，卷十二曰烈女、曰贞女、

① 《顺治蒙城县志》，钤“安徽省图书馆藏书印”“安徽省科学研究所历史研究室藏书”印。

② 陈光熙：《中国地方志总目提要》，第12—26页。

曰节妇、曰流寓、曰仙术，卷十三至十八曰艺文。其书极称简陋，考证尤疏，如田赋，惟明稍详，若汉、若唐、若宋、若元，皆未一字及之；选举志，亦自宋始，宋以前皆无考，其他各门，亦多类此，大抵著者仅抄旧志及当时采访册，初未追溯史籍也。”①

邓旭序：“一代圣哲之兴，必重乎史记，故成周之盛，设立史官，以内史掌王朝之典，以外史掌四方之志。夫四方者，合宇内郡邑而统言之者也，其疆域也繁，其称名也杂，诚非王朝之史比也，《周礼》乃举而并重，若匪合四方之志，而王朝之典遂以不备者，何哉？盖王者有史，以纪一代之事；郡国有史，以纪一邑之事。一时典制风尚之所在，郡邑之所详者，王朝或略之，王朝之所遗者，郡国或详之，惟内外兼司，互相纪载，于以赞盛治而襄隆庥，则郡国之志所系，讵不巨且重欤！今皇上睿圣天纵，殚心作述，纳辅臣之请，纂修《大清一统志》，特诏宇内郡县，将沿革、山川、疆域、形胜、星野、户口、田赋、封建、职官、学校、选举、风俗、名宦、前贤、孝义烈妇以及仙释、方伎、流寓、艺文，咸令敦聘儒生，广搜博辑，修成邑志，上之天府，以成一代之书，猗欤庥哉！诚盛典也。吾江南诸邑皆恪遵纶音，先后修成，鳞次刊布矣。独蒙邑之志缺焉未备，盖纂修之时，当事者以他故去，遂不能聿观厥成也。癸丑冬，燕山赵邑侯，奉符莅蒙，以弘敏之才，具练达之识，怀仁履义，政敷民宁，于蒙人之所欲兴者，无不为之振励而修举，蒙人之所欲去者，无不为之浣濯而革除。郊之内，阳春布和煦也；郊之外，讴颂载孔迩也。治行卓茂，冠乎江淮。乃询县志未成之由，遂喟然叹曰：邑乘，大典也；纂修，上谕也；刊定，令责也，吾又孰诿乎哉？乃取前纂修者，为之裁定，次其篇帙，征其文献，鉴之以精心，持之以弘识，不惮而必核其详，不惜谆谆而必求其当，复者删之，缺者补之，不数月而书成，乃移书于余，曰‘我其以此仰答严纶也，幸为我序之。’余闻著作之难也，莫难于作史；作史之难也，更莫难于作志。以班固之才，而十志缺焉。岂非志以征实，不可以浮词虚饰者哉？今续侯之蒙志，离离焉，秩秩焉。详而明，简而覈，严而不略，誉而不溢。综之以才，运之以识，成之以学，有伦而有要。何孟坚之所不能措者，乃为侯之所独长也？以此献之当宁，藏之石渠，备乎金匮玉函之

① 《续修四库全书总目提要（稿本）》(20)，第255页。

编，以为修史者之所资，虽曰郡县之志，实邦家之光也。于以对扬温伦，安见掌之外史者不能飏藻王朝而增重于一代之制作也哉！康熙十五年岁次丙辰孟复日，寿春邓旭撰。”

〔同治〕蒙城县志十卷 宫为之《〔同治〕蒙城县志十卷》提要：“（清）李炳涛修，石廷枢纂。炳涛，字秋槎，河南河内（今河南沁阳）人，监生，同治六年（1867）代理蒙城县事，三年后擢署亳州，授庐州知府。廷枢，安徽宿县人，拔贡，同治九年任教谕。是志奉檄为修安徽省志而修，始于同治八年，同治九年成，为纲十，未付梓。蒙城历受太平天国、捻军、苗沛霖战事最深，尤其苗沛霖围城三月有余，致使‘始茹牛马驴骡，草木皮革，卒至罗雀捕鼠’（石廷枢序），文献荡然无存，只好採取‘文无可征，唯求之献’（李炳涛序），乃广延缙绅学士为採求，遵循“事必实，语必确，无当于古或有当于今”的原则，故是志对民国《重修蒙城县志》影响很大。是研究太平天国、捻军、苗沛霖的重要资料。有同治九年（1870）抄本。”[①]

李炳涛序：“志犹史也，而实与史异。昔曾南丰论墓志铭曰：‘史必善恶兼书，铭则有善而无恶。若其人之无善，则无可铭。’铭然，志何独不然？故凡一邑之德行道艺，贤士大夫之文章、才人之技艺，与夫山川风俗，概皆表其奇异。甚且疆域异代异地之人，以为已有其体然也。然而彰善之中，实寓瘅恶之意，盖人之欲善，谁不如我。身后之名，善者登，人人兴附骥之思；恶者否，人人勉内修之省。志可苟焉而已耶！而修太平之志易，修离乱之志难。太平之志，不过景物风俗，文苑仕进诸端，涉浮夸容何损？若夫离乱之后，则忠臣孝子、节士烈〔妇〕、壮士之裹尸、巾帼之断臂，其损躯守义，杀身成仁，虽匹夫匹妇，要皆天地正气，出于至性，均有关于纲常名教之大，必须言之凿凿，炳若日星，毫发不容含混，然后传之可久，俾后之读者，怦怦焉感发而兴起，斯足为世道人心之助。但去乱日久，则采访不备，近又易详而难实，亲故也辞多溢，疏逖也辞多略，嫌隙也辞或诬。远则公论出，近以私情晦也。故须采访得人，而又征之以舆论，研之以精心，庶足以昭来兹而称信史，考据文章次焉者矣。予于丁卯代蒙，其民风憨直而强劲，士习质朴而果毅。比及三年，幸安于拙。每访往岁战守事宜，知节义、武功不可胜

① 陈光熙：《中国地方志总目提要》，第12—26页。

计，窃恐久而湮没，拟汇录焉而未暇。会署中丞吴公奉请修江南省志，命下，通饬郡县。炳涛奉札，见圣天子录忠录孝之典，大宪阐幽扬善之忱，至精至要，不仅在逞词章、罗典故。乃搜旧乘，而煨烬之后，荡然无存，仅获蠹余特什一耳。文无可征，惟求之献。乃延缙绅学士广为采求，而取端悫学者之言以为信。阅岁而梗概具。遂会学博石君，与一二幕友，考核详审而笔削焉。又阅岁而后大纲细目厘然有序，列为十目，遵札式也。录旧志者，多空白，从缺文也；死节义者，分七等，大死生而权轻重也。其于经史之渊源、引证之宏博，或有未尽，而事必实、语必确，无当于古或有当于今矣。吁，蒙亦斗邑耳，人物、仕进、宦绩、艺文较诸通都大邑，不无稍逊，而兵事、节义两端，则勃勃然生气溢于纸上，展阅之下，如太阿之锋，不敢正视，江南志乱之篇，当以蒙为最矣。然则志虽与史异，而异日輶轩采之，亦史臣之一助也。是为序。同治十二年岁次癸酉二月上浣，候补知府代理蒙城县知县河内李炳涛撰文。”①

〔民国〕重修蒙城县志十二卷　宫为之《〔民国〕重修蒙城县志十二卷》提要：“汪篪修，于振江、黄与绶纂。篪，字吕仲，安徽怀宁人，日本高等警务学校毕业，任吉林长春警察长，军法科科长，民国三年（1914）元月任知县，民国六年九月离任。振江，前清二品顶戴记名简放道，邑人，是志民国四年付梓。记事止于民国四年十一月。正文十二类七十九目，约四十万字。是志篇目设置较为合理，子目归属亦较当。是志‘武备志·兵事’中用近一万四千字记载了清王朝镇压捻军的详细过程，是研究捻军史的重要资料。苗沛霖原参与清王朝一道镇压捻军，得到了清王朝的赏赐、提拔，势力不断壮大，后又反叛清王朝，是志记载亦详。有民国四年（1915）铅印本。”②

又，续修四库《民国蒙城县志十二卷》（民国四年铅印本）提要：“民国蒙城县知事汪篪等修，邑人黄与绶等纂。篪字吕仲，怀宁县人，附生，由日本高等警务毕业，民国三年莅蒙任。考蒙志创于明之邑侯吴一鸾，至清顺治十二年乙未，知县田本沛再修，康熙十五年丙辰知县赵裔昌三修，同治十二年知县李炳涛四修，未付梓。自是厥后，迨民国三年，县长汪公来兹邑，适清史馆催取各县志书之饬令颇严，乃遍搜城乡，仅得缮抄旧志数本，因感蒙

---

① （清）李炳涛修，石廷枢纂：《同治蒙城县志》（抄本），国家图书馆藏。
② 陈光熙：《中国地方志总目提要》，第12—26页。

志再迟不修，而此仅存者，或更有失亡。爰延黄君与绶及于振江为总纂，惨淡经营，经三月而编次，遂以告成。都为十二卷，卷一曰舆地志，卷二曰建置志，卷三曰河渠志，卷四曰食货志，卷五曰学校志，卷六曰武备志，卷七曰秩官志，卷八曰选举志，卷九曰人物志，卷十曰列女志，卷十一曰艺文志，卷十二曰杂类志。此书大体多仍旧志，新增者为食货志，内载民国三年六月所改田赋之新章。选举志增学校，以纳中学以上之毕业者。其志以武备志为最佳，其于粤匪捻匪之乱，用编年体以年系月，以月系日，记载及称完美。其舆地志中所作涡水考、淝河考、茨河考诸篇，文字虽简，而考证极精。其风俗目中，所叙亦具特色。惟其时各县已有教堂，并已推行新政，皆未言及，是但知恪守前规，不善因时制宜也。”①

汪篪序：“作史莫难于志，亦莫要于志。网罗散佚，撰集旧闻，其义例至严。秉笔之士，非夙具史才，斟酌至当，固未易信今而传后也。虽然，邑无有志可以纪一方之故实，传诸不朽，俾后世史家有所取择，且使官斯地者得览其风土人情，以考其政治得失，夫然后布政施教事半而功倍焉，是又乌可畏其难而恝然置之乎！蒙邑志书重修于前清同治九年，四十年来无人增辑，中间迭遭兵革，官私著录荡然无存。且政事人物，积久滋众，则修辑愈觉繁难，窃恐数年以后老成凋谢，文献无征，此固邦人君子之心所不安，亦守土者之责有未尽也。余于民国三年春来宰兹邑，其时值破坏之后，井邑萧条，盗贼滋炽，仓皇戎马，不遑谈文事。越明年，四境安谧，流亡者渐归其乡。乃进缙绅先生，与之考乡邦文献。始知丁绅家藏有县志抄本，思据为底本，略加增益，排印成书，以广传布。议甫就，适清史馆有征集各县图志之举，因陈明大吏设局署内，延于绅兰溪、黄绅超青等总其事，越三月，成书若干卷，增损旧文，附益新事。姑无论书之价值较古作者为何如，然以极短之时期，成极巨之事业，若诸君子者，殆所谓诣心孤苦，力任其难者欤！方今国基大定，海内之士想望升平，大总统忧劳于上，百僚襄赞于下，举凡农林水利教育交通诸大政，饬下各县，尽力举办。蒙邑地当冲要，民气淳朴，土脉腴厚，河流交错，而百年以来武功彪炳，忠义侠烈尤为他县冠，诚使有志之士奋发淬砺，步先民之芳躅，尽固有之特长，一旦实业大兴，教育广被，文

---

① 《续修四库全书总目提要（稿本）》(20)，第255页。

明程度颉颃欧美，吾知后世执简之儒，必搜辑其人生平之事迹，编入史册，蔚为国光，不亦伟欤！余既乐见是书之成，且喜邑人之有所观感也。因书其意，以冠诸篇首。时中华民国四年，岁次乙卯四月，知蒙城县事汪篪谨序。”①

〔民国〕蒙城县政书十卷 宫为之《〔民国〕蒙城县政书十卷》提要：“汪篪纂。是编是汪篪离蒙后根据其《重修蒙城县志》后‘行箧中尚存有在蒙四年之成帙’而编成的。民国十三年（1924）付印。记事止于民国六年。正文分十卷，约十二万字。大都是当时政府文件和有关资料汇编，如《条陈办理蒙邑要政文》等三十三种文件，其中有《禁止借案吃喝文》《蒙城县增修志简章》《附出巡日记》等记载了一些蒙城民情和治安状况。《民土调查》记载了蒙城地理状况及风土民情。实业中的《帽辫工厂学徒白话歌》反映了当时企业管理状况。有民国十三年（1924）铅印本。”②

第三节 涡阳县志

〔同治〕涡阳县志六卷 宫为之《〔同治〕涡阳县志六卷》提要：“（清）石成之修，王冠甲、杨雨霖纂。成之，字韶九，河北沙河人，世袭骑都尉，同治八年（1869）五月任。雨霖，字澍田，邑人，庠生。是志‘尊奉大宪札’，始修于同治八年，同治十一年成稿，历经三任知县，未付梓。记事止于同治十一年。正文分十类六十五目，约十五万四千字。涡阳是同治三年设县。《涡阳县志·序》云：‘割蒙、亳、宿、阜四邑土壤相接者隶于版。’以‘北魏旧县名，名曰涡阳县’。是志属涡邑草创志，其舆地、选举、人物及艺文、杂类，或地或人属于涡阳者，皆从蒙、亳、宿、阜旧志中摘入。‘武备志·兵事’记载捻军和苗沛霖事较详，是研究捻军和苗沛霖的重要资料。有同治十一年（1872）稿本，藏天津图书馆。”③

---

① 〔民国〕汪篪修，于振江、黄与绶纂：《重修蒙城县志》，南京：江苏古籍出版社，1998年，第633页。

② 陈光熙：《中国地方志总目提要》，第12—26页。

③ 陈光熙：《中国地方志总目提要》，第12—25页。

涡阳杨雨霖序曰："志也者，所以昭往古示来兹，纲举目张。凡一邑之忠臣孝子、烈女节妇等，皆旁罗远搜，以发潜德殚幽光，俾世人有所观感，则慕义向风，足以维世道而正人心也。涡阳始为集镇，壤接亳蒙，毗连阜宿，因政教难及，致匪徒肆兴。迨治定功成，宫保英计善后事宜，详诸督抚，会衔具奏，建城立县，命名涡阳，即拨四境之地，设官分职，以清乱源。己巳庚午，石公韶九、金公兰生两县尊，奉大宪札谕，主修志书，即谕予等纂辑，义不容辞。第兵燹日久，流离颠沛，九死一生，猝忆从前，恍如隔世，且老诚每多凋谢，节略大半遗忘，即循旧志重修，不无缺略之憾，况新县创修，不啻平地为山，欲求诸类详明、各欵精审、条分而缕析也，盖戛戛乎难之！幸王君雨楼，博闻强识，又兼勤于延访，朝夕参酌，以广见闻，庶考据得实，则繁简得宜。始遵奉所发条款，先于亳、蒙、阜、宿旧志内其'地舆志'之山川等条、'选举志'之进士等条、'人物志'名贤等条，以及'艺文''杂类'，或地或人，属于涡阳者，莫不拨入以立根基。至学宫、坛庙，凡载祀典者，于创建章程致祭仪注，预为清列，以便遵守。惟兵事一节，事务接连，更加烦琐，谨用序体以求详细。予实学疏才浅，每有纂辑，既遵刘师尊笔削，字句错讹又经汪师尊校正，总期勿滥勿遗，以昭信史。壬申夏，又奉县尊吴公修之谕予续纂，不特补遗。又将前次所注条款，务求核实，加以详细。至兵事则为编年纪月，效法鉴史，甚或有遗漏未详之处，实因此次续修，外无采访，内迫限期，未得如所愿也，望重修者见谅之尔。"①

〔民国〕涡阳县志十八卷首一卷　宫为之《〔民国〕涡阳县志十八卷首一卷》（又名《涡阳风土记》）提要："黄佩兰修，王佩箴等纂。佩兰，河南叶县人。民国六年（1917）任县长。佩箴，河南南阳人。是志民国八年二月设局，十二年冬在河南开封付梓，十三年夏书成问世，名为《涡阳风土记》。民国十四年二月，将修志捐款名单汇为一卷，名为《乐输题名》，并将《涡阳风土记》改名为《涡阳县志》。正文分为十七门三十三目，约二十五万四千字。是志体例完备，资料翔实，引书宏富。特别是舆地，列有村保表、圩寨表、道路表，有实用价值。因捻军众多首领是涡阳人，苗沛霖亦涡阳人，兵事中记载捻军、苗沛霖详细，是研究捻军和苗沛霖的重要资料。《牛师韩》传中云：

① （清）石成之修，王冠甲、杨雨霖纂：《（同治）涡阳县志》，国家图书馆藏。

'捻巨逆宋景诗于荷泽'，与众说不一。有民国十三年（1924）刻本，民国十五年（1926）铅印本。"[①]

聂宪藩《涡阳风土记序》："涡阳县设治最晚。清同治初，捻匪躏中原，安徽捻魁任柱、张乐行及其徒党凶悍之众，多涡人。而乐行以雉河集为巢穴，四出屠掠。清廷命将帅用大师克之。既克，吏上言：雉河集东距蒙城百里而近，西南北三垂距阜阳、宿州、亳州百里而遥，四州县以瓯脱视之，薮逋蕴孽，莫与纠察。宜就雉河集增设县治，割蒙、亳、宿、阜四邑土壤相接者隶于版。慎选贤吏，施教养，诇奸慝，秉其阨塞地利，遏绝乱萌，庶几谋久安、毖后患。诏报可，并采北魏旧县名，名曰涡阳。于是符下所司，分疆画界，筑城设县如定制。自是迄清末，将五十载，涡阳一县，人文蔚起，顾独未有志。共和行政之八年，宪藩奉命长皖，既下车，闻涡阳县令黄君自芳治行称最当。是时，黄君宰涡已数稔，政通人和，百废具举。乃以其暇，搜求文献，大会邑之士绅，谋划创修县志，鸠赀设局，经始于八年二月，越明年秋，稿就。分析门类为十有四，全书为卷十有六，体例一本实斋章氏之说，繁简则折衷于吴郡、武功二志之间。其考订精审，如雉水为雉，龙山为勇，实能纠正古籍讹误，昭若发朦。至于纪人物纪事迹，又本古人'常事不书，大事详书'之义，如马忠武、田治臣等传，及捻乱起灭，莫不备稽其始终本末而悉著之，不可谓非斐然之述作。已昔汉丞相张禹使颍川、朱赣条天下风俗，班氏因之作《地理志》，于民风刚柔强弱三致意焉。盖风俗者，地方治乱所从出也。涡阳居长淮腰膂，气脉雄厚，其人民躯伟胆壮，喜为剽轻，有司者懵于抚驭之术，激使走险，故任、张奋臂一呼而群盗响应。今夫人负殊勇，家有白刃，以之作乱则为任柱、张乐行，而人蒙其毒；反其辙而行，则为马忠武、为田治臣，从军敌忾而国家赖其功。之数人者，同产于涡，所秉山川雄杰之气一也，终乃悬绝若是，岂非风俗移易之贵得其道哉！然则捻乱一役，匪特设县缘起，抑又清代之废兴系焉。观其所裒录，亦当世得失之林也，何必旧闻。志既脱稿，而黄君调任他邑，录副以去。未几，余内调领步军，黄君亦辞官，重列议席，邂逅于京师，问涡志已未锓板？黄君为言，年来转徙靡常，因携稿来京就正有道，辄加修改，兹已定稿，正付剞劂。又以修志时，余适

① 陈光熙：《中国地方志总目提要》，第12—25页。

长皖，与闻其事，请为一言弁诸简首。余维近日国事抢攘衡决，自行省以至偏陬下邑，典章文物扫地隳坏，黄君在涡阳乃创修县志，独为于举世不为之际，虽功令之所不督而必黾勉以图之，已贤于俗吏万万。况涡阳一县为捻乱所根柢，其遗闻轶事皆当与史乘相为表里，而风气刚劲殊于他方，表而出之，尤足令异日官斯地者，将益知所旌异，而不迷于施治之方。余幸睹厥成，乃叹黄君勤勤纂述，上则裨补国闻，下更大有造于涡土也。于是乎书。民国十三年岁次甲子孟秋，合肥聶宪藩序。”①

按，成文版《涡阳风土记》聶宪藩“序”，误将第三页排在第一页，致第一页缺，第三页重。此据江苏古籍出版社版《涡阳风土记》补入②，加括号。江苏古籍版题作“创修涡阳县志序”，虽然书名标为“涡阳风土记”，但正文版心都作“涡阳志”，与成文版版式不同。

黄佩兰《涡阳风土记》叙：“清同治三年，江淮乱平，大吏以蒙西之雉河集，距县僻远，奏请割蒙亳阜宿之地，设涡阳县治，今已五十余年矣。岁月不居，君民易主，文献无征，识者病之。余于民国六年捧檄宰涡，与涡人士马其骧、马朴仙、刘静章、王馨亭等议志事，绸缪者数阅月，延南阳王敬民为总纂，方城李东峰、扬州冯子乔、邑人马朴仙、王信能、王瑞棠诸君为分纂，测量学生寻克容等任绘事。又与南阳张忠夫先生函商体例，忠夫之言曰‘古志多详于类书、略于政书，今者新政丛弊，亡征迭见，亟宜覃研以图补救。桂阳、湘潭、深州各志及《章氏遗书》可师也。’八年春二月，设局泰山庙，访古钩沉，分类掇拾。九年秋，甫有端绪。适忠夫以赴沪之便，迎其来涡。居数月，手不停披，且与二三俦侣泛涡肥，陟龙、嵇、石弓诸山，剔藓寻碑，量泉瀹茗，于疆域沿革、古迹多所增润。十年春三月，余奉调五河，仓卒瓜代，乃携副本而去。未几，余又调颍上水灾筹赈，日不暇给，涡人士虽屡敦促，未敢卤莽。十一年夏，国会恢复，余重列议席。出志稿质之固始秦先生宥横，先生于治清史之暇，悉心鉴定，如雉水为雉，龙山为勇，颇抒新解。又得步军统领前安徽省长聂公伟丞提倡补助，乃于十二年冬在豫付梓。

① （民国）聶宪藩等修，黄佩兰等纂：《涡阳风土记》（据“民国”十三年刊本影印），台北：成文出版社，1970年。

② （民国）聶宪藩等修，黄佩兰等纂：《涡阳风土记》，南京：江苏古籍出版社，1998年，第419页。

十三年夏，蒇事。统计吾志之成，历年有七，为志十有四，为卷十有五，需款万余，为邑绅刘吉甫等及各堡捐助。离涡后，迻写剞劂之费，则解囊任之，三宿之恋也。乌乎！转蓬落叶，岂穷水陆之程；寒水增冰，乃洞阴阳之理。伊古以来，创业者难为功，守文者易为力，独著述也哉！后之君子，有弥纶漏阙，针余膏肓而起余废疾者乎？馨香祝之而已。中华民国十三年岁次甲子夏正四月中旬，叶县黄佩兰撰。”①

刘鸿庆《涡阳风土记》序：“中华纪元十三年秋，黄君自芳著《涡阳风土记》告成。溯创始之日，今已七历寒暑矣。初，黄君与余同为国会议员，交最挚。六年，国会停职，黄君出宰涡邑，余亦奉令长皖财政。涡为余乡邦，地瘠民贫，且北连豫永，遥接苏之丰沛萧砀，盗贼出没，扰害闾阎。吏斯土者，捕盗不暇，遑论其他。故设县虽久，而政教鲜著。黄君莅涡之初，曾约以听政余暇留心文献。翌年春正月会于蚌埠，黄君曰‘涡匪已清，方从事于沟渠、道路、森林、学校诸要政。涡志虽有发起之议，以经费无着，议而辄止。’余闻之叹美者再，乃慨允助资为先倡，而涡志从此开始纂修。越三年，政成化洽，甫脱稿，黄君去涡任颍，旋来京，再列议席，得间重事校订，蒐辑补正，又三年而书成。余慨然曰，‘黄君于去涡后，又尽力于邑乘，卒底于成，于涡可无憾矣。’犹忆设县之初，筑城未果而匪复炽，费绌，几辍工。有知县薛元启者，踵其事以完成之，今崇墉圪立，薛君之功也。黄君于五十年后创修涡志，与薛公之筑城，同为百年不朽之业。薛君，豫人；黄君，亦豫人，后先辉映，何豫人之多贤也！昔姚惜抱先生尝慨天下地志谬误，谓每邑设有笃学好古者，各考纪其地土之实，据以参校，则天下地志不患不善。涡素少博学，故有志未逮，今黄君发愤载笔，俾吾涡风谣物产地理人文之概，一一讬诸简编，其历时既久，考订斯精，于以见地志之善，固不仅地方士绅之著述也。是为序。中华民国十三年秋九月邑人刘鸿庆序于京师。”②

柯开云《涡阳县志序》：“开云于民国十一年五月捧檄宰涡阳，见前令黄君自芳倡修之《涡阳县志》，纲举目张，积成巨帙，不禁私衷向往者久之。黄

① （民国）聶宪藩等修，黄佩兰等纂：《涡阳风土记》（据“民国”十三年刊本影印），台北：成文出版社，1970年。

② （民国）聶宪藩等修，黄佩兰等纂：《涡阳风土记》（据“民国”十三年刊本影印），台北：成文出版社，1970年。

君于志未付梓，遽解组以去。开云本萧规曹随之义，筹资以促其成。窃愿竟黄君未竟之功，为涡阳留一信史焉。溯有清同治之世，当道以削平捻寇，稔知蒙、阜、宿、亳各边圉形势重要，苟非增设县治，殊不足以遏乱萌，因于蒙城之雉河集建涡阳县城，并分拨数邻县之疆宇以完成涡阳县境。由是干戈息而礼教兴，攙枪扫而德曜明。名臣如马忠武公，其人丰功伟烈，彪炳旂常，其他以经济文章蔚为国器者，更后先辉映，震铄寰区，于以见名贤应运而兴，亦间气钟毓使然也。开云宰涡一年，愧乏抚绥之绩，惟勦平豫匪，力为涡邑谋治安，差可告无罪于涡人。窃幸涡人本自治之精神，作善后之事业，其热忱毅力，俨有乡前辈之矩范焉。开云与涡人相结纳，每喜其诚朴不欺，浑厚无机械心，辄以为三代淳古之风不图于今日见之。兹开云身虽去涡，而爱涡之心与祝涡人希踪前贤勤劳国事之念，则积久弥笃焉。近开云承乏盱任，其繁剧与涡同，当此军书，旁午时，实无暇操笔为文也。因马君成骥函属作涡阳县志序，又曷敢以不文辞！民国十四年中秋月，贵池柯开云撰。”①

王体陵《涡阳县志序》：“涡阳当前清盛时，其地真瓯脱也，界蒙、亳、宿、阜四县之中，去县城皆辽远，又风俗强悍，山川阻深，大盗窃发，互相推避。封疆大吏患之，请于朝，建城郭设官府焉，恰值清之季世，亦所谓国将亡必多制也。昔年南北分争，恒视此为要地。元魏尝以重兵据涡阳，梁陈庆之等攻之。魏战数不利，已而魏生力军数万奄至。梁曹仲宗等惧腹背受敌，欲还，陈庆之坚执不退，并云奉密勅，违者斩，众乃定。亲提精锐百数十战，然后大败魏师，走之涡阳城，遂降梁。县虽新乎，而涡阳之名固已千有余年矣。近今，马忠武公谋勇兼备，所至成功，威镇中华，名闻敌国，足与陈庆之匹。庚子之役，惟董公与马公不负国家，盖得山川雄杰之气而出之以正者欤！至于忠烈之士，指不胜屈，不善教之，乃铤而走险，善教之皆戡乱才也。数年前，合肥聂公、叶县黄公创修县志，采访商酌，阅数寒暑，备极勤劳，今将告竣，而余适会其成功，敢掠美哉？诸人士请序于余，余辞之不获，遂不揣固陋，援笔而为之序。萧县王体陵序。”②

罗经猷《创修涡阳县志序》：“涡阳县治乃前清同治甲子，经皖抚唐公训

① （民国）黄佩兰修，王佩箴等纂：《涡阳县志》，台北：成文出版社，1970年，第1页。
② （民国）黄佩兰修，王佩箴等纂：《涡阳县志》，台北：成文出版社，1970年，第3页。

方、乔公松年、两江总督曾公国藩，先后奏请，割蒙、亳、阜、宿之地所设置。迄于民国纪元之六载，古叶黄君佩兰来令是邑，越二稔，涡志乃开始纂修，甫脱稿而黄君去涡，旋列京师议席，重事校订，甲子乃告厥成功，与置县之甲子相辉映，甚盛事也。中经六十寒暑，如邹钟俊、张树建两令尹均议修未果，邑中仅传有刘志草略，创修固有甚难者。盖经任柱、张乐行之变，频年烽火，典籍散失，名宿遗老复洁身远蹈，征文考献俱憾无从。加以文化日新，须具世界史眼光方能秉笔直书，为万国年鉴张本，以今较昔，才学识三者其难尤倍于前。观志载疆域，涡阳毗邻豫永，复与苏之丰、沛、萧、砀相错，全皖倚为北门之锁钥，一旦风鹤有警，涡河之米盐、南肥之刍茭、北肥之漕粮，呼应能通，饷源可恃，官斯土者，当视为守御之资。人物如老庄、范蠡、陈隐王、马忠武辈，皆此间杰出之才。其他义士、节妇、贞媛，例得并书，为移易风俗之助。而学校、文艺、赋役、户口，胥赖以传。盖志者，史乘也，大而推于一国，非国史无以纪治乱之源；小而譬诸一家，非家乘无以纪支派之衍。溯结绳而易书契，由草昧而进文明，世运递嬗，简编朗列。则是志也，非仅为目前之考证，直与河山并寿，万禩不磨矣。余廿载从戎，一行作吏，莅涡之三阅月，邑人士乃以县志付梓告余，因幸逢兹会，而乐观厥成也。爰分鹤俸助梓，缀以俚言，序云乎哉。中华民国十五年岁次丙寅，夏正五月，古蜀荣昌罗经猷序。”①

马敦仁《涡阳县志跋》：“涡志末，仿《泾县志》例，附刊‘乐输题名’，盖以挹注有资则事不中辍，佽助者之姓氏里居，忍湮没已乎！志稿虽成于涡，而辗转校雠有年，黄公自芳分鹤俸锓板于汴，初名《涡阳风土记》。惠印后，涡人感焉，而商榷之议起，数请于公，报可。又县宰王公文庆及邦人士之推许，余始有修正之举。乙丑二月从事，八月携稿同刘静章、王信能、王瑞堂赴沪，承印于商务印书馆，用连史纸、二号铅字，较原板每页溢二行，每行溢二字，综一千五百部，银币三千圆，以期年付书。甫擘印单，而浙奉之战歘起，烽火惊传，道途梗塞，滞留海上一阅月，乃绕汉转汴始返。此期年中又复与该馆往还商校，增删点窜，补续之什，裁答之篇，时盈案几，虽繁冗，未惰斯志也。历时十有寒暑，糜金约三万，始能萃然卷帙，慰观成之望，岂

① （民国）黄佩兰修，王佩箴等纂：《涡阳县志》，台北：成文出版社，1970年，第5页。

易为者！所期汴之再板完善，得庋藏于涡，以垂久远，庶不负剟剞夙愿，后之君子留心文献，当有责焉。丙寅初秋，马敦仁跋。”①

马敦仁后跋：“事也，其难其慎，矧志之为，书羼以糅，荦荦大者。随园修《江宁志》，尝慨乎江文通之言‘作史莫难于志’，故其知难而退者屡矣。然经咳芳臭之分，束脡之说，訾嗷之虑，一一及之，及其撰述苦心，若恐人之不谅也者。涡志兴，仆十有年，黄公自芳以此去官，王公敬民穷愁不怿，见于自寿诗（有‘方朔常苦饥，头白愁汗青’句），余略事校正，亦遭齿冷。自来著作之林，抱残守缺，沥血呕心，有因之罹刑戮、兴犴狱，巇为禁书，焚其庐、火其板者。浸淫之怨府谤丛，渺乎小焉。古今铅椠之士，名山大泽间，不同洒一掬热泪耶！明儒船山遗书，文正醵资以刊，始传。涡志呼将伯已久，而县宰柯公任内得银币两千圆、王公一千五百圆、罗公六百圆，咄咄出苛税中，皆余倡议争折，而补助于乐输之外者也。乃命途蹇偃，岁月蹉跎，始抵于成。昔《汉书》行，而刘向、朱赣疆域风俗之说亡，涡志之传未可必，而屹然成之，不以难退，则首事之责。又何论悠悠之口，足以铄金销骨哉！噫！丁卯立春，朴仙马敦仁后跋。”②

〔民国〕涡阳县志略　宫为之《〔民国〕涡阳县志略》提要：“朱国衡纂修。国衡，字哲青，河南开封朱仙镇人，毕业于陆军测量学校。民国十五年(1926)北伐军兴，投国民第一军，民国十八年任第一方军少将参谋，民国二十三年任涡阳县长。是志于民国二十五年付梓。记事止于民国二十四年。正文十七门四十五目，约二万字。是志记载了民国初年涡阳县农业人口占百分之九十，生产基本自给。记载了民国初年为振兴民族工业建立发电厂；兴办简易小学，使学生由民国二十三年四千六百七十人，至民国二十四年增到九千六百六十九人。出版了《涡阳日报》《涡阳儿童》《民众之友》等报刊。有民国二十五年（1936）铅印本。”③

---

① （民国）黄佩兰修，王佩箴等纂：《涡阳县志》，台北：成文出版社，1970年，第815页。
② （民国）黄佩兰修，王佩箴等纂：《涡阳县志》，台北：成文出版社，1970年，第817页。
③ 陈光熙：《中国地方志总目提要》，第12—25页。

第四编　亳州先贤著述序跋选

《孙子兵法》序

〔东汉〕曹操

操闻上古有弧矢之利，《论语》曰“足食足兵”，《尚书·八政》曰“师”，《易》曰“师贞丈人吉”，《诗》云“王赫斯怒，爰整其旅。”黄帝、汤、武咸用干戈以济世也。《司马法》曰：“人故杀人，杀之可也。”恃武者灭，恃文者亡，夫差、偃王是也。圣人之用兵，戢而时动，不得已而用之。吾观兵书战策多矣，孙武所著深矣。孙子者，齐人也，名武，为吴王阖闾作《兵法》一十三篇，试之妇人，卒以为将，西破强楚入郢，北威齐、晋。后百余岁有孙膑，是武之后也。审计重举，明画深图，不可相诬。而但世人未之深亮训说，况文烦富，行于世者，失其旨要，故撰为略解焉。[①]

《魏武帝集》题词

〔明〕张溥

孟德瑞应黄星，志窥汉鼎，世遂谓梁沛真人，天下莫敌。究其初，一名孝廉也。曹嵩为长秋养子，生出莫审，官登太尉。经董卓之乱，避难琅琊，陶徐州戮之，直扑杀常侍儿耳。孟德奋跳，当涂大振，易汉而魏。虽附会曹参，难洗宗耻。间读本集，《苦寒》《猛虎》《短歌》《对酒》，乐府称绝，又助以子桓、子建。帝王之家，文章瑰玮，前有曹魏，后有萧梁，然曹氏居最矣。孟德御军三十余年，手不舍书，兼草书亚崔、张，音乐比桓、蔡，围棋埒王、郭，复好养性，解方药，周公所谓多才多艺，孟德诚有之。使彼不称王谋篡，获与周旋，昼讲武策，夜论经传，或登高赋诗，被之管弦；又观其射飞鸟，

① 夏传才：《曹操集注》，郑州：中州古籍出版社，1986年，第192页。

擒猛兽，殆可终身忘老。乃竟甘心作贼者，谓时不我容耳。汉末名人，文有孔融，武有吕布，孟德实兼其长。此两人不死，杀孟德有余。《述志》一令，似乎欺人，未尝不抽序心腹，慨当以慷也。[①]

《中藏经》原序

邓处中

华先生，讳佗，字元化，性好恬淡，喜味方书，多游名山幽洞，往往有所遇。一日，因酒息于公宜山古洞前，忽闻人论疗病之法，先生讶其异，潜逼洞窃听。须臾，有人云："华生在迩，术可付焉。"复有一人曰："道生性贪，不悯生灵，安得付也！"先生不觉愈骇，躍入洞，见二老人，衣木皮顶草冠。先生躬趋左右而拜曰："适闻贤者论方术，遂乃忘归，况济人之道素所好为，所恨者未遇一法可以施验，徒自不足耳。愿贤者少察愚诚，乞与开悟，终身不负恩。"首坐先生云："术亦不惜，恐异日与子为累，若无高下无贫富无贵贱，不务财贿，不惮劳苦，矜老恤幼为急，然后可脱子祸。"先生再拜谢，曰："圣贤之语，一一不敢忘，俱能从之。"二老笑指东洞云："石床上有一书函，子自取之。速出吾居，勿示俗流。宜秘密之。"先生时得书，回首已不见老人，先生慑怯离洞，忽然不见。云奔雨泻，石洞摧塌。既览其方，论多奇怪，从兹施试，效无不神。先生未六旬，果为魏所戮，老人之言预有施验。余乃先生外孙也，因弔先生寝室，梦先生引余坐，语："《中藏经》真活人法也，子可取之，勿传非人。"余觉，惊怖不定，遂讨先生旧物，获石函一具，开之，得书一帙，乃《中藏经》也。予性拙于用，复授次子思，因以志其实。甲寅秋九月序。(此序赵写本所无，似是后人伪作，姑附存之)[②]

---

① (明)张溥:《汉魏六朝百三家集题辞注》，殷梦伦注，北京：人民文学出版社，1963年，第64页。

② 《中藏经》(周氏医学丛书本)，光绪辛卯仲夏池阳周氏校刊。

孙刻《中藏经》序

〔清〕孙星衍

华氏《中藏经》，见郑樵《通志·艺文略》，为一卷。陈振孙《书录解题》同云“汉谯郡华陀元化撰。”《宋史·艺文志》“华氏”作“黄”，盖误。

今世传本有八卷。吴勉学刊在《古今医统》中。余以乾隆丁未年入翰林，在都，见赵文敏手写本。卷上自第十篇“性忌则脉急”以下起，至第二十九篇为一卷。卷下自“万应丸药方”至末为一卷。失其中卷。审是真迹。后归张太史锦芳，其弟录稿赠余。又以嘉庆戊辰年，乞假南归。在吴门见周氏所藏元人写本，亦称赵书。具有上中下三卷，而缺《论诊杂病必死候第四十八》，及《察声色形证决死法第四十九》两篇，合前后二本校勘明本，每篇脱落舛误，凡有数百字。其方药、名件、次序、分量，俱经后人改易，或有删去其方者。今以赵写两本为定。此书文义古奥，似是六朝人所撰，非后世所能假托。考《隋书·经籍志》有《华佗观形察色并三部脉经》一卷，疑即是中卷《论诊杂病必死候》以下二篇，故不在赵写本中。未敢定之。

郑处中之名，不见书传。陈振孙亦云“自言为华先生外孙。称此书因梦得于石函。莫可考也。”序末称“甲寅秋九月序”。古人亦无以干支纪岁，不著“岁”字者。疑其序伪作。至一卷、三卷、八卷分合之异，则后人所改。赵写本旁注有高宗孝宗庙讳。又称有库本、陆本，异同是根据宋本手录，元代不避宋讳，而不更其字。可见古人审慎阙疑之意。此书四库书既未录存，又两见赵写善本，急宜刊刻以公同好。卷下万应丸等，皆以丸散治疾，而无汤药。古人配合药物分量，案五脏五味配以五行生成之数。今俗医任意增减，不识君臣佐使，是以古人有不服药为中医之叹。要知外科丸散，率用古方分量，故其效过于内科。此即古方不可增减之明证。余所得宋本医学书甚多，皆足证明人改乱古书之谬，惜无深通医理者，与共证之。

嘉庆十三年太岁戊辰十月四日。孙星衍撰序于安德使署之平津馆。[①]

---

① 《中藏经》(周氏医学丛书本)，光绪辛卯仲夏池阳周氏校刊。

《典论》自序

〔魏〕曹丕

初平之元，董卓杀主鸩后，荡覆王室。是时四海既困中平之政，兼恶卓之凶逆，家家思乱，人人自危。山东牧守，咸以《春秋》之义，卫人讨州吁于濮，言人人皆得讨贼。于是大兴义兵，名豪大侠，富室强族，飘扬云合，万里相赴。兖豫之师，战于荥阳；河内之甲，军于孟津。卓遂迁大驾，西都长安。而山东大者连郡国，中者婴城邑，小者聚阡陌，以还相吞并。会黄巾盛于海岳，山寇暴于并、冀，乘胜转攻，席卷而南。乡邑望烟而奔，城郭睹尘而溃，百姓死亡，暴骨如莽。

予时年五岁，上以世方扰乱，教予学射，六岁而知射，又教余骑马，八岁而知骑射矣。以时之多故，每征，余常从。建安初，上南征荆州，至宛，张绣降。旬日而反。亡兄孝廉子修，从兄安民遇害，时余年十岁，乘马得脱。夫文武之道，各随时而用，生于中平之季，长于戎旅之间，是以少好弓马，于今不衰，逐禽辄十里，驰射常百步，日多体健，心每不厌。建安十年，始定冀州。濊貊贡良弓，燕代献名马。时岁之暮春，勾芒司节，和风扇物，弓燥手柔，草浅兽肥，与族兄子丹猎于邺西，终日，手获麞鹿九，雉兔三十。

后军南征，次曲蠡，尚书令荀彧奉使犒军，见余谈论之末，彧言：“闻君善左右射，此实难能。”余言：“执事未覩夫项发口纵，俯马蹄而仰月支也。”彧喜笑曰：“乃尔！”余曰：“埒有常径，的有常所。虽每发辄中，非至妙也。若驰平原，赴丰草，要狡兽，截轻禽，使弓不虚弯，所中必洞，斯则妙矣。”时军祭酒张京在坐，顾彧拊手曰：“善。”

予又学击剑，阅师多矣，四方之法各异，唯京师为善。桓、灵之间，有虎贲王越善斯术，称于京师。河南史阿言昔与越游，具得其法，余从阿学之精熟。尝与平虏将军刘勲、奋威将军邓展等共饮，宿闻展善有手臂，晓五兵，又称其能空手入白刃。余与论剑良久，谓言“将军法非也，余顾尝好之，又得善术。”因求与余对。时酒酣耳热，方食竿蔗，便以为杖，下殿数交，三中其臂，左右大笑。展意不平，求更为之。余言“吾法急，属难相中面，故齐臂耳。”展言“愿复一交。”余知其欲突以取交中也，因伪深进。展果寻前，余却脚鄛，正截其颡，坐中惊视。余还坐，笑曰：“昔阳庆使淳于意去其故方，更授以秘术。今余亦愿邓将军捐弃故伎，更受要道也。”一坐尽欢。

夫事不可自谓已长。余少晓持复，自谓无对，俗名“双戟”为“坐铁室”，“镶楯”为“蔽木户”。后从陈国袁敏学，以单攻复，每为若神，对家不知所出，告曰“若逢敏于狭路，真决耳!”余于他戏弄之事少所喜，唯弹棋略尽其巧，少为之赋。昔京师先工有马合乡侯、东方安世、张公子，常恨不得与彼数子者对。

上雅好诗书文籍，虽在军旅，手不释卷。每每定省从容，常言“人少好学则思专，长则善忘，长大而能勤学者，唯吾与袁伯业耳。”余是以少诵《诗》、论，及长而备历五经、四部、《史》、《汉》，诸子百家之言，靡不毕览。

（所著书论诗赋，凡六十篇，至若智而能愚，勇而能怯，仁以接物，恕以及下，以付后之良史）[①]

魏曹植集题词

〔明〕张溥

余读陈思王《责躬应诏诗》，泫然悲之，以为伯奇履霜、崔子渡河之属。既读《升天》《远游》《仙人》《飞龙》诸篇，又何翩然遐征，览思方外也。王初蒙宠爱，几为太子，任性章衅，中受拘挛。名为懿亲，其朝夕纵适，反不若一匹夫徒步，慷慨请试，求通亲戚。贾谊奋节于匈奴，刘胜低首于闻乐，斯人感慨，岂空云尔哉！司马氏睥睨神器，魏忽不祀，彼所绸缪者藩防，而取代者他族。思王之言，不再世而验。然则《审举》诸文，固魏宗之磐石也。集备群体，世称绣虎，其名不虚。即自然深致，少逊其父；而才大思丽，兄似不如。人但见文帝居高，陈王伏地，遂谓帝王人臣，文体有分，恐淮南中

① 《魏文帝集全译》，易健贤译，贵阳：贵州人民出版社，2008年，第231—240页。

垒不为武成受屈也。黄初二令，省愆悔过，诗文怫郁，音成于心。当此时而犹泣金枕、赋感甄，必非人情。论者又云：禅代事起，子建发服悲泣，使其嗣爵，必终身臣汉。若然，则王之心其周文王乎！余将登箕山而问许由焉。①

《前录》自序

〔魏〕曹植

故君子之作也，俨乎若高山，勃乎若浮云。质素也如秋蓬，摛藻也如春葩。氾乎洋洋，光乎皜皜，与雅颂争流可也。余少而好赋，其所尚也，雅好慷慨，所著繁多。虽触类而作，然芜秽者众，故删定别撰，为前录七十八篇。②

《论语集解》序

〔晋〕何晏等

汉中垒校尉刘向言："《鲁论语》二十篇，皆孔子弟子记诸善言也。"太子太傅夏侯胜、前将军萧望之、丞相韦贤及子玄成等传之。《齐论语》二十二篇，其二十篇中章句颇多于《鲁论》，琅邪王卿及胶东庸生昌邑、中尉王吉皆以教授，故有《鲁论》，有《齐论》。鲁恭王时，尝欲以孔子宅为宫，坏，得《古文论语》。《齐论》有《问王》《知道》，多于《鲁论》二篇。《古论》亦无此二篇，分"尧曰"下章"子张问"以为一篇，有两《子张》，凡二十一篇，篇次不与齐、鲁《论》同。安昌侯张禹，本受《鲁论》，兼讲《齐说》，善者从之，号曰"张侯论"，为世所贵，包氏、周氏章句出焉。《古论》惟博士孔安国为之训解，而世不传。至顺帝时，南郡太守马融亦为之训说，汉末大司农郑玄就《鲁论》篇

① （明）张溥：《汉魏六朝百三家集题辞注》，殷梦伦注，北京：人民文学出版社，1963年，第71页。

② 赵幼文：《曹植集校注》，北京：人民文学出版社，1984年，第434页。

章，考之齐、古，为之注。近故司空陈群、太常王肃、博士周生烈皆为义说。前世传授师说，虽有异同，不为训解，中间为之训解，至于今多矣，所见不同，互有得失。今集诸家之善，记其姓名，有不安者，颇为改易，名曰《论语集解》。光禄大夫关内侯臣孙邕、光禄大夫臣郑冲、散骑常侍中领军安乡亭侯臣曹义、侍中臣荀顗、尚书驸马都尉关内侯臣何晏等上。[①]

《追昔游集》序

〔唐〕李绅

追昔游，盖叹逝感时，发于凄恨而作也。或长句，或五言，或杂言，或歌，或乐府齐梁，不一其词，乃由牵思所属耳。起梁汉，归谏署，升翰苑，承恩遇，歌帝京风物，遭谗邪，播历荆楚，涉湘沅，踰岭峤荒陬，止高安，移九江，泛五湖，过钟陵，溯荆江，守滁阳，转寿春，改宾客，留洛阳，廉会稽，过梅里，遭谗者，再宾客，为分务归东周，擢川守，镇大梁。词有所怀，兴生于怨，故或隐显不常其言，冀知者于异时而已。开成戊午岁秋八月。[②]

戴氏《广异记》序

〔唐〕顾况

予欲观天人之际，变化之兆，吉凶之源，圣有不知，神有不测，其有千元，气汨五行，圣人所以示怪力乱神、礼乐刑政，著明圣道以纠之，故许氏之说天文垂象，盖以示人也。古文“示”字如今文“不”字，儒有不本其意，云“子不语”，此大破格言，非观象设教之本也。

---

① （晋）何晏等：《论语集解》（元盱郡覆宋本），故宫博物院影印，“民国”二十一年（1932）。
② （唐）李绅著，卢燕平校注：《李绅集校注》，北京：中华书局，2009 年，第 275 页。

大钧播气，不滞一方。梼杌为黄熊，彭生为大豕；苌弘为碧，舒女为泉。牛哀为虎，黄母为鼋（一作鳖）；君子为猿鹄，小人为虫沙；武都妇人化为男，成都男子化为女；周娥殉墓，十载却活；嬴谍（一作姬）暴市，六日而苏；蜀帝之魂曰杜鹃，炎帝之女曰精卫。洪荒窈窕，莫可纪极。古者青乌之相冢墓，白泽之穷神奸；舜之命夔以和神，汤之问革以语怪。音闻鲁壁，形镂夏鼎，玉牒石记，五图九龠，说者纷然。故汉文帝召贾谊问鬼神之事，夜半前席。志怪之士刘子政之《列仙》，葛稚川之《神仙》，王子年之《拾遗》，东方朔之《神异》，张茂先之《博物》，郭子潢（一作横）之《洞冥》，颜黄门之《稽圣》，侯君素之《精（一作旌）异》；其中神奥，顾君《真诰》、周氏之《冥通》。而《异苑》《搜神》，《山海》之经，《幽冥》之录，襄阳之《耆旧》，楚国之《先贤》，《风俗》所通，《岁时》所记，吴兴阳羡，南越西京，注引古今，辞标淮海。裴松之、盛弘之、陆道瞻等，诸家之说，蔓延无穷。国朝《燕梁四公传》，唐临《冥报记》，王度《古镜记》，孔慎言《神怪志》，赵自勤《定命录》。至如李庾成、张孝举之徒，互相传说。谯郡戴君孚，幽赜最深，安道之胤，若思之后，邈为晋仆射，逵为吴隐士，世济文雅，不陨其名。

至德初，天下肇乱，况始与同登一科。君自校书，终饶州录事参军，时年五十七。有文集二十卷，此书二十卷，用纸一千幅，盖十余万言。虽景命不融，而铿锵之韵固可以辅于神明矣。

二子钺、雍，陈其先志，泣请父友，况得而叙之。①

《河洛数》序

〔明〕李学诗

盖闻天地间有理斯有气，有气斯有数。气非理不立，数非理不行。在昔上古，数隐无朕肇。自羲皇盛德格天，龙马负图，神龟载书，因而画卦易数始出，分别阴阳，辨方位，奇属乎天，偶属乎地，布列于图，成变化，行鬼神。大而

① 丁锡根：《中国历代小说序跋集》（上），北京：人民文学出版社，1996年，第75页。

天地造化，小而事物细微，皆囿其中。是数也，乃三极之至理也。迨至黄帝，命大挠作甲子，以天干地支分配五行数，斯行焉。迄周文王彖卦象，周公系爻词，孔子作十翼。由是易道大备，而数已炳炳然具于其中矣。汉唐以来，世衰道微，谶纬之术穿凿附会，淆乱圣经，簧鼓惑世，数斯无传。迄及宋兴，摈黜浮伪，崇尚理学，陈图南始以斯数显于其时。推明爻象，悉本河洛；指陈休咎，应若影响，诚非谶纬诸术所能仿佛万一者也。嗣后，邵康节受性命义理之学于山林隐德之士，冬不炉，夏不扇，二十余年，竭思精研，洞彻玄奥，演为皇极经世之书，命名曰《观物篇》。上遡往古，下至方来，凡天地之运行、世代之兴废、人物之臧否、草木之荣瘁、日用之云为，巨细毕举，不爽毫末，易数益大明于天下矣。其自吟曰："自从识得環中趣，闲事胸中一点无。"诚乐知天命之隐君子也。蔡九峰有云："圣人因理以制数，贤人因数以明理。上者安焉，次守焉，其下悖焉。"旨哉言乎！何也？天下之至大者，无如天地，若以道观之，天地亦道中之一物也。然其春夏秋冬温良寒暑，各司其候。苟或阴阳不时、温寒失序，则休咎殊征，灾祥迥异。故曰天不能违时，时至而必变，天地且然，况人生天地间，灵于万物，参为三才。其所生之时，一受天地至清醇之气，则为富贵、为寿、为贤，而百祥骈集。一受天地至浊驳之气，则为贫贱、为夭、为愚，而百殃荐至。然天地游气，纷扰不以，是以人生祸福，参差万状。谓非数有一定，可乎？惟圣人为能，乐天知命；君子则居易俟命焉。至于小人，则不知命者，行险以徼幸而已矣，又何怪乎！世多戚戚于贫贱、役役于富贵，遇宠利则骄矜，处患难而忧惧哉。仲尼曰："不知命无以为君子"，警人当知命也。愚昔得是数于中都，见而悦之，研究既久，颇能领会大略。后得祝氏钤丁汉中，更多发明。间尝推验一二士夫，若合符节，乃知斯数义理精微，包括性命，圣如孔子，犹欲假年以学之，况吾人乎。未遇师指，莫启关键。访求数载，殊无其人。诚惧斯数湮没失传，暇日检阅旧集，删其烦芜，正其舛讹，屡易寒暑，始克成编。鸠工锓梓，以永其传。庶乎后有博雅君子，藉是考究性命之理，亦可为居易俟命之一助云耳。是集起例演义三卷，陈邵二先生易经释义五卷，陈图南卦爻诗断二卷，凡十卷，总计二十万余言。时万历辛卯岁夏五月吉旦颍川后学默菴李学诗谨序。[1]

① 《河洛真数》，续修四库全书第1061册，第61页。

《柯山集》序

〔宋〕叶梦得

元祐间，天下论文多曰“晁张”。晁，余伯舅无咎，而张则文潜也。文潜之文殆所谓“若将为之而不见其为”者欤！雍容而不迫，纡裕而有余。初若不甚经意，至于触物遇变，起伏敛纵，姿度百出。意有推之不得不前、鼓之不得不作者，而卒澹然而平，盎然而和，终不得窥其际也。

君与秦少游同学于翰林苏子瞻，子瞻以为“秦得吾工，张得吾易”。而世谓工可致，易不可致，以君为难云。又曰：“无咎雄健峻拔，笔力欲挽千钧；文潜容衍精深，独若不得已于书者。”二公各以所长名家。[①]

《张右史集》序

〔宋〕张表臣

予去冬两侍太师公相，论近世中原名士，因及苏门诸君子，自黄豫章、秦少游、陈后山、晁无咎诸文集皆已次第行世，独宛丘先生张文潜诗文散落，其家子弟死兵火，未有纂萃而诠次之者。因俾访求，始得公相汪公藻手编三十卷，颇复不全。继得浙西宪王工鈇所录四十卷，续集十余卷，稍为精好。又得察院何公若数卷。最后秘监秦公熺送示旧藏八册，不分卷。大抵总四家，凡百余卷。亟加考订，去其重复，正其讹缪，补其缺漏，定取七十卷，号《张右史集》。凡古赋三十二篇，古诗七百四首，五言律诗三百三十四首，七言诗三百三十九首，绝句诸小诗七百七首，古乐府等诗八十四首，哀挽四十一首，骚一十二篇，表状十五篇，启十三篇，文二十九篇，赞、铭、偈、疏、

① （元）马端临：《文献通考》，北京：中华书局，1986年，第1885页。

简、评十九篇，题跋三十一篇，传记二十一篇，序十五篇，议说二十三篇，经史等论五十七篇，书十二篇，墓志十七篇，同文馆唱和六卷，通二千七百余篇。呜呼，其盛矣哉！信君子多文之富也。

公于诸人，最为死后。其文章雄深雅健，纤秾瑰丽，无所不有，晻暧陻晦者殆数十年，一旦得师相而振发之，其光明焜耀，盖将偕五纬二十八宿燦然而垂无穷矣，不其幸欤！

予年十七始识先生于陈，猥蒙诱掖。其后迁谪流离，而予侍亲南北，就学应举，多不相值。襄时杂蓄先生文集殆百卷，丧乱以来，捐失皆尽。今者网罗之余固不多，然未为尽也。继自今有得，当为后集以附诸。绍兴十三年闰四月十八日，单父张表臣叙。（《东湖丛记》卷一《张右史集》）[1]

《赵飞燕别传》绪论

〔明〕胡应麟

杨用修谓唐小说不如汉，而举伶玄《赵飞燕传》中一二语为证。戊辰之岁，余偶过燕中书肆，得残刻十数纸，题《赵飞燕别集》，阅之，乃知即《说郛》中陶氏删本。其文颇类东京，而末载梁武答昭仪化鼋事，盖六朝人作，而宋秦醇子复补缀以传者也。第端临《通考》渔仲《通志》并无此目，而文非宋所能，其间叙才数事多俊语，出伶玄右，而淳质古健弗如。惜全帙不可见也。

《别集》称昭仪方浴，帝私觇，侍者报昭仪，昭仪急趋烛后避，帝瞥见之，心愈眩惑。他日，昭仪浴，帝默赐侍者，特令不言，帝自屏罅觇之，兰汤滟滟，昭仪坐其中，若三尺寒泉浸明玉。帝意飞扬，语近侍曰“自古人主无二后，有则立昭仪为后矣。”右叙昭仪浴事，入画。“兰汤滟滟”三语，百世下读之，犹勃然兴，矧亲炙耶。玄《传》“肤体光发占烧烛”七

① （宋）张耒：《张耒集》，李逸安等点校，北京：中华书局，1999年，第1020—1021页。

字佳。①

《谭意歌传》评注（节选）

〔民国〕卢冀野

（北宋）重要的传奇文家，恐要数秦醇了。他的作品，今存四篇：一、《赵飞燕别传》；二、《骊山记》；三、《温泉记》；四、《谭意歌传》。极力学唐人，但文辞不免芜劣。乐史的《绿珠传》、《杨太真外传》上、下，也与他相同，虽间有好语，全篇惜不相称。不知作者的有《大业拾遗记》（假托唐颜师古撰）与《开河记》《迷楼记》《海山记》（讬唐韩镬撰），都杂俚语，渐有变为话本的倾向。《梅妃传》（讬唐曹邺撰），鲁迅谓是南宋人作。唐人喜谈本朝的明皇，宋人喜谈隋炀帝（如《大业拾遗记》《开河记》《迷楼记》《海山记》皆是）。宋人自不能如唐人之亲切有味，加以传奇文体需要浓至之文，而宋诸家皆出之苦涩，更为减色。②

此传以联语、诗词、函札错综成文，亦传奇常例。末尾以二字作结，非复如乐史诸作论断之繁，略近唐人。③

《变离骚》序

〔宋〕高元之

《骚》有九篇：《愍畸志》《臣薄才》《惜来日》《感回波》《力陈》《危衷》《悲婵媛》《古诵》《绎思》。《变离骚》者，汳京高元之之所赋也。风雅之后，《离骚》为百世词宗，何为而以变云乎哉？探端于千载之前，而沿流

① （明）胡应麟：《少室山房笔丛》，北京：中华书局，1958年，第377页。
② （民国）卢冀野：《唐宋传奇选》，上海：商务印书馆，“民国”三十六年，第9页。
③ 同上，第127页。

于千载之后，然则非变而求异于《骚》，将以极其志之所归，引而达于理义之衷，以障堤颓波之不反也。昔周道中微，《小雅》尽废；宣王兴滞补弊，明文、武之功业，而《大雅》复兴。褒姒之祸，平王东迁，黍离降为国风，王德夷于邦君，天下无复有《雅》。然列国之风，达于事变而怀其旧俗。故《风》虽变，而止乎礼义。逮株林、泽陂之后，《变风》又亡，陵夷至于战国，文、武之泽既斩，三代礼乐坏，君臣上下之义渎乱舛逆，邪说奸言之祸糜烂天下。屈原当斯世，正道直行，竭忠尽智，可谓特操之士，而怀、襄之君，昵比群小，谗佞倾覆之言，慆湮心耳。原信而见疑，忠而被谤，《离骚》之作，独能崇同姓之恩，笃君臣之义。愤悱出于思治，不以汙世而二其心也；愁痛发于爱上，不以汙君而韬其贤也。故《离骚》源流于六义，具体而微，兴远而情逾亲，意切而辞不迫，既深之以《九章》，又重之以《九歌》《远游》《天问》《大招》，而犹不能自已也。其忠厚之心亦至矣。班固乃谓其露才扬己，苟欲求进，甚矣其不知原也！是不察其专为君而无他，迷不知宠之门之意也。颜之推至谓文人常陷轻薄，是惑于固之说，而不体其一篇之中，三致其意之义也。《远游》极黄老之高致，而扬雄乃谓弃由、聃之所珍；《大招》所陈，深规楚俗之败，而刘勰反以娱酒不废，谓原志于荒淫，岂《骚》之果难知哉！王逸于骚好之笃矣，如谓“夕揽洲之宿莽”，则《易》之“潜龙勿用”；“登昆仑，涉流沙”，则《禹贡》之“敷土”；“就重华而陈词”，则皋陶之谋谟，又皆非原之本意。故扬之者或过其实，抑之者多损其真。然自宋玉、贾谊而下，如东方朔、严忌、淮南小山、王褒、刘向之徒，皆悲原意，各有纂者，大抵紬绎绪言，相与嗟咏而已，若夫原之微言匿旨，不能有所建明。呜呼！忠臣义士，杀身成仁，亦云至矣，然犹追琢其辞，申重其意，垂光来叶，待天下后世之心至不薄也，而刘勰猥曰“枚、贾追风以入丽，马、扬沿波而得奇”。“顾盼可以驱辞力，咳唾可以穷文致”。徒欲酌奇玩华，艳溢锱毫，至于扶掖名教，激扬忠蹇之大端，顾鲜及之。如此，则原之本意，又将复亡矣。[1]

按：文前有叶盛语曰“《离骚》经文公先生之手，无遗憾矣。近得一书云《变离骚》，盖断简也，当竢知者足之。”文渊阁四库全书本《水东

① （明）叶盛：《水东日记》，魏中平校点，北京：中华书局，1980年，第239—241页。

日记》所录文与此文偶有不同。宋楼钥撰《攻媿集》卷一百三有《高端叔墓志铭》，有引用此文。

高元之《变骚》后序

〔宋〕曾丰

余闻诗生于声，声生于气，天地与气为聚散，则诗与天地为始终，盖其理然也。孔子所取者雅、颂、风而已，不及于骚，时则骚未作也。而雅不及于上古，何耶？上古之诗，言大道者多，未纯乎雅也。雅变为风，风变为骚，极矣。下此则乐而滛（淫），哀而伤，怨诽而乱，去雅远而难反，不足以为常道矣。故诗之原止于雅，其流止于骚。庆元己未腊，余得高元之《变骚》于周君可。初疑骚不可复变，变则徇流，繙而绎之。意所欲者变骚为风，变风为雅，盖还原之，道虽名变也，其诸异乎人之变之欤？齐变至鲁，鲁变至道，孔子志也。骚变至风，风变至雅，元之志也。充所志而之，患不变，变必至。顾元之无孔子力，人未以必然待之尔。《书》之典流为誓，诗之雅流为骚，是或一道也。缪公悔过近道，而孔子收《秦誓》入于《书》。屈原爱君，与悔过等，使孔子生于战国之末，余知收骚入于诗必矣。彼曰“删后更无诗”，为徇骚之流者设，可也。元之学未同乎大通，而果于立论。如此或者以典推雅，以誓推骚，逆知孔子意然欤？后世有孔子出，《骚》得附于《诗》以为经，则元之所变，得附于骚以为传。用疏所见其卷末，寄之往，使藏以俟焉。二月五日，庐陵曾幼度序。①

---

① （宋）曾丰：《缘督集》，《景印文渊阁四库全书》第1156册，台北：商务印书馆，1986年，第203页。

《魔合罗》杂剧提要

〔清〕董康

元孟汉卿撰。孟汉卿，亳州人，所作仅《魔合罗》一种，今存。元人百种中。如合同文字、救孝子、勘头巾、灰阑记、后庭花、神奴儿、生金阁及此剧等，皆记贤能官吏、判决疑狱事。事虽未必皆实，而其钩距得情，伸洩枉滥处，有关吏治，不同苟作。

考《岁时纪异》，七夕俗以蜡作婴儿形浮水中以为戏，为妇人宜男之祥，谓之化生，本出西域，谓之摩堠罗，今曰魔合罗。盖流俗相沿，音讹字谬也。又《梦华录》云，七月七夕，京师卖小塑土偶，悉以雕木彩装栏座，或用红碧纱笼，或饰金珠牙翠，有一对直数千者，禁中及贵家与士庶为时物。按此皆摩堠罗之踵事增华者，今虎丘山塘店中，不倒翁泥美人之类，皆其遗也。又考七夕故事，乞巧楼前铺陈磨喝乐，磨喝乐本出内典，后人讹作摩候罗。摩合，又摩候之讹也。

略云：河南府录事司醋务巷人曰李彦实，子文道，侄德昌。德昌妻刘玉娘，子弗留。文道为医，德昌为贾，同巷分居，文道开药铺，德昌开线铺。文道无行，数过德昌家，戏其嫂，玉娘叱之。德昌贾南昌，文道复至德昌家，玉娘呼彦实至，责文道。文道怀憾。德昌获利回，冒雨受寒，病于城外五道将军庙，时当七夕。有卖魔合罗者高山，入庙避雨。德昌告以居址，嘱其通信于妻。高山入城，至文道药铺中问路，文道绐其走枉道，而怀毒药先驰至庙，毒杀其兄，劫其赀以归。及高山绕城问至德昌家，则即药铺之对门也。达信，复以魔合罗一，遗佛留而去。玉娘至庙，德昌已垂绝，扶至家，七窍流血死。文道乘机勒其嫂为妇，玉娘不从，遂诬其因奸杀夫。官吏皆受贿严拷，玉娘诬服。越一年，新官至，将就戮，孔目张鼎疑其冤，请卷阅之。卷云供状人刘玉娘，有夫李德昌，将银十锭，从南昌买卖，回至五道将军庙中染病，而此银无着落，一疑也；又云有不知姓名男子，前来寄信，而此人并未到官质审，二疑也；又云玉娘慌速到庙，扶策到家，入门气绝，七窍流血，报知小叔李文道，小叔说玉娘与奸夫同谋，而奸夫无名，并未到官，三疑也；合毒药药杀丈夫，而毒药何从而来，何人所合，皆未明供，四疑也。遂于令史力争，而请新官复审。官即委鼎三日内定虚实。鼎出玉娘于狱，首询以报信之人形状，作何生理，玉娘始追忆为卖魔合罗者，而所遗佛留魔合罗尚存，取验之，上有姓名曰高山制，乃收高山。诘以报信之日，尚有何人见闻，山供先至药店，遇一人给以绕道，乃收药店人至，则即德昌之弟文道也。鞠文道，文道不承。时文道之父彦实，年已八十，老愦。鼎使人赚以文道已供，彦实不能隐。拘至官，一一证之。文道伏诛。玉娘之冤得白。[①]

王仁子《嬾园遗稿》序

〔明〕顾起元

昔范蔚宗有言："士有怀琬琰以就煨尘者，亦何可支哉！"斯言也，盖闵夫士之不得志于时，有激而云然者也。夫士患无琬琰可怀耳，怀矣，何不可支之有？阮籍有言："布衣韦带之士，王公大人屈体而下之者，为道存也。"夫既有道可存，则钟鼎山林各得其性，子牟不必以江湖而驰魏阙之思，幼舆不必以邱壑而阙庙廊之虑，自适其适而已矣。矧万卷，坐拥夫百城一室，尚友乎千古青藜之光，可引白雪之唱，不孤焉往。不得吾琬琰者，乃妄自菲薄，而以不可支自局也。蔚宗之言毋乃刘昭所云"思杂风尘"，未穷至理。斯言之玷，遂至此乎？苏洵谓王公大人"求一言之几乎道，不可得"，高自矜诩，谓其文合古人之优柔、清深、温醇、雄刚、简切者，兼而有之，以为天之与我，非偶然者，可以芥千驷、尘万钟而不顾。诧其语者，至引杜甫"文章一小技，于道未为尊"齮之。夫独不见夫魏文帝之言乎？文帝万乘之主也，其《典论》言年寿逸乐未若文章之无穷，而思以经国大业、不朽盛事捐志士之痛。然则人之所谓悬日月而敝天壤者，在彼乎在此乎，士宜知所以自处矣。乃有擅千秋之誉，而矻矻营一日之娱；操万古之权，而孳孳媒一官之利，是不爱夏后

① （民国）董康：《曲海总目提要》，北京：人民文学出版社，1959年，第88—90页。

氏之璜，而窃苍璧小玑以为润也，岂不谬哉！仁子王君，亳之道义博闻君子也。挟盖代之才，读书万卷，掇其精华，发而为文章。为诸生时，学博，婺源詹公轸光器重之，谓仁子当拭目取高第去，且以古文辞踵其乡先辈西原薛先生知名当世。乃屡试不售，栖栖场屋间，及以选贡对策大廷，部拟授官为令，又不及随牒，领一邑而卒。人谓仁子真蔚宗所谓怀琬琰而就煨尘者。余顷从其子文学，得所著《嫩园稿》读之，远宗两汉，近法三唐，中出入于三国六朝，庀材博而操律严，抽思精而遣辞当，其高洁则如古柏参天、孤松映雪，其秀发则如晓风杨柳、初日芙蕖，其俊快则如苍鹘摩天、群鸿戏海，其富艳则如武陵裘马、南路衣冠，所为誉千秋而权万古者，固已卓然成一家言，异夫世之立植索途、寄人篱下者矣。夫仁子实怀此而难于遇，牢骚不平之感，时亦有之，然而琬琰之在我者，世莫得而损其价也。管宁之榻可隐，蒋诩之径可开，嵇康之锻可遣，刘伶之锸可荷，安在其不可支而介介乎哉？仁子之不朽，信有在于此者。因少为论次，属文学使版而行之，公诸炙嗜，高山流水之赏，岂独在余君家！子猷所谓人琴俱亡，不足为仁子痛也。钟嵘《诗品》有言，“贞松之拔灌木，珠玉之在泥沙，愈有以自见。”余请以若言标仁子。蔚宗之言，徒短英雄之气耳。即如太史公谓“士之砥行立名者，非附青云，焉能施于后世。”余犹以为浅之乎待天下士者也。文学，博通详雅，善成先志，视江左青箱之学有进焉者。余又幸仁子之有子也，因附著之。崇祯戊辰秋月。①

题《嫩园漫稿》

〔明〕严有容

抗行周雅，长揖楚辞，无此两种风流，弗复谈笔墨事。自昭代以制枳枣，人才不用词赋，士方伏首授经，何暇得膏晷余闲，肆力旁趣？才著进贤冠，

① （明）王寰洽：《嫩园漫稿》，《四库存目丛书补编》（53），济南：齐鲁书社，1996年，第199页。

以为文章之道尽此矣。间籓拾应酬，取眄破俗面而已。故往往以其力残成其腹俭，二百年旗鼓中原，寥寥作者。其能濬发巧心，颉颃古昔，吾推索其人，未经一二数也。而瑰才数奇之士，独抱其热结之文心，幸一当焉，不得，既无所用之，乃发乎情、酣乎兴会，触时而云，扣寂成响。非有意乎为之，而为之者已不可几矣。如唐之郁奇于少陵，今之骯髒于天池，彼皆擯入科目中人，毕世而若登天者也，天亦若，遂丰之于其文，不惜啬之于其遇。文以穷而益工，信哉！古谯王仁子，卓荦自奇，负其才意不可一世，世亦卒无知之者。用明经起，当除令，未就官而溘朝露。茂陵遗草，封尘土间，仙仙如也。嗣君伯几，报以走秣陵，将问诸六代江山，品定何似。开卷读数行，光怪逼人，云雾并上，迷目赏心，不容人不叫绝。展绎之，机发于踵而秀彻于骨，意言之表别带鲜香，真能脱骚之神而存雅之意者也。曩令仁子拾青紫少年，或堕吏尘、染倥偬，杂詠其文，正未必能工，纵工矣，未必能壘壘盈帙也。天之缺仁子，非所以成仁子者哉！伯几曰：“先子之手泽无敢忘，将卜视梓。”余曰“可哉，能立其言，不朽之大者也。”又曰，“子知吾先子者，盍弁诸。”余曰：“何敢哉。夫余言乌足重于四方者?”抑心所慕用，无所辞，走笔纳蒯纵装。伯几上宿草之墟，盍係之梅，曰吁嗟嗟夫，苔上严生之剑在！①

《西原集》序

〔明〕蔡羽

嘉靖己亥之秋，文选郎中谯郡薛子君采，以其《西原集》寓书于翰林孔目蔡子羽，令之序。东方曼倩云“谈何容易”，诗诚易言哉！薛子深于诗者也，梓既行矣，顾属之序。诗诚易言哉？《三百篇》之有六义，风殊而雅博，赋长而兴寄，发乎人情止乎礼义，风之大约也。闾巷歌之，政有小大，王有降升，雅之分也。故朝廷奏之，有王之德，有王之功。颂不能忘，故郊庙用之，孔子删而周衰，采风之使不出，诸侯之士大夫聘贺，饮至公享出饯，各

① （明）王寰洽：《懒园漫稿》，《四库存目丛书补编》(53)，济南：齐鲁出版社．1996 年，第 205 页。

举其成章而讽咏之，不闻别有所撰，诗之寂久矣。骚兴而赋见，与诗合体，枚乘苏李，变四言而五之也。柏梁变而七，然皆不盛行。汉四百五十年无诗，赋揜之也。曹刘起，而诗道中兴。晋宋齐梁，各有名家，不得相贬。谢元晖而下，至于江总，古衰而律形矣。夫湛淫哀思不可以长流，唐初诸家因之为近体，视古虽异，然微婉之法犹存。至于盛唐，发越奋扬，惟恐不至，故歌富而律长，是赋之流归向也。李白、杜甫恣其豪健，而伤放促。虽以救时之溺，去古远矣。宋三百年，诗家狼狈，法子美之过也。薛子博古强记，自周汉而下，诸诗无不究极，或采其精妙，或尚其理致，故其为诗，言葩而思温，意圆而气畅。夫格局虽由乎学向，超出实系乎天资。君采天姿贞秀，意旨优闲，故善感善述，简而不迫，详而不厌。斯集凡若干篇，诵之而莫释。国朝诗不甚盛，盖袭宋元之弊。弘治正德间，其风渐开，然尚因于学杜。嘉靖来，诗人高步，务去时趋。君采尤卓然者也，夫充养足而后家成，家成而后言立。於戲！韫藉融结，涵泳千古，非学力不能，然有非力可得而预，诗诚易言哉！[①]

《考功集》原序

〔明〕李宗枢

昔我武宗皇帝庚辰之岁，余尝从瑞泉先生游干京师，获西原薛先生词赋数帙。尚则玄风，聿祛末习，漱群籍之芳润，撷百氏之英蕤。藻思鸿才，卓哉有斐。一时骚坛词囿，操觚洒翰之徒，邈焉寡俦。先生方绾章铨署，欲晋焉请益，未之敢也。今上御极之癸未，余举进士，先生同考之。未几，振衣南州。余亦分符北海。思觌晔颜，聆玄论，未之能也。乃岁壬辰，余官中土，分按南畿，既见先生，乃舍彼旧学，栖迹丘园，游心理域，德音秩秩，昭然发蒙，不我诬已。乃知大道靡穷，达人无我，瞻彼群什，道中一艺云尔。虽然，尼父定删，风雅并述，将以性情所感，斯道攸存，诗以理之，孰云徒作？统之

---

① （清）黄宗羲：《明文海》（全五册），北京：中华书局，1987年，第2426－2427页。

畅湮，鬱之思达，神明之德，通万物之情，格两间之妙，诗之为用，大矣哉！夫道不远人，诗非离道，一以贯之，存乎其人。追念遐思，爰请旧作，以贻同志，并叙厥学，庶有所稽焉。皇明嘉靖十四载中春十日，秦中李宗枢序。[①]

《西原集》序

〔明〕何乔元　钱象坤　陈文烛　王廷

西原集十卷，四库馆作考功集。

仅按，《四库书目》评云：蕙名列七子之中，而古体上挹晋宋，近体旁涉钱郎，取径近于信阳而稍远于北地。其戏成五绝句有曰“俊逸终怜何大复，粗豪不解李空同”，轩轾之意显然也。

〇晋江何乔元序曰：儒者之学，动辟佛老，西原薛先生曰“天下之理本同末异，二氏之学并本无私，苟无私心，异安从出？”儒者之门，各著宗旨，西原薛先生曰“未发之中，一言尽之矣。夫学者于圣人之道，苟非实有所见，必不敢独创为论，不避訾诋；苟非实有所得，必不能独探大原、推本性初。”西原先生以仲尼、佛者并列为圣，实有所见也，推本性初、独探其原也。先生少壮登朝，筮仕西曹，则谏武庙南巡；既调右曹，则诤世庙人礼，坐下狱。既复官，竟为张桂诸公所不怿，屡荐不起，而竟终焉。自其少年游意文辞之业，枕藉《骚》《选》，步趋颜谢。既而弃之，而修养生。既又弃之，而究佛老。既又弃之，而大窥圣贤之道。其学之博，及于医卜、禄命、金丹之术，无所不讲；其论之精，则有《约言》《老子解》《五经杂说》诸书，盖其学由博以入约，从文而修行。人但见先生早岁之诗有名于时，称为国朝才子，而不知于道也深矣。先生之言曰“学者处屯否之世，苟时势有可亨之理，则虽险难，可以动而有为。不则，虽在平世，惟有止而已。”此尤见先生出处之正，而有合于“潜龙勿用”之说也。先生之学，师仪封王子衡先生，友洹上崔子钟先生。然于子钟，频有论难；而于子衡，亦时规正，又可以见直谅之

① 钱钟联：《历代别集序跋综录》（元—明代卷），南京：江苏教育出版社，2005年，第1056页。

益。而所与游文章之士，则何仲默、郑继之诸公，皆一时之杰然者也。先生之书，旧各自为一部，先生世孙大年公来知吾县，乃出示予订正，合而刻之，使人知先生之全念。予景仰先生有年，而区区所学，由文辞而进于道，亦颇臭味于先生，因大年公见命，遂为先生论叙如此。

〇会稽户部尚书钱象坤序曰：道在六经也，有诸子而纷、遭秦火而劫。汉儒收煨烬之余于坎窞古壁之间，以诏来世，专门墨守，未暇环攻，故尊经为正统而列诸子于附庸。自西方之教入，诸子外复标一帜矣，简册浩繁倍屣。吾儒若乘秦火而补其阙者。然罗什翻译贝文，亦注老子，慧识旁几于合契，而《晋书》列于艺术，则尔时超超清言，祗庄老之余谈，固未尝涉释氏之涯也。至宋而道学、儒林、文苑分列为三，而所最崇信者，莫若程子伊川先生，博综群书，出入于老释者几十年，而后反求于六经，其学以无思为体，而教人观未发气象，而凛凛摈为异端，虑其炫惑聪明，为世害者，固涉其溱而未扬其波也。而二苏氏倔强其间，所为文及诠解，皆取裁于经史子，而游戏于禅乘。程氏曰，道形而上，器形而下。孔子之为人也周，故示人以器而晦其道，使达者有见，而未达者不眩；老子之自为也深，故示人以道而略其器，使达者易入，而不恤其未达；至释氏又老氏之眇也，而道一以贯之。又言刘向论列子书，《穆王》《汤问》“迂诞恢诡”，今观其语，固后世仙佛之常言，理之当然，而汉之儒者未闻言耳，则几浸淫其中矣。此古来理学之大凡也。知此可尚论西原先生矣。先生生而能言，长而勤学，始求圣人之心于《五经杂说》。既而习养生家言，作《老子解》。晚得瞿昙氏书，默契慧寂之说，即吾儒未发之中，遂与孔子合而为一，曰“二氏之道皆主无私心，苟无私心，异安从出?”学者或疑其言而不信，以今谛观之，直抉性原，实本河南。而彼之所排，此之所纳，微旨稍异。混同三教，有似眉山，而彼得之文章，此得之冥契，实际亦殊，故其生平于濂洛诸儒多所辨证，而姑舍二苏。王文成与先生同时，倡明良知之学，或谓也从葱岭过来，而先生等之白沙，犹有轩轾，则其深造自得固非浅学所得窥也。余谓道犹天，然天浑浑耳默然耳，其可见者，日月星辰、四时万物而已，任人以管窥、以尺量、以仪测，皆可得其常，然其所不可见者，仍浑浑默默耳，此有无、空色之所由起也。言其所可见则人信，言其不可见则人疑，疑与信果未可以尽道也，吾何以窥先生哉！先生初第时，奸党江斌用事，括致名贤，有欲为介者，先生坚谢不往，固已矫矫云外矣。及谏武庙南巡，受杖。大礼议起，撰《为人后解》《为人后辩》，奏入，下狱。其后旋起旋罢，为时贵人所侧目，处之晏如，日坐一小斋，读书谈道，绝不以竿牍通有司。少喜为诗，取法六朝盛唐，而时出之，最号工细。晚弃不为，即为之亦不较工拙，今所刻其少作也。岁久漫漶，先生世孙大年公来宪吾浙，复裒集其遗文合刻之，而问序于余。余昔在政地，公司新饟，虏正充斥而转输，不乏业已才之。今视浙水，弊绝政举，而清操朗识，如光风霁月，见者谓渊源家学，所自来也。因忆吾乡青湖汪先生谏南巡，廷杖，议大礼，被废，与西原先生相同，至今榜其居曰清风里，而子孙微弱，莫能显扬。信哉，人固不可无后也。先生所著，尚有《考功遗书》《五经杂说》《大宁斋日记》数十卷，其稿为友人索去，未及梓行。

○沔阳大理寺卿陈文烛序曰：考功集者，亳州薛西原先生著也。先生有子道行，与余交欢长安二十年，后遣其孙凤翔问序于金陵。往先方伯谈艺，时及君采与李川甫，谓两先生起河洛，继李何之后，明于诗篇，才情之美，无过季迪，声气之雄，次及伯温。当是时，孟、戴、景文、子高辈实为之羽翼。而谈者尚以元习短之，谓辞微于宋，所乏老苍；格不及唐，仅窥晚季耳。及宏德之际，李献吉起北地、何仲默起信阳、边廷实起济南、李川甫起大梁，而先生起亳州，海内称“李何边薛”，夫李宗杜陵、何宗太白，而三先生宗盛唐，扫叔季之风，窥正始之途，天地再辟，日月为朗，不亦highlight乎大哉！先生常言，古今谈诗之难，非诗之难，而才与学之难也。才本乎天，学系于人。非其才，虽学之不近也；有其才矣，非笃于学，亦不能尽其才也。明诗复古，虽数君子振之，而才有高下，学有疏密，未有穷其学之所至、竭其才之所能者也。先生天才俊逸，博极群书，其诗善学古人而取法乎上，拟古比于江文通、游仙类于郭景纯、歌行近体则嘉州、苏州、随州、襄阳，时而出之，即有明诸家，未有如先生之律细而工者。书记之文，根本六经，直写胸臆，不烦绳削，而矩度自合。又言杨雄文简而用寡，劝百而讽一。惓惓于简而文、质而不俚，报王子衡、崔子钟书可知也。先生才高而学至者乎？先生悯学者漓于多歧，作《约言》；学者执言诠以求道，作《五经杂说》；方士穿凿乎性命之外，而不知养生之为养生也，世儒泥象于有无之内，而不知无为之为有为也，作《老子解》。瞿昙氏书得灵静慧寂之说，不逆于心已而，而证之濂洛诸说，至《中庸》“喜怒哀乐未发之谓中”，曰是矣是矣。故其学一以复性为鹄，以慎独为括，以喜怒哀乐未发为奥，以能知未发而至之为竅（窾），收敛耳目，澄虑默照，信心而后著书。唐应德铭先生之墓，叹心学之失已久矣。有倡为本心之说，众譁然老佛而诋之矣，学者避老佛之形而畏其景。虽精微之论出于古，圣贤者且惑而不敢信矣。先生直援世儒之所最诋者，以自信而不惑，其特立者欤？唐子可谓知先生之深者，不佞窃谓先生有必为圣人之志，而其诗与文皆原于道德，而《老子》深远矣，先生之解，悬诸日月，与老氏并存天壤，此不刊之书也，世何得以文人概先生哉。先生名蕙，字君采，号西原，别号大宁居士，有《大宁斋日记》十卷藏于家。

〇南兖王廷序曰：始余家食时，尝闻西原薛先生博综典籍、缀续艺文，聿追古昔，为词林宗匠。及游京邑，先生先已罢归，求得《西原集》读之，并早年之作也。古雅典则，冲淡简远，骎骎入汉魏矣。然但知先生为诗人耳。后余以御史谪判亳州，先生之乡也。于时，先生贲迹邱园，潜心性命，精诣邃养，迥超物外。在亳凡一年余，率间日一会，会率竟日乃罢，相与讨论艺业、咨叩道蕴、评骘古今、商求政事，而先生才性高迈、识见洞朗，言未尝不竭两端，亦未尝不令人遽然觉惕然省也，而行履之纯，充养之粹，取予之介，出处之正，有确不可拔者，岂但为诗人已邪？余闻先生往与故相以文字交厚，及故相入为辅弼，势张甚，犹数移书访问，先生竟弗答也。其刻《西原集》者，乃併平日所作赠贻诗删焉。呜呼！世之文士，往往挈其所长，结好当路，或刓方为圆，抵隙求通，不遂则琐琐然不自得者何限。而先生顾，漠然视之，若将浼己者。此其意，岂惟今人难之？虽古之以文学名世，如子云投阁之辱，子厚、叔文之党而委身，蔡京中立，亦不免焉。观此，则先生之所养可知矣。余为苏州时，尝托衡山文子，诠择先生诗文为《考功集》四卷行于世。余犹收藏遗书一卷，至维扬，因出与友人艾陵沈子商之。艾陵以为不可无传也，因属较正，且付之梓，使世之求知先生者，不可以浅浅窥也。嘉靖癸亥十二月。

〇附原校姓氏：何景明、李梦阳、孙一元、郑善夫、王廷、陈顾璘、边贡、王廷相、高叔嗣、马理、文徵明、唐顺之、孔天允、黄省曾、李攀龙、王世贞、汪道昆、徐中行、屠隆、余寅、李维桢、焦竑、汤显祖、虞淳熙、黄汝亨、何乔远、周羔。

〇重较姓氏：郑三俊、程註、吕维祺、侯荀、侯恪、吴甡、洪瞻祖、解学龙、王思任、姚永济、方震孺、文震孟、陈仁锡、倪元璐、陈盟、蒋德璟、方逢年、王铎、徐时泰、倪佳山、夏曰瑚、张国维、朱又焕、许世莀、宋权、马如蛟、吴道昌、乔可聘、吴从周、田用坤、金光宸、王三德、张元佐、王抒、陈观阳、丁启睿、徐日曦、胡守恒、李清、方士亮、邓汝舟、高登瀛、马光国、彭尧俞、柴世基、刘怿。

〇参订姓氏：张元徵、顾懋樊、闻启祥、周兆斗、钱震泷、刘士鏻、龚五韺、张墉、洪吉臣、黄枢、陆运昌、朱天璧、张岑。①

按，"原校姓氏"中"孔天允"即"孔天胤"，清代避清世宗爱新觉罗·胤禛讳作孔天允。

《老子集解》序

〔明〕高叔嗣

亳，老子所产也。初，老子著书言天道玄虚，自汉以下莫能遡其本旨，咸窥见一偏，说由此起，故其书日离。州人薛考功先生，始覃思大道之原，究意天人之一，折衷群言，合于矩度，老子之道则灿然大明。书成嘉靖九年，岁在庚寅之次。序曰：

大道之归，一致而百虑；圣人之旨，同情而异言。昔仲尼之门，罕言天道，是以后世无得闻焉。然《周易》乾爻配象，六龙始于勿用，终于穷亢，不以吉凶告人，用九见群龙无首则吉。而仲尼赞之曰："用九，天德不可为首也。""乾元用九，乃见天则。"盖刚而能柔，天之道也。此与老子何异？故称"吾见老子，其犹龙乎。"夫学者独患不知天人之一，不知天人之一，则其议圣人者陋矣。自古言仁义礼乐，有过于老子者乎？然而非不知天也。言阴阳刚柔，有过于孔子者乎？然而非不知人也。顾圣人示人有不同，其所言者，学者之所信也；所不言者，学者之所疑也。故世之学老子者，则绌儒；学儒

① 《光绪亳州志》，第443—445页。

学，亦绌老子。夫知人而不知天者，近乎愚；知天而不知人者，近乎诬。奈何以此议圣人也！或曰，《老子》，养生之书。夫圣人之道，内之以养其身，则寿而康；外之以理乎物，则顺而治。圣王之事，同条共贯，岂有他哉！作者既皆已没，景响仆绝，所谓其人与骨皆已朽者，神而明之，存乎其人。薛氏《老子集解》二卷，藏于家，予录其副焉。①

《老子集解》序

〔明〕高叔嗣

考功薛先生既屏居亳一纪，致崇于学，庚寅始注《老子》，号曰《集解》，余为序。其书刊之甚著。先生意未覃尽，时复损益，丁酉乃成。视予，读之，义加精微，要以至道协于大中。由汉以来，言《老子》者，盖至是决矣。顾世莫有与知《老子》者，又孰以知先生之注。序曰：

始，余少读老子，谓犹皇帝王伯之降，所言殆上皇事尔。朴而不华，后世弗能用也。诚窃之，亦足寡营而致治。壮益读之，则见与圣人之道亡抵牾，可施于世。特其辞所出，抑扬已甚，骤不能通。愚者欲信之，助以灵异，由是遂为儒家所诎，置为养生之书。其徒守之，至言湮晦。要之古之圣人所学，咸修己治人之事，或得有浅深，见有纯驳尔，柰何绝去，使世讳言之《老子》之书，殆于息矣。余怀此意，未有以明。

其后仕都，质之今祭酒武城王纯父先生，孔老所以异，奈何？纯父答之："聃与尼父，意同而言异。彼生于周末，睹文之盛也，疾欲还之古，故激言之，激则不能无过中已，试言之。仲尼曰：'人而不仁，如礼何？礼云礼云，玉帛云乎哉？礼，与其奢也，宁俭。'而聃则曰：'礼者，忠信之薄，而乱之首也。'故激如此，去仲尼之辞远矣，故尼父之书，诵法万世，而聃卒废而为它也。"余藏其牍。

---

① （明）焦竑：《老子翼》，长沙：商务印书馆，1940年，第198页。

他日，仕山西，复质之今京尹曹德芳先生。其言“圣人之言道也，犹人之名天也。中国谓之天矣，彼匈奴则谓之撑犂，岂有二哉？特其辞异耳。天固不自知，而人强名之，又争辨之，故学者诚求至于道，凡支言可忘也。”

达哉言乎，盖二先生皆深于《老子》者。今以观考功之注，尤信《易大传》曰“天下同归而殊涂，一致而百虑。”学者习而常闻，如不见其“同”与“一”，独以其“异”也。遽诋诃之，盖读其篇未讫，往往已惊，岂但老子邪！呜呼，难言矣。百世倘有其人，固自知之，余何暇置誉毁哉。记二先生之语篇首，复作序。①

《老子集解》序

〔明〕薛蕙

嘉靖庚寅，予为《老子集解》，其后屡有修改。丙申之冬，复加删定，自谓有补于道德之万分。乃自序之：

昔老子有言“吾言甚易，知天下莫能知。”周之衰，先圣之道未绝，贤人君子犹有为性命之学者，且天下知尊老子，而老子之言，世犹莫能知也。况至后世，道术数传数变，学者舍本趣末，毁所不见，且诋訾老子为异端，则其笔之于书者，天下益莫能知矣。闻有高明好古之士，澹泊学道之徒，为能有味于其言。然非研精覃思，亦安能自知其性，以真知老子之言哉！

始，予蚤岁嗜神仙长生之术，凡神仙家之说无不观也。晚读《老子》而好之。当是时，予方蕲向圣人之道，致思性命之理，盖久之而若有得。考诸《老子》，无异也。乃知昔之所嗜者，第方士之小术，而非性命之学也。复知老子之道，惟导人反其天性，而非异端之流也。夫性命者，道也，天下之一本也。生民同得之，非异物也；圣人同传之，非异术也。迷其所同得，故异见；失其所同传，故异说。是则同乎此者，谓之同；异乎此者，谓之异。予

① （明）焦竑：《老子翼》，长沙：商务印书馆，1940年，第199页。

见后人之异矣，未见老子之异也。今夫老子之书，盖皆性命之说，多出于上古圣人之遗言，故古者叙六家而谓之道家，后世顾谓之异端矣。道者，修之身以及天下，天下之事无不统也。后世直以道家为养生耳，皆予所未喻也。予又窃怪夫方士之言，养生者往往穿凿，于性命之外，不知长生之道不越乎养性。世儒率言知性知天，而斥小养生，不知养其性者即同乎天道而不亡，此其不闻性命之实、不合圣人之道者邪。《传》曰“礼失求之野”。圣人之道不明于世久矣，学者求道而未得，比老子于野而求之，何不可者？况老子，古之史官，孔子之所严事，岂野人之比而已乎！然老子之书，学者恒病其难读，盖其辞约、其道大，所谓测之而益深，穷之而益远者也。古注之亡者，其善否则不可知；今之传于世者，未有明《老子》之意者也。予为此解，其间文义之小者，傥有未尽，若夫扬搉本指、发挥大义，明圣人之微言、究性命之极致，窃以为近之矣。有欲求老子之道者，必以予解为指南乎。《老子》曰“自矜者不长”，又曰“知我者希，则我贵矣”。其言非以相反，夫各有所当也。予之不逊，亦冀世之君子无听我藐藐，庶几为入道之一助云。①

《老子考异》序

〔清〕梁峰

古今书多异同者，惟《老子》为甚，以注之者多窜易也。前明弱侯焦氏，综覈道藏六十余家以为言，与吾乡薛君君采公定本，先后行世。余友孙君圣若，博古士也。一日，持《老子集解》谓余曰：“此薛公所注，仅存缮稿一卷，其下鱼鲁舛讹阙误颇多，今不复订，将不可识庐山面目矣。”时余方校刊《礼经》，诺其言而未遑。白门郭启东先生曩慕其解，阅而嘉之，曰：“此诚不可以不新也。”癸酉春，检遗稿、稽群书，互相考证。得山阳郭氏本，至详且悉，附有《考异》一编，乃其蓝本薛、焦二编而增益者。启东曰：“有此编，薛公之书可全璧矣。”余不揣就管见而裁之，仍附于卷末。其有补释遗稿阙误

① （清）黄宗羲：《明文海》（全五册），北京：中华书局，1987年，第2226页。

者，虽详注书额，而究不欲搀其原文，俾好古者揽《集解》之为《集解》，并以识薛公百余年后，群书异同又滋甚焉。稿成，质诸圣若，圣若抚卷欣然，爰共参校，编订而成书。乾隆癸酉岁夏六月。①

《牡丹史》序

〔明〕焦竑

世人语花，必曰某花某花，至牡丹直曰花而已，岂不以牡丹尤物，非凡卉可伍，特不名以标异之耶！宋时洛阳最有名，欧公所记才三十四种，丘道源三十九种，陆务观谱蜀花，史正志谱浙花，至钱思公所记多至九十余种，可谓盛矣。熙宁中沈杭州《牡丹记》十卷，名品之多，种植之法无不备具。迨近世北之亳州、南之暨阳为独著，岂风气亦有所移易而致然欤？抑花之盛衰，亦以土俗之好尚而异也？

余交薛鸿胪公仪，亳人也，承西原先生遗业，绩学之暇，以莳花学圃自娱。一日，出所为《牡丹史》示余，观其所载，殆兼昔人所得而奄有之，即周藩以天潢之重，人力所及，仅仅得四十四种，公仪视之不啻倍徙而什百然。余读之，栽接剔治各有其法，得其法则日异岁殊，新新无已，岂功力积久，即造化不得而擅其权欤。西原先生孤峭不合时宰，而乃笃好此花，时人有宋广平之疑。意以花为浮冶易坏，非正人笃老、坚操苦行者之所喜也。然茂叔于莲、尧夫于牡丹，时或寄意焉，而不以其故贬儒。余知以小物而置议论于君子者，非通论也。鸿胪君博学多通，遇物成籍，此特其一端云。②

① 《光绪亳州志》，第 443 页。

② （明）薛凤翔：《牡丹史》，续修四库全书第 1116 册，上海：上海古籍出版社，1995 年，第 281 页。

《牡丹史》序

〔明〕袁中道

天地间之景与慧人才士之情，历千百年来，互竭其心力之所至，以呈工角巧，意其无余蕴矣。然景虽写，而其未写者如故也；情虽泄，而未泄者如故也。有苞含，即有开敷也。又有苞含前之人以为新矣，而今视之即故；今之人以为新矣，而后视之又故甚矣。造物之工巧无穷极也，何以知之？以亳州之牡丹之盛于洛阳，其种繁矣，其名多矣，其色斓矣，历代之所谱者详矣。以视今亳之所产，其种其名其色，新故大不相侔也。今且月异而岁不同矣。奇奇怪怪，变变化化，造物者若不能自秘其工巧，以听人之转移，而日献奇供艳于人耳目之前，故者新，新者又故。然者牡丹之变岂有极乎？吾友薛公仪氏，少世其家，博学洽闻，闲适之余，方略见于花事，穷其变态，著而为史，比前辈所谱，又新之新者也。余取而读之，与公仪晤谈者累日，且叹心业画师，不可思议至此，与造物何与焉。公仪素通禅理，为余首肯者久之，因漫书于史之首，志不忘云。友人袁中道书。①

《江上越吟》自序

〔明〕孙养粹

忆庚辰秋魄既望，予御戚归里，躬畚插，登先人垅，扫幽宫而封树之，自分丰草长林，百年守此一抔土耳。亡何，饥疫告凶，里民日悴，农笠钓竿渐化为蜂铖虿尾，然而未大毒也。迨壬午之夏，封狐长鲸，噬脐陈宋，而吾亳继之，食祸尤烈。予亲膏寇刃，濒死不死。一椽之宫，化为飞烟；百亩之

① （明）薛凤翔：《牡丹史》，续修四库全书第1116册，上海：上海古籍出版社，1995年，第283页。

田，鞠为茅草矣。越两月，金疴俏痊，携家南避，一苇白门，脱病吻而葺鸠茗，稍安枕焉。但客魂未定，旅瞻尚摇，鼠口之粮弗舂，牛衣之泪频滴。每当霾雨粘窗，荒灯射壁，痛定思痛，有感必哭，有哭必吟。三寸管入手，辄觉生死流离之悲感，向隅泣壁之戚苦，鸟惊兽骇、山飞水立之震摇，冷刃寒芒、劲弓毒矢之锋焰，腥风血雨、白骨青燐之悽怆，败堵颓垣、黄茅紫雾之荒寂，欻欻拂拂，从指喉间出，飞落纸上，予亦不知情于何生、抑于何底也。未及，登姑苏之台，思先人之旧履；泛鸳水之舟，倚故友之鸣佩。借彼乐郊，妥我游踪，非不可以破愁城而销病骨。然故旧揶手，杯酒话心，不能夺我孤帆泊空、冷月挂壁之愁，香橙玉粳、白酒紫螯之供；不能消我三鬴炊尘、八口嗷饥之梦。每一念至，惊魂伤臆。回首三山，且下并州之泪，况邱陇田庐、茫不可问之家国耶？诗成，额曰“江上越吟”，亦识余羁旅牢骚、不忘故乡之意耳。倘天惠澄江，洗我妖氛，予将率童稚辈，持杯浆浇墓前土，退老首邱之上，不复拆浪游之屐矣。①

《方伯李正屏定西录》序

〔明〕温可贞

两粤昔称多难之国，而粤右为最。盖自丽江之西至于思明，其地万山错峙岚雾中，又水急多毒，道途修险。彼土司负固抗逆，已非一日。往者卢苏之祸田龙间，黔首糜烂，财糈费累钜万，曾不能一洒。象桂无宁宇，而五羊唇齿，不获安枕，盖数十年于兹矣。今卢苏虽平，而思明之抗王章犹故也。土目陆佑，骁悍闻于南，其跋扈之状，当事久为粤忧。顷乃逞螳螂之臂，拥众数万，内鼓三村四寨以树威，外勾周佑周保以张翼，掠思陵而执官夺印，凌本管而刀石守贰。至风门之战，官兵戕没，原野膏涂，思陵几于沉陆，虐逆甚于卢贼。粤东震惊，九重赫然震怒，一再命师，诸大夫饮恨于疆场，无不思灭此而朝食。

时方伯李公正屏以总辖司饷转运，靡不敷也，调度靡不宜也，剂量斟酌、

① 《光绪亳州志》，第446页。

业殚厥心而制军，知重望若公，鸿猷若公。尝耀挞伐于边陲，出汤火于秦晋，蠢兹陆佑，正公展布骥足之一时也。于是以监督任公。

惟时溽夏，瘴毒横飞，公跋涉间阻，直抵巢穴。且谓，一鼓，虑有差池；而计缚乃可全活。故驰招降之檄，而逆酋党散；建绥抚之旗，而胁从归命；缝信布之裾，而数万生灵死而得生。无何，贼佑计穷授首，余党相继就擒，雪风门之耻，报思陵之忿。计日不过浃旬，而西徼底定。乃善后之宜，公犹惓惓于释危疑，置留守职、绥弹压两为之所。

方奏凯间，公乃有晋藩之命。粤民扶老携幼，攀辕堕泪，欲诣阙借留，而尸祝之士大夫诗章纪录，及夫女讴童歌，依依人心目间。公以便省归谯，可贞观覥其容，穆如也，聆其声欬，祝如也。方窃附于事大夫之贤，为桑梓奠安谢，而文学诸生出《定西录》及士民之歌颂，嘱余为序。拜手受简，曰：

先生不惮溽暑瘴疠，厥躬尽瘁之义也；不血甲士徼功，好生恶杀之仁也；平逆贼留多饷，几先如神之智也。何疆不戢？何圉不奠？宁唯以造粤者造晋哉！方今四郊多壘，渐次平复，而外宁必有内忧，城社之凭奸，庙堂之炀灶，过于陆佑父子者多多矣。正九重倚重之日，可贞将拭目以观太平之宏猷而受祚，宁只两粤已乎？[1]

《半远山房诗集》序

〔清〕李廷仪

吴君远亭，谯之独行君子，余神交久矣。方余宰皖城，远亭秉铎太湖、望江、合肥诸邑，德声闻于士林。未几，乃乞假而归。葺园亭，莳花竹，以图书自乐，宾客之事不及也。暨余莅亳州，闭关却扫，盖已数年矣。余由是益高其风。余友张子竹轩、潘子兰如，与远亭素皆嗜学之士也，远亭以其所为诗相质，其取友概可知矣。夫谯，古诗人之薮也，流风遗韵岂无存者？乃自莅兹土，以诗名者绝少。今年春，兰如于孙氏旧簏中得其先人《剩籁集》十六卷，余读而

① 《光绪亳州志》，第 470 页。

爱之，亟为付梓。兹见远亭诗，又美好若此，且素与当世士大夫游，则其诗宜传而久不传，以待于今，抑又何耶？嘉庆二年闰六月中浣。①

《半远山房诗集》序

〔清〕潘瑛

学诗犹学仙，然苟非其人，虽劳精苦思，终其身不可得，即得矣，而神妙独造之境偶一见之，苟非其时，虽搜天斡地而亦不可得，盖诗之难成而难精也如此。瑛之业此三十余年矣，其于当世之以诗名者，咸若不可及而心服者。盖少作诗数千首，而自好者尤少，洵乎其不可强也。吴君远亭，谯之笃行士也，尝官广文数年，乞假归，足不出户庭，念谯无山水，拓宅后废地为园亭，读书课子孙，植花竹自娱，闲为吟咏，不示人，人亦无知者。瑛客谯五年，乃因凌君谦斋识先生，先生不鄙弃，乃数往来园林，赋诗赠答，遂得书，观其所作古今体二百余篇，大抵皆冲和闲雅，不务为苟难而翛然尘外之致，有不可抗者。余尝历思所识天下诗人，其聪明才力之大，学业之富，著作之美且多者，指不胜屈，而熙怡恬澹，尚志节、笃气谊、不妄与人交如吾远亭，盖罕其俪矣，后之诵者，可以相见其为人。嘉庆二年闰六月。②

《剩篛诗钞》序

〔清〕李廷仪

古太史陈诗以观民风，诗即乐也，内生乎心外通乎政，其用甚大，自朝廷郊庙以逮闺门里巷，莫不有诗，而作者之姓名往往不传，盖有不能已于歌

① 《光绪亳州志》，第448页。

② 《光绪亳州志》，第448页。

咏之故，而后发焉。三代而将，始有以诗名者，厥后诗与乐分，去古益远，名愈盛，实愈漓道也，而沦于艺矣。然其风土所操与其人之性情心术所近，学问所至，亦必有可观者。

乾隆癸丑，余始来承乏亳州，窃念亳固古谯国郡，曹氏父子及建安诸贤相与歌吟赠答者，或犹有遗风焉。延访久之，未获一觏，岂古今人不相及欤？抑韬光匿采者之不求知于人欤？

今年春，偶得孙子元煌所著《剩翁集》，读之气清而辞丽，缠绵悱恻发于不自知，其至性有过人者。及观所著《滇游日记》一编，乃知先生之父尝为马龙州廉吏也，移疾不能归，先生贷资往迎，跋涉万里，凡山川景物之异、骨肉离合之情，咸寓于诗，厥后以孝养终，隐居不仕，日与兄弟朋友相倡和，而于人事之是非得失，亦三致意焉。故其言近指远，情深文明，有古风人之遗，不可废也。乃择其尤雅者百篇，付之梓人，藏之其家，俾亳之人士观感而兴起，庶几于血气和平、风俗醇美，或有赖焉。抑先辈名流抑而未彰者，其子若孙，咸思各出其所藏，以传诸不朽，尤余之所厚望也夫。嘉庆二年六月。[①]

《剩翁诗钞》序

〔清〕潘瑛

嘉庆二年春，潘子寓居亳州署斋，闻城南孙氏多藏书，往观焉。主人名之堉，醇笃士也，揖客甚恭，与之语甚懽，乃尽观其所藏书数百卷。

有马思山员外刻本诗百余篇，哀艳奇谲似长吉。思山名位，武功人，其书法与张得天司寇相伯仲，侨寓兹土，卒年二十九。余尝爱其书知其人，欲访其旧居而不得，未闻其工诗也，因把玩不能释。主人指其厅事之南壁，谓余曰“马君之故庐，去此咫尺耳，今易数主矣。”余闻而伤之，益徘徊不能去。主人感余意，因出其手录乃父元煌先生诗十六卷示余，余受而读之，叹曰“此真诗也，与马君异曲同工，皆可以不朽。”

---

① 《光绪亳州志》，第447页。

余客兹五年，一日而得二诗人，其乐如何！乃亟携其稿走告李石帆刺史，刺史亦嘉之，属余选订，共得若干篇，其卷数篇目悉仍其旧。刺史序而刻之，阅三月工竣，归板于孙氏，使世守之，所以显微阐幽，励风俗而启后人，守土者之职也。

呜呼！马君之诗刻于乾隆六年，距今数十载，已渐就澌灭，其铅椠无复存者，余方欲为更刻之，以广其传而有待也，可哀哉。孙氏固廉吏子孙，能世守其业而弗坠，吾知其必将爱惜保护，以垂于无穷也。嘉庆丁巳六月。[①]

① 《光绪亳州志》，第448页。

主要参考文献

[1] 安徽省图书馆．安徽文献书目．合肥：安徽人民出版社，1961.

[2] 蒋元卿．皖人书录．合肥：黄山书社，1989.

[3] 上海图书馆．中国丛书综录（全三册）．上海：上海古籍出版社，1982.

[4] 阳海清编撰，蒋孝达校订．中国丛书综录补正．扬州：江苏广陵古籍刻印社，1984.

[5] 戎毓明．安徽人物大辞典．北京：团结出版社，1992.

[6]（清）钟泰，宗能征纂修．光绪亳州志．南京：江苏古籍出版社，1998.

[7]（民国）黄佩兰修，王佩箴等撰．涡阳县志（全二册）．台北：成文出版社，1970.

[8]（民国）汪篪修，于振江等纂．重修蒙城县志书．台北：成文出版社，1975.

[9]（清）沈葆桢，吴坤修等．光绪重修安徽通志（续修四库）．上海：上海古籍出版社，2002.

[10] 金恩辉，胡述兆．中国地方志总目提要（全三册）．台北：汉美图书有限公司，1996.

[11] 陈光贻．稀见地方志提要．济南：齐鲁书社，1987.

[12] 朱士嘉．中国地方志综录（增订本）．上海：商务印书馆，1958.

[13]（清）永瑢等．四库全书总目．北京：中华书局，1965.

[14] 中国科学院图书馆整理．续修四库全书总目提要（稿本）．济南：齐鲁书社，1996.

[15]（清）阮元．四库未收书目提要．扫叶山房石印本．

[16] 邵懿辰撰，邵章续录．增订四库简明目录标注．上海：上海古籍出版社，2000.

[17] 杜泽逊．四库存目标注（全八册）．上海：上海古籍出版社，2007.

[18] 余嘉锡．四库提要辨证（全四册）．中华书局，1980.

[19] 翁方纲等．四库提要分纂稿．吴格，乐怡标校．上海：上海书店出版社，2006.

[20] 中国第一历史档案馆．纂修四库全书档案．上海：上海古籍出版社，1997.

[21] 瞿冕良．中国古籍版刻辞典．济南：齐鲁书社，1999.

[22] 中国古籍善本书目编辑委员会．中国古籍善本书目．上海：上海古籍出版社，1998.

[23] 杜信孚纂辑．明代版刻综录．扬州：广陵古籍印刻社，1983.

[24]（清）侯康．补三国艺文志（丛书集成初编）．商务印书馆，1937.

[25] 姚振宗．三国艺文志（适园丛书第十二集）．民国乌程张氏刊．

[26] 丁国钧．补晋书艺文志（丛书集成初编）．商务印书馆，1935.

[27] 张兴武．五代艺文考．成都：巴蜀书社，2003.

[28] 祝尚书．宋集序跋汇编（全五册）．北京：中华书局，2010.

[29] 冯惠民，李万健．明代书目题跋丛刊．北京：书目文献出版社，1994.

[30] 张廷玉等修．明史艺文志//丛书集成初编．上海：商务印书馆，民国二十五年（1936）．

[31] 王绍曾．清史稿艺文志拾遗．北京：中华书局，2000.

[32] 柯愈春．清人诗文总目提要．北京：北京古籍出版社，2002.

[33] 王欲祥，李灵年等．清人别集总目．合肥：安徽教育出版社，2000.

[34] 袁行云．清人诗集叙录（全三册）．北京：文化艺术出版社，1994.

[35] 余瀛鳌，傅景华．中医古籍珍本提要．北京：中医古籍出版

社，1992.

[36]（民国）董康．曲海总目提要．北京：人民文学出版社，1959.

[37]（元）马端临．文献通考．北京：中华书局，1986.

[38]（宋）晁公武撰，孙猛校证．郡斋读书志校证．上海：上海古籍出版社，1990.

[39]（宋）陈振孙．直斋书录解题．上海：上海古籍出版社，1987.

[40]（宋）郑樵．通志二十略．王树民点校．北京：中华书局，1992.

[41] 蔡毅．中国古典戏曲序跋汇编（全四册）．济南：齐鲁书社，1989.

[42] 傅惜华．元代杂剧全目．北京：作家出版社，1957.

[43] 丁锡根．中国历代小说序跋集．北京：人民文学出版社，1996.

[44] 黄宗羲．明文海（全五册）．北京：中华书局，1987.

[45]（清）黄宗羲．明儒学案．沈芝楹点校．北京：中华书局，2008.

[46] 谢伯阳．全明散曲（全五卷）．济南：齐鲁书社，1994.

[47]（金）元好问．中州集．北京：中华书局，1962.

[48]（清）严可均辑．全三国文（上下）．马志伟审订．北京：商务印书馆，1999.

[49]（清）严可均辑．全晋文（上中下）．马志伟审订．北京：商务印书馆，1999.

[50]（明）张溥著，殷孟伦注．汉魏六朝三百家集题辞注．北京：人民文学出版社，1963.

[51] 袁闾琨，薛洪勣．唐宋传奇总集·南北宋．郑州：河南人民出版社，2001.

[52] 中国戏曲研究院．中国古典戏曲论著集成．北京：中国戏剧出版社，1982.

[53] 张之洞撰，范希增补正．书目答问补正．高明路点校．北京：燕山出版社，1999.

[54]（民国）光铁夫．安徽名媛诗词征略．合肥：黄山书社，1985.

[55] 谭正璧．中国文学家大辞典．上海：上海书店，1981.

[56] 梁淑安．中国文学家大辞典·近代卷．北京：中华书局，1997.

[57] 裘沛然．中国医籍大辞典．上海：上海科学技术出版社，2002.

[58] 鲁迅．古籍序跋集//鲁迅全集第十卷．北京：人民文学出版社，2005.

[59]（清）马国翰辑．玉函山房辑佚书．长沙嫏嬛馆校刊，光绪四年．

[60]（清）王仁俊辑．玉函山房辑佚书续编三种．上海：上海古籍出版社，1989.

后　　记

这本小书是在2011年以来搜集整理的文献材料基础上撰成的，其中有部分内容作为省教育厅人文社科一般项目“亳州文献丛考”的研究成果公开发表过。

选择亳州文献作为此前数年的研究课题，首先是基于自己的学习基础，在重庆师范大学读研究生期间，熊笃先生教授过中国古典文献学，业师陈忻先生也强调古典文学研究要有文献学基础，遂对文献发生兴趣。加入亳州学院（其前身为亳州师范高等专科学校）后，学校倡导亳文化研究，魏宏灿先生实任其事，热情鼓励中青年教师立足专业、聚焦地方文化，遂确定研究亳州文献，并于2013年顺利获批省教育厅课题立项。

本书对亳州文献的征述和研究，有两个维度：一是求全，即对亳州先贤的所有著述进行考录，汇总、记录亳州文献的基本信息；二是求细，对先贤具体著作的版本进行研究和考辨。本书第一编是个案的、求细的，第二编和第三编是求全的，第四编先贤著述序跋属于附录，是亳州文献研究的重要材料。要想把这两个维度同时都做好，只用这短短的几年是办不到的，也是这本小书不能承载的。个案的、求细的研究无疑有着很大的空间，本书所涉及的不过冰山一角。而考索到的亳州先贤著述如能悉数获得，或购买或复制，把它们汇集在一起，建成亳州文献典藏室，对个人而言不啻是莫大的奢望，非学校和政府推动不能成功。

研究亳州文献，面临的最大困境是这些文献大都不在亳州。对亳州先贤著述的书目、序跋的搜集、整理还算顺利，借助历代书目、州志、综录等，梳理基本线索，再查找卷数、序跋等，逐步增添。比较困难的是对具体著作进行文献研究，著作本身就不易得到，每次从网络上获得一种，都异常兴奋，所以当获得像哈佛燕京图书馆藏清代吴楚奇的《吴越游览图咏》《西江游览图咏》和李梓《西翁教子言》这样的亳人著作时，都要乐上几天了。真的要感谢这个资讯发达的时代，感谢国家古籍数字化工程，研究所用的大部分书籍都来自网络，不然，就会因为找不到、购不起那些大型丛书、难得的书籍而不得不中断了。

找到了先贤著述，还只是有了研究对象，要读通、读懂也不易。比如本书第四编，不避抄书之嫌，收录了三十余篇序跋，大部分是依原著校点。原著中的序文多是精美的书法作品，但异体字、行草很多，给校读带来不少困难。过了认字关，要做到准确句读也不易。古人著述，多有引用，或直引，或节引，或化用其意。句读时，要找出引用部分，校对原文，用现代标点标示。要多次阅读，理顺脉络、句式，方敢下笔，复在核校中又有改易。

要在研读中有心得，写出文章，亦殊非易事。如《薛蕙存世著述考》一文，初稿写作不计，从投稿到在《安庆师范学院学报》刊发，中间经历了6次修改，前后近1年时间，在安庆师范学院汪孔丰老师的指导下不断完善，自己又收获了不少文献学的知识。汪老师与我素不相识，而能给予专业、负责的指导，使我愈发感到其学术的可贵、人格的可敬。当然，这篇文章收入本书时，由于新发现了一些材料，又有所补充。

研究进行得零散而无节奏，在亳州的学校、蒙城的家中，利用零散的时间，首先汇编亳州先贤著述序跋志记标注等作为基础材料，然后对这些材料进行排列、勾连、研读，撰写文章，最后合成此书。

虽然进行了多次校读，但囿于识见，对原著文字的辨认、繁体字和异体字的转换或有讹误，版本的辨析或有不周，关注这本小书的读者、方家，勿受我欺，请予斧正。由于文献征述的特点，书中对相关著作有不少引用，文中一一标注，此再致谢意。

丙申岁正月初三日识于蒙城家中。

补记：至五月再校毕，时学校已更名为亳州学院，这是母校从中等师范学校——安徽省蒙城师范学校，升格为亳州师范高等专科学校后的又一次跨越发展。谨以此书献给为我提供学习、工作机会的母校，献给我的家人和师友。

李山岭识于亳州

二〇一六年五月

图书在版编目(CIP)数据

亳州先贤著述征略/李山岭著．—合肥：合肥工业大学出版社，2017.6
（亳文化研究丛书/张立驰主编）
ISBN 978-7-5650-3405-3

Ⅰ.①亳…　Ⅱ.①李…　Ⅲ.①古籍研究—中国　Ⅳ.①G256.22

中国版本图书馆 CIP 数据核字(2017)第 147596 号

亳州先贤著述征略

李山岭　著　　　　责任编辑　王　磊

出　版	合肥工业大学出版社		版　次	2017 年 6 月第 1 版
地　址	合肥市屯溪路 193 号		印　次	2018 年 10 月第 1 次印刷
邮　编	230009		开　本	710 毫米×1000 毫米　1/16
电　话	总　编　室：0551-62903038		印　张	18.5
	市场营销部：0551-62903198		字　数	320 千字
网　址	www.hfutpress.com.cn		印　刷	合肥市广源印务有限公司
E-mail	hfutpress@163.com		发　行	全国新华书店

ISBN 978-7-5650-3405-3　　　　定价：48.00 元